PRISMES

SIGMUND FREUD

PSYCHOPATHOLOGIE DE LA VIE QUOTIDIENNE

PAYOT, PARIS
106, Boulevard Saint-Germain
—
1987

Cet ouvrage, traduit de l'allemand par le Dr S. Jankélévitch, a été précédemment publié dans la « Bibliothèque Scientifique » des Éditions Payot, Paris. Traduction revue pour la « Petite Bibliothèque Payot ».

1 OUBLI DE NOMS PROPRES

J'ai publié, en 1898, dans *Monatsschrift für Psychiatrie und Neurologie*, un petit article intitulé : « Du mécanisme psychique de la tendance à l'oubli », dont le contenu, que je vais résumer ici, servira de point de départ à mes considérations ultérieures. Dans cet article, j'ai soumis à l'analyse psychologique, d'après un exemple frappant observé sur moi-même, le cas si fréquent d'oubli passager de noms propres; et je suis arrivé à la conclusion que cet accident, si commun et sans grande importance pratique, qui consiste dans le refus de fonctionnement d'une faculté psychique (la faculté du souvenir), admet une explication qui dépasse de beaucoup par sa portée l'importance généralement attachée au phénomène en question.

Si l'on demandait à un psychologue d'expliquer comment il se fait qu'on se trouve si souvent dans l'impossibilité de se rappeler un nom qu'on croit cependant connaître, je pense qu'il se contenterait de répondre que les noms propres tombent plus facilement dans l'oubli que les autres contenus de la mémoire. Il citerait des raisons plus ou moins plausibles qui, à son avis, expliqueraient cette propriété des noms propres, sans se douter que ce processus puisse être soumis à d'autres conditions, d'ordre plus général.

Ce qui m'a amené à m'occuper de plus près du phénomène de l'oubli passager de noms propres, ce fut l'observation de certains détails qui manquent dans certains cas, mais se manifestent dans d'autres avec une netteté suffisante. Ces derniers cas sont ceux où il s'agit, non seulement d'*oubli*, mais de *faux souvenir*. Celui qui cherche à se rappeler un nom qui lui a échappé retrouve dans sa conscience d'autres noms, des *noms de substitution*, qu'il reconnaît aussitôt comme incorrects, mais qui n'en continuent pas moins à s'imposer à lui obstinément. On dirait que le processus qui devait aboutir à la reproduction du nom cherché a subi un *déplacement*, s'est engagé dans une fausse route, au bout de laquelle il trouve le nom de substitution, le nom incorrect. Je prétends que ce déplacement n'est pas l'effet d'un arbitraire psychique, mais s'effectue selon des voies préétablies et possibles à prévoir. En d'autres termes, je prétends qu'il existe, entre le nom ou les noms de substitution et le nom cherché, un rapport possible à trouver, et j'espère que, si je réussis à établir ce rapport, j'aurai élucidé le processus de l'oubli de noms propres.

Dans l'exemple sur lequel avait porté mon analyse en 1898, le nom que je m'efforçais en vain de me rappeler était celui du maître auquel la cathédrale d'*Orvieto* doit ses magnifiques fresques représentant le « Jugement Dernier ». A la place du nom cherché, *Signorelli*, deux autres noms de peintres, *Botticelli* et *Boltraffio*, s'étaient imposés à mon souvenir, mais je les avais aussitôt et sans hésitation reconnus comme incorrects. Mais, lorsque le nom correct avait été prononcé devant moi par une autre personne, je l'avais reconnu sans une minute d'hésitation. L'examen des influences et des voies d'association ayant abouti à la reproduction des noms *Botticelli* et *Boltraffio*, à la place de *Signorelli*, m'a donné les résultats suivants :

a) La raison de l'oubli du nom *Signorelli* ne doit être cherchée ni dans une particularité quelconque de ce nom, ni dans un caractère psychologique de l'ensemble dans lequel il était inséré. Le nom oublié m'était aussi familier qu'un des noms de substitution, celui de Botticelli, et beaucoup plus familier que celui de Boltraffio dont le porteur ne m'était connu que par ce seul détail qu'il faisait partie de l'école milanaise. Quant aux conditions dans lesquelles s'était produit l'oubli, elles me paraissent inoffensives et incapables d'en fournir aucune explication : je faisais, en compagnie d'un étranger, un voyage en voiture de Raguse, en Dalmatie, à une station d'Herzégovine; au cours du voyage, la conversation tomba sur l'Italie et je demandai à mon compagnon s'il avait été à Orvieto et s'il avait visité les célèbres fresques de...

b) L'oubli du nom s'explique, lorsque je me rappelle le sujet qui a précédé immédiatement notre conversation sur l'Italie, et il apparaît alors comme l'*effet d'une pertubartion du sujet nouveau par le sujet précédent*. Peu de temps avant que j'aie demandé à mon compagnon de voyage s'il avait été à Orvieto, nous nous entretenions des mœurs des Turcs habitant la Bosnie et l'Herzégovine. J'avais rapporté à mon interlocuteur ce que m'avait raconté un confrère exerçant parmi ces gens, à savoir qu'ils sont pleins de confiance dans le médecin et pleins de résignation devant le sort. Lorsqu'on est obligé de leur annoncer que l'état de tel ou tel malade de leurs proches est désespéré, ils répondent : « Seigneur (*Herr*), n'en parlons pas. Je sais que s'il était possible de sauver le malade, tu le sauverais. » Nous avons là deux noms : *Bosnien* (Bosnie) et *Herzegowina* (Herzégovine) et un mot : *Herr* (Seigneur), qui se laissent intercaler tous les trois dans une chaîne d'associations entre *Signorelli* — *Botticelli* et *Boltraffio*.

c) J'admets que si la suite d'idées se rapportant aux mœurs des Turcs de la Bosnie, etc., a pu troubler une idée venant immédiatement après, ce fut parce que je lui ai retiré mon attention, avant même qu'elle fût achevée. Je rappelle notamment que j'avais eu l'intention de raconter une autre anecdote qui reposait dans ma mémoire à côté de la première. Ces Turcs attachent une valeur exceptionnelle aux plaisirs sexuels et, lorsqu'ils sont atteints de troubles sexuels, ils sont pris d'un désespoir qui contraste singulièrement avec leur résignation devant la mort. Un des malades de mon confrère lui dit un jour : « Tu sais bien, Herr (Seigneur), que lorsque *cela* ne va plus, la vie n'a plus aucune valeur. » Je me suis toutefois abstenu de communiquer ce trait caractéristique, préférant ne pas aborder ce sujet scabreux dans une conversation avec un étranger. Je fis même davantage : j'ai distrait mon attention de la suite des idées qui auraient pu se rattacher dans mon esprit au sujet : « Mort et Sexualité. » J'étais alors sous l'impression d'un événement dont j'avais reçu la nouvelle quelques semaines auparavant durant un bref séjour à *Trafoï* : un malade, qui m'avait donné beaucoup de mal, s'était suicidé, parce qu'il souffrait d'un trouble sexuel incurable. Je sais parfaitement bien que ce triste événement et tous les détails qui s'y rattachent n'existaient pas chez moi à l'état de souvenir conscient pendant mon voyage en Herzégovine. Mais l'affinité entre *Trafoï* et *Boltraffio* m'oblige à admettre que, malgré la distraction intentionnelle de mon attention, je subissais l'influence de cette réminiscence.

d) Il ne m'est plus possible de voir dans l'oubli du nom Signorelli un événement accidentel. Je suis obligé de voir dans cet événement l'effet de mobiles psychiques. C'est pour des raisons d'ordre psychique que j'ai interrompu ma communication (sur les mœurs des Turcs, etc.), et c'est pour des raisons de même nature que j'ai empêché de pénétrer dans ma conscience les idées qui s'y rattachaient et qui auraient conduit mon récit jusqu'à la nouvelle que j'avais reçue à Trafoï. Je voulais donc oublier quelque chose; j'ai *refoulé* quelque chose. Je voulais, il est vrai, oublier autre chose que le nom du maître d'Orvieto; mais il s'est établi, entre cet « autre chose » et le nom, un lien d'association, de sorte que mon acte de volonté a manqué son but et que j'ai, *malgré moi*, oublié le nom, alors que je voulais *intentionnellement* oublier l' « autre chose ». Le désir de ne pas se souvenir portait sur un contenu; l'impossibilité de se souvenir s'est manifestée par rapport à un autre. Le cas serait évidemment beaucoup plus simple, si le désir de ne pas se souvenir et la déficience de mémoire se rapportaient au même contenu. — Les noms de substitution, à leur tour, ne me paraissent plus aussi injustifiés qu'avant l'explication; ils m'avertissent (à la suite d'une sorte de compromis) aussi bien de ce que j'ai oublié que de ce dont je voulais me souvenir, et ils me montrent que mon intention d'oublier quelque chose n'a ni totalement réussi, ni totalement échoué.

e) Le genre d'association qui s'est établi entre le nom cherché et le sujet refoulé (relatif à la mort et à la sexualité et dans lequel figurent les noms Bosnie, Herzégovine, Trafoï) est tout à fait curieux. Le schéma ci-joint, emprunté à l'article de 1898, cherche à donner une représentation concrète de cette association.

Le nom de Signorelli a été divisé en deux parties. Les deux dernières syllabes se retrouvent telles quelles dans l'un des noms de substitution (*elli*), les deux premières ont, par suite de la traduction de *Signor* en *Herr* (Seigneur), contracté des rapports nombreux et variés avec les noms contenus dans le sujet refoulé, ce qui les a rendues inutilisables pour la reproduction. La substitution du nom de Signorelli s'est effectuée comme à la faveur d'un déplacement le long de la combinaison des noms « Herzégovine-Bosnie », sans aucun égard pour le sens et la délimitation acoustique des syllabes. Les noms semblent donc avoir été traités dans ce processus comme le sont les mots d'une proposition qu'on veut transformer en rébus. Aucun avertissement n'est parvenu à la conscience de tout ce processus, à la suite duquel le nom Signorelli a été ainsi remplacé par d'autres noms. Et, *à première vue*, on n'entrevoit pas, entre le sujet de conversation dans lequel figurait le nom Signorelli et le sujet refoulé qui l'avait précédé immédiatement, de rapport autre que celui déterminé par la similitude de syllabes (ou plutôt de suites de lettres) dans l'un et dans l'autre.

Il n'est peut-être pas inutile de noter qu'il n'existe aucune contradiction entre l'explication que nous proposons et la thèse des psychologues qui voient, dans certaines relations et dispositions, les conditions de la reproduction et de l'oubli. Nous nous bornons à affirmer que les facteurs depuis longtemps reconnus comme jouant le rôle de causes déterminantes dans l'oubli d'un nom se compliquent, dans certains cas, d'un *motif* supplémentaire, et nous donnons en même temps l'explication du mécanisme de la fausse réminiscence. Ces facteurs ont dû nécessairement intervenir dans notre cas, pour permettre à l'élément refoulé de s'emparer par voie d'association du nom cherché et de l'entraîner avec lui dans le refoulement. A propos d'un autre nom, présentant des conditions de reproduction plus favorables, ce fait ne se serait peut-être pas produit. Il est toutefois vraisemblable qu'un élément refoulé s'efforce toujours et dans tous les cas de se manifester au-dehors d'une manière ou d'une autre, mais ne réussit à le faire qu'en présence de conditions particulières et appropriées. Dans certains cas, le refoulement s'effectue sans trouble fonctionnel ou, ainsi que nous pouvons le dire avec raison, sans *symptômes*.

En résumé, les conditions nécessaires pour que se produise l'oubli d'un nom avec fausse réminiscence sont les suivantes : 1° une certaine tendance à oublier ce nom; 2° un processus de refoulement ayant eu lieu peu de temps auparavant; 3° la possibilité d'établir une association *extérieure* entre le nom en question et l'élément qui vient d'être refoulé. Il n'y a probablement pas lieu d'exagérer la valeur de cette dernière condition, car étant donnée la facilité avec laquelle s'effectuent les associations, elle se trouvera remplie dans la plupart des cas. Une autre question, et plus importante, est celle de savoir si une association extérieure de ce genre constitue réellement une condition suffisante pour que l'élément refoulé empêche la reproduction du nom cherché et si un lien plus intime entre les deux sujets n'est pas nécessaire à cet effet. A première vue, on est tenté de nier cette dernière nécessité et de considérer comme suffisante la rencontre purement passagère de deux éléments totalement disparates. Mais, à un examen plus approfondi, on constate, dans des cas de plus en plus nombreux, que les deux éléments (l'élément refoulé et le nouveau), rattachés par une association extérieure, présentent également des rapports intimes, c'est-à-dire qu'ils se rapprochent par leurs contenus, et tel était en effet le cas dans l'exemple *Signorelli*.

La valeur de la conclusion que nous a fournie l'analyse de l'exemple *Signorelli* varie, selon que ce cas peut être considéré comme typique ou ne constitue qu'un accident isolé. Or, je crois pouvoir affirmer que l'oubli de noms avec fausse réminiscence a lieu le plus souvent de la même manière que dans le cas que nous avons décrit. Presque toutes les fois où j'ai pu observer ce phénomène sur moi-même, j'ai été à même de l'expliquer comme dans le cas *Signorelli*, c'est-à-dire comme ayant été déterminé par le refoulement. Je puis d'ailleurs citer un autre argument à l'appui de ma manière de voir concernant le caractère typique du cas *Signorelli*. Je crois notamment que rien n'autorise à établir une ligne de séparation entre les cas d'oublis de noms avec fausse réminiscence et ceux où des noms de substitution incorrects ne se présentent pas. Dans certains cas, ces noms de substitution se présentent spontanément; dans d'autres, on peut les faire surgir, grâce à un effort d'attention et, une fois surgis, ils présentent, avec l'élément refoulé et le nom cherché, les mêmes rapports que s'ils avaient surgi spontanément. Pour que le nom de substitution devienne conscient, il faut d'abord un effort d'attention et, ensuite, la présence d'une condition, en rapport avec les matériaux psychiques. Cette dernière condition doit, à mon avis, être cherchée dans la plus ou moins grande facilité avec laquelle s'établit la nécessaire association extérieure entre les deux éléments. C'est ainsi que bon nombre de cas d'oublis de noms *sans* fausse réminiscence se rattachent aux cas avec formation de noms de substitution, c'est-à-dire aux cas justiciables du mécanisme que nous a révélé l'exemple Signorelli. Mais je n'irai certainement pas jusqu'à affirmer que tous les cas d'oublis de noms peuvent être rangés dans cette catégorie. Il y a certainement des oublis de noms où les choses se passent d'une façon beaucoup plus simple. Aussi ne risquons-nous pas de dépasser les bornes de la prudence, en résumant la situation de la façon suivante : *à côté du simple oubli d'un nom propre, il existe des cas où l'oubli est déterminé par le refoulement.*

2 OUBLI DE MOTS APPARTENANT A DES LANGUES ÉTRANGÈRES

Le vocabulaire usuel de notre langue maternelle semble, dans les limites du fonctionnement normal de nos facultés, préservé contre l'oubli. Il en est, on le sait, autrement des mots appartenant à des langues étrangères. Dans ce dernier cas, la disposition à l'oubli existe pour toutes les parties du discours, et nous avons un premier degré de perturbation fonctionnelle dans l'irrégularité avec laquelle nous manions une langue étrangère, selon notre état général et notre degré de fatigue. Dans certains cas, l'oubli de mots étrangers obéit au mécanisme que nous avons décrit à propos du cas *Signorelli.* Je citerai, à l'appui de cette affirmation, une seule analyse, mais pleine de détails précieux, relative à l'oubli d'un mot non substantif, faisant partie d'une citation latine. Qu'on me permette de relater ce petit accident en détail et d'une façon concrète.

L'été dernier, j'ai renouvelé, toujours au cours d'un voyage de vacances, la connaissance d'un jeune homme de formation universitaire et qui (je ne tardai pas à m'en apercevoir) était au courant de quelques-unes de mes publications psychologiques. Notre conversation, je ne sais trop comment, tomba sur la situation sociale à laquelle nous appartenions tous deux et lui, l'ambitieux, se répandit en plaintes sur l'état d'infériorité auquel était condamnée sa génération, privée de la possibilité de développer ses talents et de satisfaire ses besoins. Il termina sa diatribe passionnée par le célèbre vers de Virgile, dans lequel la malheureuse

Didon s'en remet à la postérité du soin de la venger de l'outrage que lui a infligé Énée : *Exoriare...*, voulait-il dire, mais ne pouvant pas reconstituer la citation, il chercha à dissimuler une lacune évidente de sa mémoire, en intervertissant l'ordre des mots : *Exoriar(e) ex nostris ossibus ultor!* Il me dit enfin, contrarié :

— Je vous en prie, ne prenez pas cette expression moqueuse, comme si vous trouviez plaisir à mon embarras. Venez-moi plutôt en aide. Il manque quelque chose à ce vers. Voulez-vous m'aider à le reconstituer?

— Très volontiers, répondis-je, et je citai le vers complet :

Exoriar(e) *aliquis* nostris ex ossibus ultor!

— Que c'est stupide d'avoir oublié un mot pareil! D'ailleurs, à vous entendre, on n'oublie rien sans raison. Aussi serais-je très curieux de savoir comment j'en suis venu à oublier ce pronom indéfini *aliquis*.

J'acceptai avec empressement ce défi, dans l'espoir d'enrichir ma collection d'un nouvel exemple. Je dis donc :

— Nous allons le voir. Je vous prie seulement de me faire part *loyalement* et *sans critique* de tout ce qui vous passera par la tête, lorsque vous dirigerez votre attention, sans aucune intention définie, sur le mot oublié (1).

— Fort bien! Voilà que me vient l'idée ridicule de décomposer le mot en *a* et *liquis*. — Qu'est-ce que cela signifie? — Je n'en sais rien. — Quelles sont les autres idées qui vous viennent à ce propos? — *Reliques. Liquidation. Liquide. Fluide.* Cela vous dit-il quelque chose? — Non, rien du tout. Mais continuez.

— Je pense, dit-il avec un sourire sarcastique, à *Simon de Trente*, dont j'ai, il y a deux ans, vu les reliques dans une église de Trente. Je pense aux accusations de meurtres rituels qui, en ce moment précisément, s'élèvent de nouveau contre les Juifs, et je pense aussi à l'ouvrage de Klein-

(1) C'est là le moyen général d'amener à la conscience des éléments de représentation qui se dissimulent. Cf. mon ouvrage : *Traumdeutung*, p. 69 (5e édition, p. 71).

paul qui voit dans ces prétendues victimes des Juifs des incarnations, autant dire de nouvelles éditions, du Sauveur. — Cette dernière idée n'est pas tout à fait sans rapport avec le sujet dont nous nous entretenions, avant que vous ait échappé le mot latin. — C'est exact. Je pense ensuite à un article que j'ai lu récemment dans un journal italien. Je crois qu'il avait pour titre : « L'opinion de saint Augustin sur les femmes. » Quelles conclusions tirez-vous de tout cela? — J'attends. — Et maintenant me vient une idée qui, elle, est certainement sans rapport avec notre sujet. — Je vous en prie, abstenez-vous de toute critique. — Vous me l'avez déjà dit. Je me souviens d'un superbe vieillard que j'ai rencontré la semaine dernière au cours de mon voyage. Un vrai *original*. Il ressemble à un grand oiseau de proie. Et, si vous voulez le savoir, il s'appelle *Benoît*. — Voilà du moins toute une série de saints et de pères de l'Église : saint Simon, saint Augustin, saint Benoît. Un autre père de l'Église s'appelait, je crois, *Origène* (*Origines*). Trois de ces noms sont d'ailleurs des prénoms comme *Paul* dans *Kleinpaul*. — Et maintenant je pense à *saint Janvier* et au miracle de son sang. Mais tout cela se suit mécaniquement. — Laissez ces observations. Saint Janvier et saint Augustin font penser tous deux au calendrier. Voulez-vous bien me rappeler le miracle du sang? — Très volontiers. Dans une église de Naples, on conserve dans une fiole le sang de saint Janvier qui, grâce à un miracle, *se liquéfie* de nouveau tous les ans, un certain jour de fête. Le peuple tient beaucoup à ce miracle et se montre très mécontent lorsqu'il est retardé, comme ce fut une fois le cas, lors de l'occupation française. Le général commandant — n'était-ce pas *Garibaldi ?* — prit alors le curé à part et, lui montrant d'un geste significatif les soldats rangés dehors, lui dit qu'il *espérait* que le miracle ne tarderait pas à s'accomplir. Et il s'accomplit en effet. — Et ensuite? Continuez donc. Pourquoi hésitez-vous? — Je pense maintenant à quelque chose... Mais c'est une chose trop intime pour que je vous en fasse part... Je ne vois d'ailleurs aucun rapport entre cette chose et ce qui nous intéresse et, par conséquent, aucune nécessité de vous la raconter... — Pour ce qui est du rapport, ne vous en préoccupez pas. Je ne puis certes pas vous forcer à me raconter ce qui vous est désagréable; mais alors ne me demandez pas de vous expliquer comment vous en êtes venu à oublier ce mot *aliquis*. — Réellement? Croyez-vous? Et bien, j'ai pensé tout à coup à une dame dont je pourrais facilement recevoir une nouvelle aussi désagréable pour elle que pour moi. — La nouvelle que ses règles sont arrêtées? — Comment avez-vous pu le deviner? — Sans aucune difficulté. Vous m'y avez suffisamment préparé. Rappelez-vous *tous les saints du calendrier* dont vous m'avez parlé, le récit sur *la liquéfaction du sang s'opérant un jour déterminé*, sur *l'émotion qui s'empare des assistants lorsque cette liquéfaction n'a pas lieu*, sur *la menace à peine déguisée que si le miracle ne s'accomplit pas, il arrivera ceci et cela*... Vous vous êtes servi du miracle de saint Janvier d'une façon remarquablement allégorique, comme d'une représentation imagée de ce qui vous intéresse concernant les règles de la dame en question. — Et je l'ai fait sans le savoir. Croyez-vous vraiment que si j'ai été incapable de reproduire le mot *aliquis*, ce fut à cause de cette attente anxieuse? — Cela me paraît hors de doute. Rappelez-vous seulement votre décomposition du mot en *a* et *liquis* et les associations : *reliques*, *liquidation*, *liquide*. Dois-je encore faire rentrer dans le même ensemble le saint Simon, sacrifié alors qu'il était encore enfant et auquel vous avez pensé, après avoir parlé de reliques? — Abstenez-vous en plutôt. J'espère que si j'ai réellement eu ces idées, vous ne les prenez pas au sérieux. Je vous avouerai en revanche que la dame dont il s'agit est une Italienne, en compagnie de laquelle j'ai d'ailleurs visité Naples. Mais ne s'agirait-il pas dans tout cela de coïncidences fortuites? — A vous de juger si toutes ces coïncidences se laissent expliquer par le seul hasard. Mais je tiens à vous dire que toutes les fois où vous voudrez analyser des cas de ce genre, vous serez infailliblement conduits à des « hasards » aussi singuliers et remarquables.

J'ai plus d'une raison d'attacher une grande valeur à cette petite analyse dont je suis redevable à l'obligeant concours de mon compagnon de voyage d'alors. En premier lieu, il m'a été possible, dans ce cas, de puiser à une source qui m'est généralement refusée. Je suis, en effet, obligé le plus souvent d'emprunter à mon auto-observation les exemples de troubles fonctionnels d'ordre psychique, survenant dans la vie quotidienne et que je cherche à réunir ici. Quant aux matériaux beaucoup plus abondants que m'offrent mes malades névrosés, je cherche à les éviter, afin de ne pas voir m'opposer l'objection que les phénomènes que je décris constituent précisément des effets et des manifestations de la névrose. Aussi suis-je heureux toutes les fois que je me trouve en présence d'une personne d'une santé psychique parfaite et qui veut bien se soumettre à une analyse de ce genre. Sous un autre rapport encore, cette analyse me paraît importante, puisqu'elle porte sur un cas d'oubli de mot *sans* souvenir de substitution, ce qui confirme la proposition que j'ai formulée plus haut, à savoir que l'absence ou la présence de souvenirs de substitution incorrects ne crée pas de différence essentielle entre les diverses catégories de cas (1).

(1) Une observation plus fine permet de réduire l'opposition qui semble exister, quant aux souvenirs de substitution, entre le cas *Signorelli* et le cas *aliquis*. C'est que dans celui-ci l'oubli paraît également être accompagné de la formation de mots de substitution. Lorsque j'ai ultérieurement demandé à mon interlocuteur si, au cours de ses efforts pour se souvenir du mot oublié, il ne s'est pas présenté à son esprit un mot de substitution, il m'informa qu'il avait d'abord éprouvé la tentation d'introduire dans le vers la syllabe *ab : nostris* AB *ossibus* (au lieu de : *nostris* EX *ossibus*) et que le mot *exoriare* s'est imposé à lui d'une façon particulièrement nette et obstinée. Sceptique, il ajouta aussitôt que ce fut sans doute parce que c'était le premier mot du vers. A ma prière de rechercher quand même les associations qui, dans son esprit, se rattachent à *exoriare*, il me donna le mot *exorcisme*. Je considère donc comme tout à fait possible que l'accent qu'il mettait dans sa reproduction sur le mot *exoriare* n'était, à proprement parler, que l'expression d'une substitution se rattachant elle-même aux noms des saints. Il s'agit là toutefois de finesses auxquelles il ne convient pas d'attacher une grande valeur. — Mais rien n'empêche d'admettre que la production d'un souvenir de substitution, de quelque genre qu'il soit, constitue un signe constant, peut-être seulement caractéristique et révélateur, d'un oubli motivé par le refoulement. Cette formation substitutive aurait lieu même dans les cas où les noms de substitution incorrects font défaut : elle se manifesterait alors par l'accentuation d'un élément qui se rattache immédiatement à l'élément oublié. C'est ainsi, par exemple, que, dans le cas *Signorelli*, le souvenir visuel du cycle de ses fresques et celui de son portrait figurant dans le coin d'un de

Le principal intérêt de l'exemple *aliquis* réside dans une autre des différences qui le séparent du cas *Signorelli*. Dans ce dernier, en effet, la reproduction du nom est troublée par la réaction d'une suite d'idées commencée et interrompue quelque temps auparavant, mais dont le contenu ne présentait aucun rapport apparent avec le sujet de conversation suivant, dans lequel figurait le nom Signorelli. Entre le sujet refoulé et celui où figurait le nom oublié, il y avait tout simplement le rapport de contiguité dans le temps; mais ce rapport a suffi à rattacher les deux sujets l'un à l'autre par une association extérieure (1). Dans l'exemple *aliquis*, au contraire, il n'y a pas trace d'un sujet indépendant et refoulé qui, ayant peu auparavant occupé la pensée consciente, aurait réagi ensuite comme élément perturbateur. Dans ce cas, le trouble de la production vient du sujet lui-même, à la suite d'une contradiction inconsciente qui s'élève contre l'idée-désir exprimée dans le vers cité. Voici quelle serait la genèse de l'oubli du mot *aliquis* : mon interlocuteur se plaint de ce que la génération actuelle de son peuple ne jouisse pas de tous les droits auxquels elle peut prétendre, et il prédit, comme Didon, qu'une nouvelle génération viendra qui vengera les opprimés d'aujourd'hui. Ce disant, il s'adressait mentalement à la postérité, mais dans le même instant une idée, en contradiction avec son désir, se présenta à son esprit : « Est-il bien vrai que tu désires si vivement avoir une postérité à toi ? Ce n'est pas vrai. Quel serait ton embarras, si tu rece-

ses tableaux, étaient chez moi d'une netteté particulière, d'une netteté que n'atteignent jamais mes souvenirs visuels, et cela tant que j'étais incapable de me rappeler le nom du peintre. Dans un autre cas, également rapporté dans mon article de 1898, j'avais complètement oublié le nom de la rue où demeurait une personne à laquelle je devais, dans une certaine ville, faire une visite qui m'était désagréable, alors que j'ai parfaitement retenu le numéro de la maison; juste le contraire de ce qui m'arrive normalement, ma mémoire des chiffres et nombres étant d'une faiblesse désespérante.

(1) En ce qui concerne l'absence d'un lien interne entre les deux suites d'idées dans le cas *Signorelli*, je ne saurais l'affirmer avec certitude. C'est qu'en suivant aussi loin que possible l'analyse de l'idée refoulée au-delà du sujet concernant la mort et la sexualité, on finit par se trouver en présence d'une idée qui se rapproche du sujet des fresques d'Orvieto.

vais d'un instant à l'autre, d'une personne que tu connais, la nouvelle t'annonçant l'espoir d'une postérité! Non, tu ne veux pas de postérité, quelque grande que soit ta soif de vengeance. » Cette contradiction se manifeste, exactement comme dans l'exemple Signorelli, par une association extérieure entre un des éléments de représentation de mon interlocuteur et un des éléments du désir contrarié ; mais cette fois l'association s'effectue d'une façon extrêmement violente et suivant des voies qui paraissent artificielles. Une autre analogie essentielle avec le cas *Signorelli* consiste dans le fait que la contradiction vient de sources refoulées et est provoquée par des idées qui ne pourraient que détourner l'attention.

Voilà ce que nous avions à dire concernant les différences et les ressemblances internes entre les deux exemples d'oubli de noms. Nous venons de constater l'existence d'un deuxième mécanisme de l'oubli, consistant dans la perturbation d'une idée par une contradiction intérieure venant d'une source refoulée. Ce mécanisme, qui nous apparaît comme le plus facile à comprendre, nous aurons encore plus d'une fois l'occasion de le retrouver au cours de nos recherches.

3 OUBLI DE NOMS ET DE SUITES DE MOTS

L'expérience que nous venons d'acquérir quant au mécanisme de l'oubli d'un mot faisant partie d'une phrase en langue étrangère nous autorise à nous demander si l'oubli de phrases en langue maternelle admet la même explication. On ne manifeste généralement aucun étonnement devant l'impossibilité où l'on se trouve de reproduire fidèlement et sans lacunes une formule ou une poésie qu'on a, quelque temps auparavant, apprise par cœur. Mais comme l'oubli ne porte pas uniformément sur tout l'ensemble de ce qu'on a appris, mais seulement sur certains de ses éléments, il n'est peut-être pas sans intérêt de soumettre à un examen analytique quelques exemples de ces reproductions devenues incorrectes.

Un de mes jeunes collègues qui, au cours d'un entretien que j'eus avec lui, exprima l'avis que l'oubli de poésies en langue maternelle pouvait bien avoir les mêmes causes que l'oubli de mots faisant partie d'une phrase étrangère, voulut bien s'offrir comme sujet d'expérience, afin de contribuer à l'élucidation de cette question. Comme je lui demandais sur quelle poésie allait porter notre expérience, il me cita *La fiancée de Corinthe*, de Gœthe, poème qu'il aimait beaucoup et dont il croyait savoir par cœur certaines strophes du moins. Mais voici qu'il éprouve, dès le premier vers, une incertitude frappante: « Faut-il dire : *se rendant de Corinthe à Athènes*, ou : *se rendant d'Athènes à Corinthe ?* » J'éprouvai moi-même un moment d'hésitation, mais je finis par faire observer en riant que le titre du poème : « La fiancée de Corinthe » ne laisse aucun doute quant à la direction suivie par le jeune homme. La reproduction de la première strophe s'effectua assez bien ou, du moins, sans déformation choquante. Après le premier vers de la deuxième strophe, mon collègue sembla chercher un moment; mais il se reprit aussitôt et récita ainsi :

Aber wird er auch willkommen scheinen,
Jetzt, wo jeder Tag was Neues bringt?
Denn er ist noch Heide mit den Seinen
Und sie sind Christen und — getauft.

(Mais sera-t-il le bienvenu — Maintenant que chaque jour apporte quelque chose de nouveau? — Car lui et les siens sont encore païens, — tandis qu'eux sont chrétiens et baptisés.)

Depuis quelque temps déjà, je l'écoutais un peu étonné ; mais après qu'il eut prononcé le dernier vers, nous reconnûmes tous deux qu'une déformation s'était glissée dans cette strophe. N'ayant pas réussi à la corriger, nous allâmes chercher dans la bibliothèque le volume des poésies de Gœthe, et grand fut notre étonnement de constater que le deuxième vers de cette strophe avait été remplacé par une phrase qui était, d'un bout à l'autre, de l'invention du collègue. Voici le texte correct de ce vers :

Aber wird er auch willkommen scheinen,
Wenn er teuer nicht die Gunst erkauft?

(Mais sera-t-il le bienvenu — *s'il n'achète pas cher cette faveur?*)

D'ailleurs, le mot *erkauft* (du deuxième vers authentique) rime avec *getauft* (du quatrième vers), et il m'a paru singulier que la constellation de ces mots : *païen*, *chrétien* et *baptisés* ne lui ait pas facilité la reproduction du texte.

— Pourriez-vous m'expliquer, demandai-je à mon collègue, comment vous en êtes venu à oublier si complètement ce vers d'une poésie qui, d'après ce que vous prétendez, vous est si familière? et avez-vous une idée de la source d'où provient la phrase que vous avez substituée au vers oublié?

Il était à même de donner l'explication que je lui demandais, mais il était évident qu'il ne le faisait pas très volontiers. — La phrase : *maintenant que chaque iour apporte quelque chose de nouveau*, ne m'est pas inconnue; je crois l'avoir employée récemment en parlant de ma clientèle dont l'extension, vous le savez, est pour moi actuellement une source de grande satisfaction. Mais pourquoi ai-je mis cette phrase dans la strophe que je viens de réciter? Il doit certainement y avoir une raison à cela. Il est évident que la phrase : *s'il n'achète pas cher cette faveur*, ne m'était pas agréable. Cela se rattache à une demande en mariage qui a été repoussée une première fois, mais que je me propose de renouveler, étant donné que ma situation matérielle s'est améliorée. Je ne puis vous en dire davantage, mais il ne peut certainement pas m'être agréable de penser que, si ma demande est accueillie cette fois, ce sera par simple calcul, de même que c'est par calcul qu'elle a été repoussée la première fois.

L'explication m'avait paru suffisante, et j'aurais pu, à la rigueur, m'abstenir de demander plus de détails. Je n'en insistai pas moins : Mais comment en êtes-vous venu, d'une façon générale, à introduire votre personne et vos affaires privées dans le texte de la *Fiancée de Corinthe ?* Y aurait-il dans votre cas une différence de religion, comme entre les fiancés du poème de Gœthe?

(Kommt ein Glaube neu,
wird oft Lieb'und Treu
wie ein böses Unkraut ausgerauft).

(Une nouvelle foi — arrache comme une mauvaise herbe — amour et fidélité).

Je n'ai pas deviné juste, mais j'ai pu constater à quel point une question bien orientée est capable d'éclairer un homme sur des choses dont il n'avait pas conscience auparavant. C'est ainsi que mon interlocuteur me regarda avec une expression de souffrance et de mécontentement, récita à mi-voix, comme pour lui-même, un autre passage du poème :

Sieh sie an genau (1)!
Morgen ist sie grau.

(Regarde-la bien : — demain elle sera grise)

et ajouta : — Elle est un peu plus âgée que moi.

Ne voulant pas le peiner davantage, j'ai interrompu l'interrogatoire. J'étais suffisamment édifié. Mais ce qui était remarquable dans ce cas, c'est que dans mon effort pour remonter à la cause d'une lacune en apparence anodine de la mémoire, j'en sois venu à me trouver en présence de circonstances profondes, intimes, associées chez mon interlocuteur à des sentiments pénibles.

Voici maintenant un autre cas d'oubli d'une phrase faisant partie d'une poésie connue. Ce cas a été publié par M. C. G. Jung (2) et je le reproduis textuellement.

Un monsieur veut réciter la célèbre poésie (de Henri Heine) : « Un pin se dresse solitaire, etc. » A la phrase qui commence par : « il a sommeil », il s'arrête impuissant, ayant complètement oublié les mots : « d'une blanche couverture (3). » Un pareil oubli dans un vers si connu m'a paru étonnant, et j'ai prié le sujet de reproduire librement tout ce qui lui passerait par la tête en rapport avec ces mots : « d'une blanche couverture ». Il en résulta la série suivante : — A propos de couverture blanche, on pense à un linceul —

1. Mon collègue a d'ailleurs quelque peu changé ce beau passage de la poésie, aussi bien dans son texte qu'en ce qui concerne son application. La jeune fille-fantôme dit à son fiancé :

« Meine Kette hab'ich dir gegeben ;
Deine Locke nehm'ich mit mir fort.
Sieh sie an genau !
Morgen bist du grau,
Und nur braun erscheinst du wieder dort ».

(« Je t'ai donné ma chaîne ; — J'emporte ta boucle. — Regarde-la bien ! — Demain tu seras gris, — et c'est seulement là-haut que tu redeviendras brun »).

2. C. G. Jung. *Ueber die Psychologie der Dementia praecox*, 1907. P. 64.

3. Voici la reconstitution de la strophe entière :

Ein Fichtenbaum steht einsam	Un pin se dresse solitaire
Im Norden auf kahler Höh !	Dans le Nord, sur une hauteur dénudée.
Ihn schläfert ; mit weisser Decke	Il a sommeil ; d'une blanche couverture
Umhüllen ihn Eis und Schnee.	L'enveloppent la glace et la neige.

(N d. T.)

à une toile avec laquelle on recouvre un mort — (pause) — et maintenant je pense à un ami cher — son frère vient de mourir subitement — il paraît qu'il est mort d'une attaque d'apoplexie — il avait d'ailleurs, *lui aussi*, une forte corpulence — mon ami a *la même* constitution et j'ai déjà pensé qu'il pourrait bien mourrir de *la même* façon — il se donne probablement peu de mouvement — lorsque j'ai appris la mort, je suis devenu subitement anxieux, j'ai peur de mourir d'un accident semblable, car nous avons tous dans notre famille une tendance à l'embonpoint, et mon grand-père est mort, *lui aussi*, d'une attaque; je me trouve trop gros et j'ai commencé ces jours derniers une cure d'amaigrissement.

Le monsieur, ajoute M. Jung, s'est ainsi, sans s'en rendre compte, identifié avec le pin entouré d'un linceul blanc.

L'exemple suivant, dont je suis redevable à mon ami S. Ferenczi, de Budapest, se rapporte, non, comme les précédents, à des phrases empruntées à des poètes, mais au propre discours du sujet. Cet exemple nous met en présence d'un de ces cas, qui ne sont d'ailleurs pas très fréquents, où l'oubli se met au service de notre prudence, lorsque nous sommes sur le point de succomber à un désir impulsif. L'acte manqué acquiert alors la valeur d'une fonction utile. Une fois dégrisés, nous approuvons ce mouvement interne qui, pendant que nous étions sous l'empire du désir, ne pouvait se manifester que par un lapsus, un oubli, une impuissance psychique.

« Dans une réunion, quelqu'un prononce la phrase : « tout comprendre, c'est tout pardonner. » Je remarque à ce propos que la première partie de la phrase suffit; vouloir « pardonner », c'est émettre une présomption, le pardon étant affaire de Dieu et de ses serviteurs. Un des assistants trouve mon observation très juste; je me sens encouragé et, voulant sans doute justifier la bonne opinion du critique indulgent, je déclare avoir eu récemment une idée encore plus intéressante. Je veux exposer cette idée, mais n'arrive pas à m'en souvenir. — Je me retire aussitôt et commence à écrire les associations libres qui me viennent à l'esprit. — Ce sont : d'abord le nom de l'ami qui a assisté à la naissance de l'idée en question et celui de la rue où elle est née; puis me vient à l'esprit le nom d'un autre ami, *Max*, que nous avons l'habitude d'appeler *Maxi*. Ceci me suggère le mot *maxime* et, à ce propos, je me souviens qu'il s'agissait alors, comme cette fois, de la modification d'une maxime connue. Mais, chose singulière, ce souvenir fait surgir dans mon esprit, non une maxime, mais ce qui suit : « *Dieu a créé l'homme à son image* » et la variante de cette phrase : « *L'homme a créé Dieu à son image à lui.* » A la suite de quoi, je retrouve aussitôt dans mes souvenirs ce que je cherchais :

« Mon ami me dit alors dans la rue Andrassy : « rien de ce qui est humain ne m'est étranger », à quoi je lui répondis, faisant allusion aux expériences psychanalytiques : « Tu devrais aller plus loin et avouer que rien de bestial ne t'est étranger. »

« Après avoir enfin retrouvé mon souvenir, je m'aperçus qu'il ne m'était guère possible d'en faire part à la société dans laquelle je me trouvais. La jeune femme de l'ami auquel j'ai rappelé la nature animale de notre inconscient se trouvait parmi les assistants, et je savais fort bien qu'elle n'était nullement préparée à entendre des choses aussi peu réjouissantes. L'oubli m'a épargné toute une série de questions désagréables de sa part et une discussion interminable. Telle fut sans doute la raison de mon « amnésie temporaire ».

« Fait intéressant : l'idée de substitution s'est exprimée dans une proposition dans laquelle Dieu se trouvait descendu au niveau d'une invention humaine, tandis que la proposition que je cherchais insistait sur le rôle animal de l'homme. Donc, *capitis diminutio* dans les deux cas. Le tout n'est évidemment que la suite de l'enchaînement d'idées sur « comprendre et pardonner », provoqué par la conversation ».

« A remarquer que si j'ai réussi à trouver rapidement la phrase cherchée, ce fut sans doute grâce à l'idée que j'ai eue de me retirer de la société qui infligeait à cette phrase une sorte de censure, pour m'isoler dans une pièce vide. »

J'ai, depuis, analysé de nombreux autres cas d'oubli ou de reproduction défectueuse de suites de mots et j'ai eu l'occasion de constater que le mécanisme de l'oubli, tel que nous l'avons dégagé dans les exemples *aliquis* et *La fiancée de Corinthe*, s'applique à la quasi généralité des cas. Il n'est pas toujours commode de communiquer ces analyses, car on est obligé le plus souvent, comme dans les précédentes, de toucher à des choses intimes et quelquefois pénibles pour le sujet de l'expérience ; aussi m'abstiendrai-je de multiplier les exemples. Ce qui reste commun à tous les cas, en dépit des différences qui existent entre leurs contenus, c'est que les mots oubliés ou défigurés se trouvent mis en rapport, en vertu d'une association quelconque, avec une idée inconsciente, dont l'action visible se manifeste précisément par l'oubli.

Je reviens donc à l'oubli de noms dont nous n'avons encore épuisé ni la casuistique ni les mobiles. Comme je puis de temps à autre observer sur moi-même cette sorte d'acte manqué, les exemples qui s'y rapportent ne me manquent pas. Les légers accès de migraine dont je souffre encore aujourd'hui s'annoncent quelques heures auparavant par l'oubli de noms, et au plus fort de l'accès, alors que je reste parfaitement capable de continuer mon travail, je perds souvent le souvenir de tous les noms propres. Or, on pourrait précisément alléguer des cas comme le mien, pour opposer une objection de principe à tous nos efforts analytiques. Ne résulterait-il pas d'observations de ce genre que la cause de la tendance à l'oubli, et plus particulièrement à l'oubli de noms propres, réside dans des troubles de la circulation et dans des troubles fonctionnels généraux du cerveau et qu'on ferait bien de renoncer aux essais d'explication psychologique des phénomènes en question? Je ne le pense pas ; ce serait confondre le mécanisme d'une processus, uniforme dans tous les cas, avec les circonstances, variables et pas toujours nécessaires, susceptibles de le favoriser. Mais, au lieu de m'engager dans une discussion, je vais essayer de réfuter l'objection à l'aide d'une comparaison.

Supposons qu'ayant poussé l'imprudence jusqu'à m'aventurer, à une heure avancée de la nuit, dans un quartier désert de la ville, j'aie été assailli par des malfaiteurs et dépouillé de ma montre et de ma bourse. Je me rends alors au poste de police le plus proche et fais une déclaration ainsi conçue : pendant que je me trouvais dans telle ou telle rue, la solitude et l'obscurité m'ont dépouillé de ma montre et de ma bourse. Tout en ne disant ainsi rien qui ne fût exact, je ne m'en exposerais pas moins à être pris pour un homme qui n'est pas tout à fait sain d'esprit. Pour décrire correctement la situation, je dois dire que, favorisés par la solitude du lieu et protégés par l'obscurité, des malfaiteurs inconnus m'ont dépouillé de mes objets précieux. Or, la situation, telle qu'elle se présente dans l'oubli, est exactement la même : favorisée par mon état de fatigue, par des troubles de la circulation et par l'intoxication, une force inconnue m'ôte la falculté de disposer des noms propres déposés dans ma mémoire, et c'est la même force qui, dans d'autres cas, peut produire les mêmes troubles de la mémoire, en dépit d'un état de santé parfait et d'un fonctionnement normal.

Lorsque j'analyse les cas d'oubli de noms que j'ai observés sur moi-même, je constate presque régulièrement que le nom oublié se rapporte à un sujet qui touche ma personne de près et est capable de provoquer en moi des sentiments violents, souvent pénibles. Me conformant à l'usage commode et vraiment recommandable introduit par l'école suisse (Bleuler, Jung, Riklin), je puis exprimer ce que je viens de dire sous la forme suivante : le nom oublié frôle chez moi un « complexe personnel ». Le rapport qui s'établit entre le nom et ma personne est un rapport inattendu, le plus souvent déterminé par une association superficielle (double sens du mot, même consonance); on peut le qualifier, d'une façon générale, de rapport latéral. Pour bien faire comprendre sa nature, je citerai quelques exemples très simples :

a) Un de mes patients me prie de lui indiquer une station thermale sur la Riviera. Je connais une station de ce genre tout près de Gênes, je me rappelle même le nom du collègue allemand qui y exerce, mais je suis incapable de nommer la station que je crois pourtant bien connaître. Il ne me reste qu'à prier le patient d'attendre quelques instants et à aller me renseigner auprès d'une personne de ma famille. — Comment donc s'appelle cet endroit près de Gênes, où le Dr N. possède un petit établissement dans lequel toi et telle autre dame avez été si longtemps en traitement? — « Et dire que c'est toi qui oublies son nom! Il s'appelle *Nervi.* » C'est que *Nervi* sonne comme *Nerven* (nerfs), et les nerfs constituent l'objet de mes occupations et préoccupations constantes.

b) Un autre de mes patients parle d'une villégiature toute proche et affirme qu'il y existe, en plus des deux auberges connues, une troisième à laquelle se rattache pour lui un certain souvenir et dont il me dira le nom dans un instant. Je conteste l'existence de cette troisième auberge et invoque, à l'appui de mes dires, le fait que j'ai passé dans l'endroit en question sept étés consécutifs et que je le connais, par conséquent, mieux que mon interlocuteur. Excité par la contradiction, celui-ci finit par se rappeler le nom. L'auberge s'appelle *Der Hochwartner.* Je suis obligé de céder et d'avouer que j'ai habité pendant sept étés consécutifs dans le voisinage immédiat de cette auberge dont je niais tout à l'heure l'existence. Mais pourquoi ai-je oublié la chose et le nom? Je crois que c'est parce que ce nom ressemble beaucoup à celui d'un de mes confrères en spécialité habitant Vienne; il se rapporte donc chez moi à un complexe « professionnel ».

c) Une autre fois, étant sur le point de prendre un billet à la gare de *Reichenhall,* je ne puis me souvenir du nom de la grande gare la plus proche, bien que je l'aie souvent traversée. Je suis obligé de me mettre très sérieusement à le chercher sur le plan. Cette gare s'appelle *Rosenheim.* Je vois aussitôt en vertu de quelle association son nom m'avait échappé. Une heure auparavant, j'ai fait une visite à ma sœur dans sa villégiature près de Reichenhall; ma sœur s'appelle *Rosa;* l'endroit qu'elle habitait était donc pour moi un *Rosenheim* (*séjour de Rose*). C'est ainsi que dans ce cas l'oubli a été déterminé par un « complexe familial ».

d) Je suis à même de prouver cette action vraiment

dévastatrice du « complexe familial » sur toute une série d'exemples.

Un jour se présente à ma consultation un jeune homme. C'est le frère cadet d'une de mes patientes; je l'ai déjà vu un nombre incalculable de fois et j'ai l'habitude de l'appeler par son prénom. Lorsque je voulus ensuite parler de sa visite, je fus absolument incapable, malgré tous les artifices auxquels j'eus recours, de me rappeler son prénom qui, je le savais fort bien, n'avait rien d'extraordinaire. Je sortis alors dans la rue et me mis à lire les enseignes; la première fois que son nom me tomba sous les yeux, je le reconnus sans hésitation aucune. L'analyse m'a appris que j'avais établi, entre mon jeune visiteur et mon propre frère, une comparaison qui impliquait cette question refoulée : dans une circonstance analogue, mon frère se serait-il comporté de la même manière ou mieux? L'association extérieure entre l'idée se rapportant à ma propre famille et celle se rapportant à une famille étrangère était favorisée par cette circonstance purement fortuite que les deux mères portaient le même prénom : Amalia. C'est plus tard seulement que j'ai compris les noms de substitution : Daniel et Franz, qui se sont présentés à mon esprit, sans me renseigner sur la situation. Ces deux noms, ainsi qu'Amalia, sont des noms de personnages des *Brigands*, de Schiller, auxquels se rattache une plaisanterie du boulevardier viennois *Daniel Spitzer*.

e) Une autre fois je me trouve dans l'impossibilité de me souvenir du nom d'un de mes patients qui faisait partie de mes relations de jeunesse. L'analyse me fait faire un long détour, avant de me révéler ce nom. Le malade avait manifesté la crainte de devenir aveugle; ceci éveilla en moi le souvenir d'un jeune homme qui est devenu aveugle à la suite d'une blessure par arme à feu; ce souvenir, à son tour, fit surgir l'image d'un autre jeune homme qui s'était suicidé en se tirant une balle de revolver et qui portait le même nom que le premier patient auquel il n'était d'ailleurs pas apparenté. Mais je n'ai retrouvé le nom qu'après m'être rendu compte que j'avais inconsciemment reporté sur une personne de ma propre famille l'attente angoissante du malheur qui avait frappé les deux jeunes gens dont je viens de parler.

C'est ainsi que ma pensée est traversée par un courant constant « de rapports personnels », dont je n'ai généralement aucune connaissance, mais qui se manifeste par l'oubli de noms. C'est comme si quelque chose me poussait à rapporter à ma propre personne tout ce que j'entends dire et raconter concernant des tiers, comme si tout renseignement relatif à des tiers éveillait mes complexes personnels. Il ne s'agit certainement pas là d'une particularité individuelle; j'y vois plutôt une indication quant à la manière dont nous devons comprendre ce qui est « autre », c'est-à-dire ce qui n'est pas nous-mêmes. Et j'ai, en outre, des raisons de croire que chez les autres individus les choses se passent exactement comme chez moi.

Le plus bel exemple de ce genre est celui qui m'a été raconté par un M. Lederer. Il rencontra, au cours de son voyage de noces, un monsieur qu'il connaissait à peine et qu'il devait présenter à sa jeune femme. Mais ayant oublié le nom de ce monsieur, il se tira d'affaire une première fois par un murmure indistinct. Ayant ensuite rencontré le même monsieur une deuxième fois (et à Venise les rencontres entre voyageurs sont inévitables), il le prit à part et le pria de le tirer d'embarras, en lui disant son nom qu'il avait malheureusement oublié. La réponse de l'étranger montre qu'il était un profond psychologue : « Je comprends bien que vous n'ayez pas retenu mon nom. Je m'appelle comme vous : Lederer! » On ne peut se défendre d'un sentiment quelque peu désagréable, lorsqu'on retrouve son propre nom porté par un étranger. J'ai récemment éprouvé très nettement un sentiment de ce genre, lorsque je vis se présenter à ma consultation un monsieur qui me dit s'appeler S. Freud. Je prends toutefois acte de l'assurance de l'un de mes critiques qui affirme qu'il se comporte dans les cas de ce genre d'une manière opposée à la mienne.

f) On retrouve l'effet du « rapport personnel » dans le cas suivant, communiqué par M. Jung (1) :

(1) *Dementia praecox*, p. 52.

« Un monsieur Y aimait sans retour une dame qui ne tarda pas à épouser un monsieur X. Or, bien que Y connaisse depuis longtemps X et se trouve même avec lui en relations d'affaires, il oublie constamment son nom, au point qu'il est souvent obligé, lorsqu'il veut écrire à X, de demander son nom à des tierces personnes. »

Dans ce cas, cependant, les motifs de l'oubli sont plus transparents que dans les précédents, régis par la loi du « rapport personnel ». Ici l'oubli apparaît comme une conséquence directe de l'antipathie que Y éprouve à l'égard de son heureux rival ; il ne veut rien savoir de lui : « qu'il ne soit pas question de lui (1). »

g) Le motif de l'oubli d'un nom peut aussi être d'un caractère plus fin et résider dans une colère pour ainsi dire « sublimée » à l'égard de son porteur. C'est ainsi qu'une demoiselle J. de K., de Budapest, écrit :

« Je me suis composé une petite théorie. J'ai observé notamment que des hommes doués pour la peinture ne comprennent rien en musique, et inversement. Il y a quelque temps, je m'entretenais là-dessus avec quelqu'un à qui je dis : « Jusqu'à présent ma constatation s'est toujours vérifiée, à l'exception d'un seul cas. » Mais lorsque je voulus citer le nom de cette seule personne formant exception à ma règle, je fus hors d'état de me le rappeler, tout en sachant que le porteur de ce nom était un de mes amis les plus intimes. En entendant, quelques jours plus tard, prononcer par hasard ce nom, je le reconnus aussitôt comme étant celui du démolisseur de ma théorie. La colère que, sans m'en rendre compte, je nourrissais à son égard, s'était manifestée par l'oubli de son nom, qui m'était cependant si familier. »

h) Dans le cas suivant, communiqué par M. Ferenczi et dont l'analyse est surtout instructive par l'explication des substitutions (comme Botticelli-Boltraffio, à la place de Signorelli), le « rapport personnel » a provoqué l'oubli d'un nom par une voie quelque peu différente.

« Une dame, ayant un peu entendu parler de psychanalyse, ne peut se rappeler le nom du psychiatre Jung.

(1) Vers de Heine : « Nicht gedacht soll seiner werden ! »

« A la place de ce nom se présentent les substitutions suivantes : *Kl.* (un nom) — *Wilde* — *Nietzsche* — *Hauptmann.*

« A propos de Kl. elle pense aussitôt à madame Kl., qui est une personne affectée, parée, mais paraissant *plus jeune* qu'elle n'est en réalité. Elle *ne vieillit pas*. Comme notion supérieure, commune à *Wilde* et à *Nietzsche*, elle donne : « *maladie mentale* ». Elle dit ensuite d'un ton railleur : « vous autres Freudiens, vous cherchez les causes des maladies mentales, jusqu'à ce que vous deveniez vous-mêmes *mentalement malades* ». Et puis : « Je ne supporte pas *Wilde* et *Nietzsche;* je ne les comprends pas. Je me suis laissé dire qu'ils étaient l'un et l'autre homosexuels. Wilde avait un faible pour les *jeunes* gens » (bien qu'elle ait prononcé dans cette dernière phrase, en hongrois il est vrai, le nom correct (1), elle est toujours incapable de s'en souvenir).

« A propos de *Hauptmann*, elle pense à *Halbe* (2), puis à *Jeunesse* (3), et alors seulement, après que j'aie orienté son attention vers le mot « Jeunesse », elle s'aperçoit que c'est le nom *Jung* qu'elle cherchait.

« D'ailleurs, cette dame ayant perdu son mari, lorsqu'elle avait 39 ans, et ayant renoncé à tout espoir de se remarier, avait de bonnes raisons de se soustraire à tout souvenir se rapportant à l'âge. Ce qui est remarquable dans ce cas, c'est l'association purement interne (association de contenu) entre les noms de substitution et le nom cherché et l'absence d'associations tonales. »

i) Voici au autre exemple d'oubli de nom, finement motivé et que l'intéressé lui-même a réussi à élucider.

« Comme j'avais choisi, à titre d'épreuve supplémentaire, la philosophie, mon examinateur m'interrogea sur la doctrine d'Épicure et me demanda les noms des philosophes qui, dans les siècles ultérieurs, se sont occupés de cette doctrine. J'ai donné le nom de Pierre Gassendi, dont

(1) La dame en question cherchait le nom du psychiatre *Jung*; or *Jung*, en allemand, signifie *jeune*. (N. du T.)

(2) Halbe — auteur dramatique allemand, comme Hauptmann. (N. du T.)

(3) « Jeunesse » est le titre de l'un des ouvrages de Halbe. (N. du T.)

j'avais précisément entendu parler au café, deux jours auparavant, comme d'un disciple d'Épicure. A la question étonnée de l'examinateur : « Comment le savez-vous? », j'ai répondu sans hésiter que je m'intéressais depuis longtemps à ce philosophe. Cela m'a valu la mention *magna cum laude* (reçu avec éloges), mais malheureusement aussi, dans la suite, une tendance invincible à oublier le nom de Gassendi. Je crois que si je ne puis maintenant, malgré tous mes efforts, retenir ce nom, c'est à ma mauvaise conscience que je le dois. Il aurait mieux valu pour moi ne pas le connaître lors de l'examen. »

Or, pour comprendre l'intensité de l'aversion que notre sujet éprouvait à se souvenir de cette période de ses examens, il faut savoir qu'il attachait une très grande valeur à son titre de docteur, de sorte que le souvenir en question n'était fait que pour diminuer à ses yeux cette valeur.

j) J'ajoute encore ici un exemple d'oubli du nom d'une ville, exemple moins simple que les précédents, mais que tous ceux qui sont familiarisés avec ce genre de recherches trouveront tout à fait vraisemblable et instructif. Le nom d'une ville italienne échappe au souvenir à cause de sa grande ressemblance phonétique avec un prénom féminin, auquel se rattachent de nombreux souvenirs affectifs dont la communication ne donne d'ailleurs pas une énumération complète. M. S. Ferenczi, de Budapest, qui a observé ce cas sur lui-même, l'a traité, et avec raison, comme on analyse un rêve ou une idée névrotique.

« Je me trouvais aujourd'hui dans une famille amie où l'on a parlé, entre autres choses, de villes de Haute-Italie. Quelqu'un remarque à ce propos qu'on peut encore retrouver dans ces villes l'influence autrichienne. On cite plusieurs de ces villes ; je veux moi aussi en nommer une, mais son nom ne me revient pas à la mémoire, bien que je sache que j'y ai passé deux journées très agréables, ce qui ne cadre pas bien avec la théorie de l'oubli formulée par Freud. A la place du nom cherché, les noms et mots suivants se présentent à mon esprit : *Capua, — Brescia, — Le lion de Brescia.*

« Ce lion, je le vois, comme s'il était devant mes yeux,

sous la forme d'une *statue de marbre*, mais je constate aussitôt qu'il ressemble moins au lion du monument de la liberté de Brescia (dont je n'ai vu que la reproduction) qu'au lion de marbre que j'ai vu à *Lucerne*, sur le *tombeau des gardes suisses tombés aux Tuileries* et dont la reproduction en miniature se trouve sur ma bibliothèque. Je retrouve enfin le nom cherché : c'est *Vérone*.

« Je reconnais sans hésitation à qui revient la faute de cette amnésie. La coupable n'est autre qu'une ancienne servante de la famille dont j'étais l'hôte ce jour-là. Elle s'appelait *Véronique*, en hongrois *Verona*, et m'était très antipathique, à cause de sa physionomie absolument repoussante, de sa *voix rauque et criarde* et de son insupportable familiarité (à laquelle elle se croyait autorisée par ses nombreuses années de service dans la maison). La façon *tyrannique* dont elle avait à l'époque traité les enfants de la maison m'était également intolérable. Je savais maintenant ce que signifiaient les noms de substitution.

« Pour *Capoue* j'ai trouvé aussitôt comme association *caput mortuum :* j'ai en effet souvent comparé la tête de Véronique à un crâne *de cadavre*. Le mot hongrois *kapczi* (rapacité en matière d'argent) a certainement contribué à ce déplacement. Je retrouve naturellement aussi les voies d'association plus directes qui rattachent l'une à l'autre Capoue et Vérone, en tant qu'unités géographiques et mots italiens ayant le même rythme.

« Il en est de même de Brescia; mais ici on trouve des associations d'idées qui se sont opérées suivant des voies latérales compliquées.

« Mon antipathie était, à un moment donné, tellement forte que je trouvais Véronique tout simplement répugnante, et plus d'une fois je m'étais demandé avec étonnement comment une créature pareille pouvait avoir une vie amoureuse et être aimée; à la seule idée de l'embrasser, on éprouve, disais-je, « un sentiment de nausée. » Il était cependant certain qu'un rapport existait entre l'idée de Véronique et celle de la garde suisse *tombée*.

« Le nom de Brescia est souvent associé, en Hongrie du moins, non au lion, mais au nom d'une autre bête sauvage. Le nom le plus haï dans ce pays, comme d'ailleurs en Haute-Italie, est celui du général *Haynau*, appelé couramment la *hyène de Brescia.* C'est ainsi que du général haï Haynau un courant d'idées aboutit, à travers Brescia, à Vérone, tandis qu'un autre courant aboutit, à travers l'idée de l'*animal à la voix rauque, déterreur de morts* (hyène) — idée qui entraîne à sa suite la représentation d'un *monument funéraire* — au crâne de cadavre et au désagréable organe vocal de Véronique, si détestée par mon inconscient, de Véronique qui, à une époque, avait exercé dans cette maison une tyrannie aussi insupportable que celle du général autrichien après les luttes pour la liberté en Hongrie et en Italie.

« A *Lucerne* se rattache l'idée de l'été que Véronique avait passé avec ses maîtres sur le Lac des Quatre-Cantons, près de cette ville; à la *garde suisse* se rattache le souvenir de la tyrannie qu'elle avait exercée non seulement sur les enfants, mais même sur les membres adultes de la famille, en sa qualité usurpée de « dame de compagnie ».

« Je tiens à avertir que, dans ma conscience, cette antipathie pour Véronique appartient aux choses depuis longtemps disparues. Depuis l'époque dont je parle, cette femme a beaucoup changé, dans son extérieur et dans ses manières, à son avantage et, les rares fois où j'ai l'occasion de la rencontrer, je lui fais un accueil franchement amical. Mais, comme toujours, mon inconscient garde plus obstinément ses anciennes impressions; il est « retardataire » et rancunier.

« Les *Tuileries* impliquent une allusion à une autre personne, à une dame française âgée qui, dans de nombreuses occasions, a été la véritable « dame de compagnie » des dames de la maison et que tout le monde, grands et petits, respectait et même craignait un peu. J'ai été moi-même pendant quelque temps son « élève » pour la conversation française. A propos du mot « élève » je me souviens que, pendant mon séjour en Bohême du Nord, chez le beau-frère de mon hôte d'aujourd'hui, j'ai beaucoup ri en entendant les paysans de la région appeler les élèves (*Eleven* en allemand) de l'académie forestière de l'endroit

« lions » (*Löwen*). Il est possible que ce plaisant souvenir ait contribué au déplacement de mes idées de l'hyène vers le lion. »

k) L'exemple qui suit (1) montre également comment un complexe personnel auquel on est soumis à un moment donné peut provoquer, au bout d'un temps assez long, l'oubli d'un nom.

« Deux hommes, l'un plus âgé, l'autre plus jeune, qui, six mois auparavant, avaient voyagé ensemble en Sicile, échangent leurs souvenirs sur les belles journées, pleines d'impressions, qu'ils y ont passées. — Comment s'appelle donc l'endroit, demande le plus jeune, où nous avons passé la nuit, avant de partir pour Selinunt? N'est-ce pas Calatafimi? — Non, répond le plus âgé, certainement non, mais j'en ai également oublié le nom, bien que je me souvienne de tous les détails de notre séjour là-bas. Il me suffit de m'apercevoir que quelqu'un a oublié un nom que je connais, pour me laisser gagner par la contagion et oublier, à mon tour, le nom en question. Si nous cherchions ce nom? Le seul qui me vienne à l'esprit est Caltanisetta, qui n'est certainement pas exact. — Non, dit le plus jeune, le nom commence par un *w* ou, du moins, contient un *w*. — Et, pourtant, la lettre *w* n'existe pas en italien, dit l'autre. — Je pense à un *v*, mais j'ai dit *w* par habitude, sous l'influence de la langue maternelle. Le plus âgé proteste contre le *v :* Je crois, dit-il, avoir déjà oublié pas mal de noms siciliens. Si l'on faisait quelques expériences? Comment s'appelle, par exemple, l'endroit élevé qui, dans l'antiquité, s'appelait Enna? Ah, oui, je me rappelle : Castrogiovanni. L'instant d'après, le plus jeune retrouve le nom oublié; il s'écrie : Castelvetrano! et est content de pouvoir prouver à son interlocuteur qu'il avait raison de dire que le nom contenait un *v*. Le plus âgé hésite encore pendant quelque temps ; mais, après s'être décidé à convenir que le nom retrouvé par le plus jeune était bien exact, il veut comprendre la raison pour laquelle il lui avait échappé. — C'est évidemment, pense-t-il, parce que la seconde moitié du nom

(1) *Zentralblatt für Psychoanalyse*, I, 9, 1911.

vetrano ressemble à *vétéran*. Je me rends parfaitement compte que je n'aime pas penser au *vieillissement* et je réagis d'une façon singulière, lorsque quelqu'un m'en parle. C'est ainsi que j'ai tout récemment remis rudement à sa place un ami que j'estime beaucoup en lui disant qu'il « a depuis longtemps dépassé l'âge de la jeunesse », parce que s'exprimant sur mon compte dans des termes très flatteurs, il avait ajouté que je n'étais plus un jeune homme. Que toute ma résistance fût dirigée contre la seconde partie du nom Castelvetrano, cela ressort encore du fait que la première syllabe de ce nom se retrouve dans Caltanisetta. — Et le nom Caltanisetta lui-même? demande le plus jeune. — Il sonnait pour moi comme le nom de caresse d'une jeune femme, avoue le plus âgé.

« Quelques instants après il ajoute : « le nom actuel d'Enna était également un nom de substitution. Et maintenant je m'aperçois que ce nom de Castrogiovanni, obtenu à l'aide d'une rationalisation, fait penser à la jeunesse (giovane), tout comme le nom de Castelvetrano évoque l'idée de la vieillesse (vétéran).

« Le plus âgé croit ainsi avoir expliqué son oubli. Quant aux causes qui ont provoqué le même oubli chez le plus jeune, elles n'ont pas été recherchées. »

Le mécanisme de l'oubli de noms est aussi intéressant que ses motifs. Dans un grand nombre de cas on oublie un nom, non parce qu'il éveille lui-même les motifs qui s'opposent à sa reproduction, mais parce qu'il se rapproche, par sa consonance ou sa composition, d'un autre mot contre lequel notre résistance est dirigée. On conçoit que cette multiplicité de conditions favorise singulièrement la production du phénomène. En voici des exemples :

l) Ed. Hitschmann (« Zwei Fälle von Namenvergessen », *Internat. Zeitschr. f. Psychoanalyse*, I, 1913).

Cas II : « M. N. veut recommander à quelqu'un la librairie *Gilhofer et Ranschburg*, mais, bien que la maison lui soit très connue, il ne se souvient, malgré tous ses efforts, que du nom Ranschburg. Légèrement mécontent, il rentre chez lui; mais la chose finit par le tourmenter à un point tel qu'il se décide à réveiller son frère, qui semblait déjà dormir, pour lui demander le nom de l'associé de Ranschburg. Le frère lui donne le nom sans aucune difficulté. Le nom « Gilhofer » évoque aussitôt dans l'esprit de M. N. celui de « Gallhof », un endroit dans lequel il a fait récemment, en compagnie d'une charmante jeune fille, une promenade dont il garde le meilleur souvenir. La jeune fille lui a fait cadeau d'un objet portant l'inscription : « En souvenir des belles heures passées à Gallhof. » Quelques jours avant l'oubli du nom « Gilhofer », M. N., en fermant brusquement le tiroir dans lequel il avait serré l'objet, l'a sérieusement abîmé; ce n'était certes qu'un fait accidentel, mais M. N., familiarisé avec la signification des actes symptomatiques, ne pouvait se défendre d'un sentiment de culpabilité. Depuis cet accident, il se trouvait dans un état d'âme quelque peu ambivalent à l'égard de cette dame, qu'il aimait certes, mais dont les avances en vue du mariage se heurtaient chez lui à une résistance hésitante.

m) Dr Hanns Sachs :

« Dans une conversation ayant pour objet Gênes et ses environs immédiats, un jeune homme veut nommer aussi la localité *Pegli*, mais ne parvient à retrouver ce nom que difficilement et à la suite d'un grand effort. Pendant qu'il rentre chez lui, il pense à l'oubli de ce nom qui lui était cependant si familier, et voilà que surgit dans son esprit le mot *Peli*, ayant exactement la même prononciation. Il sait que Peli est le nom d'une île de l'Océan Austral, dont les habitants ont conservé quelques coutumes remarquables. Il a lu la description de ces coutumes dans un ouvrage ethnologique et a conçu alors l'idée d'utiliser ces renseignements en vue d'une hypothèse personnelle. Il se rappelle que Peli est également le lieu d'action d'un roman qu'il a lu avec intérêt et plaisir : *La plus heureuse époque de Van Zanten*, par Laurids Bruun. — Les idées qui l'avaient préoccupé presque sans interruption tout ce jour-là se rattachaient à une lettre qu'il avait reçue le matin même d'une dame pour laquelle il avait beaucoup d'affection; cette lettre lui faisait entrevoir qu'il aurait à renoncer à une rencontre convenue. Après avoir passé la journée dans un état de grand abattement, il sortit le soir avec la ferme intention d'oublier sa contrariété et de jouir aussi pleinement que possible du plaisir qu'il se promettait d'une soirée passée dans une société qu'il estimait beaucoup. Il est certain que le mot *Pegli*, par sa ressemblance tonale avec le mot *Peli*, était de nature à troubler gravement son projet, car ce dernier mot ne présentait pas seulement pour lui un intérêt purement ethnologique, mais évoquait aussi, avec « la plus heureuse époque » de sa vie (par analogie avec le roman cité plus haut), toutes les craintes et tous les soucis qu'il avait éprouvés au cours de la journée. Il est caractéristique que cette interprétation, si simple pourtant, n'a été obtenue qu'après qu'une deuxième lettre soit venue transformer la tristesse en une joyeuse certitude d'une rencontre très proche. »

Si l'on se souvient, à propos de cet exemple, du cas, pour ainsi dire voisin, où il fut impossible de retrouver le nom Nervi, on constate que le double sens d'un mot peut être remplacé par la ressemblance phonétique de deux mots.

n) Lorsque, en 1915, eut éclaté la guerre avec l'Italie, j'ai pu faire sur moi-même cette observation qu'une grande quantité de noms de localités italiennes, qui m'étaient cependant très familiers, avaient disparu de ma mémoire. Comme tant d'autres Allemands, j'avais pris l'habitude de passer une partie de mes vacances sur le sol italien, et il était pour moi certain que cet oubli massif de noms n'était que l'expression d'une hostilité compréhensible à l'égard de l'Italie, hostilité qui, chez tous les Allemands, avait remplacé l'amitié d'autrefois. A côté de cet oubli direct de noms, j'en ai observé un autre, indirect, mais que j'ai pu ramener à la même cause. J'avais notamment une tendance à oublier aussi des noms non-italiens, et l'examen m'a révélé que ces derniers avaient toujours une ressemblance phonétique plus ou moins marquée avec des noms italiens. C'est ainsi que je cherchais un jour à me rappeler le nom de la ville morave de Bisenz. Lorsque j'y fus enfin parvenu, après beaucoup de difficultés, je m'aperçus aussitôt que mon oubli devait être mis sur le compte du palais Bisenzi, à Orvieto. Dans ce palais se trouve l'Hôtel « Belle Arti », dans lequel je descendais toutes les fois où je faisais un séjour à Orvieto. Les souvenirs infiniment agréables que j'ai emportés de ces séjours avaient naturellement subi une éclipse sous l'influence d'un changement survenu dans mon état d'âme.

Et maintenant, il ne sera peut-être pas sans intérêt d'examiner sur quelques exemples les intentions que l'oubli de noms est susceptible de satisfaire.

1. *Oublis de noms ayant pour but d'assurer l'oubli d'un projet.*

o) A. J. Storfer (« Zur Psychopathologie des Alltags », *Internationale Zeitschr. f. Psychoanalyse*, II, 1914).

« Une dame bâloise apprend un matin que son amie d'enfance, Selma X., de Berlin, faisant son voyage de noces, est arrivée à Bâle où elle ne doit rester qu'un seul jour. Aussitôt la Bâloise se précipite à l'hôtel. En sortant, les deux amies conviennent de se retrouver l'après-midi et de ne plus se séparer jusqu'au départ de la Berlinoise.

« L'après-midi, la Bâloise oublie le rendez-vous. Le déterminisme de cet oubli ne m'est pas connu, mais la situation à laquelle nous avons à faire (rencontre avec une amie d'enfance tout fraîchement mariée) rend possibles plusieurs constellations typiques, susceptibles de s'opposer à une nouvelle rencontre. Une particularité intéressante de ce cas consiste dans un acte manqué accompli ultérieurement, dans l'intention inconsciente de consolider le premier oubli. A l'heure même où elle devait rencontrer son amie de Berlin, la Bâloise se trouvait en visite chez d'autres amis. A un moment donné, il fut question du mariage tout récent de la chanteuse de l'Opéra de Vienne, Kurz. La dame bâloise parla de ce mariage d'une manière critique (!), mais lorsqu'elle voulut prononcer le nom de la chanteuse, elle ne put, à sa grande déception, se souvenir de son prénom (on sait que généralement les noms monosyllabiques se prononcent associés au prénom). La dame bâloise était d'autant plus contrariée par cette faiblesse de sa mémoire qu'elle avait souvent entendu la chanteuse Kurz et que son nom complet (c'est-à-dire précédé du prénom) lui était tout à fait familier. Mais avant que quelqu'un ait eu le temps de lui rappeler ce prénom, la conversation avait changé de sujet.

« Le soir du même jour, notre dame bâloise se trouve dans une société en partie identique à celle de l'après-midi. Comme par hasard, il est de nouveau question de la chanteuse viennoise que notre dame nomme sans difficulté : « *Selma* Kurz. » A peine a-t-elle prononcé ce nom, qu'elle s'écrie : « J'y pense maintenant : j'avais complètement oublié que je devais rencontrer cet après-midi mon amie Selma. » Elle regarde sa montre et constate que son amie doit déjà être partie. »

Nous n'avons pas encore une base suffisante pour nous prononcer sur ce bel exemple, intéressant à beaucoup d'égards. Le suivant est beaucoup plus simple : il s'agit de l'oubli, non d'un nom, mais d'un mot étranger, pour une raison en rapport avec une situation donnée. Mais nous faisons remarquer d'ores et déjà qu'on se trouve en présence des mêmes processus, qu'il s'agisse de l'oubli de noms propres, de prénoms, de mots étrangers ou de suites de mots.

Dans le cas que nous allons citer, un jeune homme, pour se créer un prétexte à accomplir un acte désiré, oublie l'équivalent anglais du mot *or*, alors que ce métal est désigné par le même mot (*Gold*) en anglais et en allemand.

« Dans une pension de famille, un jeune homme fait la connaissance d'une Anglaise qui lui plaît. S'entretenant avec elle le premier soir dans sa langue maternelle (c'est-à-dire en anglais) qu'il possède assez bien et voulant prononcer en anglais le mot *or*, il ne parvient pas, malgré tous ses efforts, à trouver le vocable nécessaire. A la place du mot exact, il trouve le mot français *or*, le mot latin *aurum*, le mot grec *chrysos* qui se présentent d'une façon tellement obsédante qu'il arrive difficilement à les écarter, alors qu'il sait fort bien qu'ils n'ont rien de commun avec le mot qu'il cherche. Il ne trouve finalement pas d'autre moyen de se faire comprendre que de toucher la bague en or que la dame porte à l'un de ses doigts ; et il apprend, à sa confusion, que le mot anglais qu'il cherche depuis si longtemps est en tous points identique au mot allemand désignant le même objet : *gold*. La signification de cet attouchement provoqué par l'oubli doit être cherchée, non seulement dans le désir qu'ont tous les amoureux de se sentir en contact direct avec la personne aimée, mais aussi dans le fait qu'il nous renseigne sur les éventuelles intentions matrimoniales de notre jeune homme. L'inconscient de la dame, surtout s'il est disposé sympathiquement à l'égard du partenaire, peut avoir deviné ses intentions érotiques dissimulées derrière le masque inoffensif de l'oubli; et la manière dont elle aura accepté et expliqué l'attouchement, peut fournir aux deux partenaires un moyen inconscient, mais très significatif, de prévoir l'issue du flirt commencé. »

2. *Un cas d'oubli d'un nom et de faux souvenir.*

q) Je reproduis encore, d'après J. Stärcke, une intéressante observation d'oubli et de ressouvenir d'un nom, caractérisée par le fait que l'oubli d'un nom est compliqué d'une déformation d'une phrase d'un poème, comme dans l'exemple relatif à « La fiancée de Corinthe ». (Cette observation est empruntée à l'édition hollandaise du présent ouvrage, sous le titre : « De invloed van ons onbewuste in ons dagelijksche leven », Amsterdam, 1916. Elle a été publiée en allemand dans *Internat. Zeitschr. für ärztliche Psychoanalyse*, IV, 1916).

« Un vieux juriste et linguiste, Z., raconte en société qu'au cours de ses études universitaires il a connu un étudiant qui était extraordinairement sot et sur la sottise duquel il aurait plus d'une anecdote à raconter. Il ne peut cependant se rappeler le nom de cet étudiant; il prétend d'abord que son nom commençait par la lettre *W*., mais retire ensuite cette supposition. Il se rappelle seulement que cet étudiant inintelligent était devenu plus tard marchand de vins (*Weinhändler*). Il raconte ensuite une anecdote sur la bêtise du même étudiant, mais s'étonne toujours de ne pouvoir retrouver son nom. Il finit par dire : — C'était un âne tel, que je n'arrive pas encore à comprendre comment j'ai pu, à force de répétitions il est vrai, réussir à lui inculquer un peu de latin. Au bout d'un instant, il se rappelle que le nom cherché finissait par ... *man*. Nous lui demandons alors si un autre nom ayant la même terminaison lui vient à l'esprit. Il répond : « *Erdmann* ». — Qui est-ce? — C'était également un étudiant de mes contemporains. Sa fille lui fait observer cependant qu'il y a aussi un professeur s'appelant Erdmann. En cherchant dans ses souvenirs, Z. trouve que ce professeur n'a consenti récemment à publier que sous une forme abrégée, dans la revue rédigée par lui, un des travaux de Z., dont il ne partageait pas toutes les idées, et que Z. en a été désagréablement affecté. (J'apprends d'ailleurs ultérieurement que Z. avait autrefois ambitionné de devenir professeur de la même spécialité qu'enseigne aujourd'hui le professeur Erdmann; il est donc possible que sous ce rapport encore le nom Erdmann touche à une corde sensible.)

« Et voilà qu'il se rappelle subitement le nom de l'étudiant inintelligent : *Lindeman*! Comme il s'était déjà rappelé antérieurement que le nom se terminait par ...*man*, le mot *Linde* a donc subi un refoulement plus prolongé. Prié de dire ce qui lui vient à l'esprit à propos de *Linde*, il répond d'abord : « rien ». Sur mon insistance et comme je lui dis qu'il n'est pas possible qu'il ne pense à rien à propos de ce mot, il me dit, en levant les yeux et en dessinant avec le bras un geste dans le vide : « Eh bien, un tilleul (*Linde* — tilleul) est un bel arbre. » C'est tout ce qu'il trouve à dire. Tout le monde se tait, chacun poursuit sa lecture ou une autre occupation, lorsqu'on entend quelques instants après Z. réciter d'un ton rêveur :

« Steht er mit festen
Gefügigen Knochen
Auf der *Erde*,
So reicht er nicht auf,
Nur mit der *Linde*
Oder der *Rebe*
Sich zu vergleichen. »

(Lorsqu'il se tient sur la *terre* avec ses jambes solides et souples, il n'arrive pas à se comparer au *tilleul* ou à la *vigne*).

Je poussai un cri de triomphe : — Nous le tenons enfin, votre Erdmann, dis-je : cet homme qui « se tient sur la terre », donc cet *homme de la terre* (*Erdemann* ou *Erdmann*), ne peut réussir à se comparer au *tilleul* (*Linde*), donc à *Lindeman* ou à la *vigne* (*Rebe*), donc au marchand de vins (*Weinhändler*). En d'autres termes : ce *Lindeman*, l'étudiant inintelligent, devenu plus tard marchand de vins, était bien un âne, mais *Erdmann* est un âne plus grand encore, sans comparaison possible avec Lindeman. Ces discours méprisants ou railleurs, prononcés dans l'inconscient, sont très fréquents; aussi crus-je pouvoir affirmer que la cause principale de l'oubli du nom était trouvée.

Je demandai alors à quelle poésie étaient empruntés les vers cités. Z. répondit qu'ils faisaient partie d'un poème de Gœthe qui, croyait-il, commençait ainsi :

« Edel sei der Mensch, Hilfreich und gut! »	(Que l'homme soit noble, secourable et bon!)

et il ajouta qu'on y trouvait aussi les vers suivants :

« Und hebt er sich aufwärts, So spielen mit ihm die Winde. »	(Et lorsqu'il se redresse, Les vents jouent avec lui.)

Le lendemain, j'ai cherché ce poème de Gœthe, et j'ai pu constater que le cas était beaucoup plus intéressant (mais aussi plus compliqué) qu'il ne l'avait paru au premier abord.

a) Les deux premiers vers cités (voir plus haut) étaient ainsi conçus :

« Steht er mit festen
Markigen (pleines de sève; et non *gefügigen*) Knochen »...

« Jambes *souples* » était une combinaison quelque peu singulière; mais je ne m'arrêterai pas là-dessus.

b) Et voici les vers suivants de cette strophe :

« Auf der wohlbegründeten Dauernden Erde, Reicht er nicht auf, Nur mit der *Eiche* Oder der Rebe Sich zu vergleichen. »	(Sur la terre solide et durable, il n'arrive pas à se comparer au chêne ou à la vigne.)

Il n'est donc pas question de *tilleul* (*Linde*) dans toute cette poésie. Le remplacement du chêne (*Eiche*) par le tilleul (*Linde*) ne s'est effectué (dans son inconscient) que pour rendre possible le jeu de mots : « Terre-Tilleul-Vigne » (*Erde-Linde-Rebe*).

c) Ce poème est intitulé : « Les limites de l'Humanité » et contient une comparaison entre la toute-puissance des dieux et la faiblesse des hommes. Mais le poème qui commence par les vers : « Edel sei der Mensch, — Hilfreich und gut! », n'est pas du tout celui auquel Z. a emprunté sa strophe. Il est imprimé quelques pages plus loin; il est intitulé « Le divin » et contient également des pensées sur les dieux et les hommes. Comme cette question n'a pas été approfondie, je puis tout au plus supposer que des idées sur la vie et la mort, sur l'éphémère et l'éternel, sur la fragilité de la propre vie de Z. et sur la mort future ont pu également jouer un rôle dans la détermination de l'oubli qui s'est produit dans ce cas. »

Dans certains de ces exemples il faut avoir recours à toutes les finesses de la technique psychanalytique pour expliquer l'oubli d'un nom. Je renvoie ceux qui veulent se renseigner plus en détail sur ce genre de travail, à une communication de M. E. Jones (de Londres), traduite d'anglais en allemand (1).

M. Ferenczi a observé que l'oubli de noms peut se produire également à titre de symptôme hystérique. Il révèle alors un mécanisme fort éloigné de celui qui préside aux actes manqués. La communication suivante fera comprendre cette différence :

« J'ai actuellement en traitement une malade qui, bien que douée d'une bonne mémoire, ne peut se rappeler les noms propres, même les plus usuels, même ceux qui lui sont le plus familiers. L'analyse a montré que ce symptôme lui servait à faire ressortir son ignorance. Or, cette insistance sur son ignorance était une forme de reproche qu'elle adressait à ses parents pour n'avoir pas voulu lui donner une instruction supérieure. Son idée fixe de nettoyage

(1) « Analyse eines Falles von Namenvergessen ». *Zentralbl. für Psychoanalyse*, Jahrg. II, Heft 2, 1911.

(psychose de maîtresse de maison) provient en partie de la même source. Elle a l'air de dire ainsi à ses parents : « Vous n'avez fait de moi qu'une femme de chambre. »

Je pourrais multiplier les exemples d'oublis de noms et en approfondir la discussion; mais je préfère ne pas aborder, à propos d'une seule question, la plupart des points de vue que nous aurons à envisager par la suite, en rapport avec d'autres questions. Qu'il me soit cependant permis de résumer en quelques propositions les résultats des analyses citées:

Le mécanisme de l'oubli de noms (ou, plus exactement, de l'oubli passager de noms) consiste dans l'obstacle qu'oppose à la reproduction voulue du nom, un enchaînement d'idées étrangères à ce nom et inconscientes. Entre le nom troublé et le complexe perturbateur il peut y avoir soit un rapport préexistant, soit un rapport qui s'établit, selon des voies apparemment artificielles, à la faveur d'associations superficielles (extérieures).

Les plus efficaces, parmi les complexes perturbateurs, sont ceux qui impliquent des rapports personnels, familiaux, professionnels.

Un nom qui, grâce à ses multiples sens, appartient à plusieurs ensembles d'idées (complexes), ne peut souvent entrer que difficilement en rapport avec un ensemble d'idées donné, car il en est empêché par le fait qu'il participe d'un autre complexe, plus fort.

Parmi les causes de ces troubles, on note en premier lieu et avec le plus de netteté le désir d'éviter un sentiment désagréable ou pénible que tel souvenir donné est susceptible de provoquer.

On peut, d'une façon générale, distinguer deux variétés principales d'oublis de noms : un nom est oublié soit parce qu'il rappelle lui-même une chose désagréable, soit parce qu'il se rattache à un autre nom, susceptible de provoquer un sentiment désagréable. Donc, la reproduction de noms est troublée soit à cause d'eux-mêmes, soit à cause de leurs associations plus ou moins éloignées.

Un coup d'œil sur ces propositions générales permet de comprendre pourquoi l'oubli passager de noms constitue un de nos actes manqués les plus fréquents.

Nous sommes cependant loin d'avoir noté toutes les particularités du phénomène en question. Je veux encore attirer l'attention sur le fait que l'oubli de noms est contagieux au plus haut degré. Dans une conversation entre deux personnes, il suffit que l'une prétende avoir oublié tel ou tel nom, pour que le même nom échappe à l'autre. Seulement, la personne chez laquelle l'oubli est un phénomène induit, retrouve plus facilement le nom oublié. Cet oubli « collectif » qui est un des phénomènes par lesquels se manifeste la psychologie des foules n'a pas encore fait l'objet de recherches psychanalytiques. M. Th. Reik a pu donner une bonne explication de ce remarquable phénomène, à propos d'un seul cas, particulièrement intéressant (1).

« Dans une petite société d'universitaires, dans laquelle se trouvaient également deux étudiantes en philosophie, on parlait des nombreuses questions qui se posent à l'histoire de la civilisation et à la science des religions, quant aux origines du christianisme. Une des jeunes femmes, qui avait pris part à la conversation, se souvint d'avoir trouvé, dans un roman anglais qu'elle avait lu récemment, un tableau intéressant des courants religieux qui agitaient cette époque-là. Elle ajouta que toute la vie du Christ, depuis sa naissance jusqu'à sa mort, était décrite dans ce roman dont elle ne pouvait pas se rappeler le titre (alors qu'elle gardait un souvenir visuel très net de la couverture du livre et de l'aspect typographique du titre). Trois des messieurs présents déclarèrent connaître, eux aussi, ce roman, mais, fait singulier, tout comme la jeune femme, ils furent incapables de se souvenir de son titre. »

Seule la jeune femme consentit à se soumettre à l'analyse, en vue de trouver l'explication de son oubli. Disons tout de suite que le livre avait pour titre *Ben-Hur* (par Lewis Wallace). Les souvenirs de substitution furent : *ecce homo — homo sum — quo vadis*? La jeune fille comprend elle-même qu'elle a oublié le titre, parce qu'il contient une expression que « ni moi ni aucune autre jeune fille ne

(1) Th. Reik, « Ueber Kollektives Vergessen ». *Internat. Zeitschr. f. Psychoanalyse*, VI, 1920.

voudrions employer, surtout en présence de jeunes gens (1) ». L'analyse, très intéressante, a permis de pousser plus loin cette explication. Le rapport une fois établi, la traduction du mot *homo* (homme) présente également une signification douteuse. M. Reik conclut : la jeune femme traite le mot oublié comme si en prononçant le titre suspect, elle avouait devant des jeunes gens des désirs qu'elle considère inconvenants pour sa personne et qu'elle repousse comme étant pénibles. Plus brièvement : sans s'en rendre compte, elle considère l'énoncé du titre *Ben-Hur* comme équivalant à une invitation sexuelle, et son oubli correspond à une défense contre une tentation inconsciente de ce genre. Nous avons des raisons de croire que des processus inconscients analogues ont déterminé l'oubli des jeunes gens. Leur inconscient a saisi la véritable signification de l'oubli de la jeune fille... il l'a pour ainsi dire interprété... L'oubli des jeunes gens exprime un respect pour cette attitude discrète de la jeune fille... On dirait que par sa subite lacune de mémoire, celle-ci leur a clairement signifié quelque chose que leur inconscient a aussitôt compris.

On rencontre encore un oubli de noms dans lequel des séries entières de noms se soustraient à la mémoire. Si l'on s'accroche, pour retrouver un nom oublié, à d'autres, auxquels il se rattache étroitement, ceux-ci, qu'on voudrait utiliser comme points de repère, s'échappent le plus souvent à leur tour. C'est ainsi que l'oubli s'étend d'un nom à un autre, comme pour prouver l'existence d'un obstacle difficile à écarter.

(1) Le titre du roman : *Ben-Hur* renferme le mot *Hur* qui ressemble à *Hure* — prostituée (en allemand). (N. d. T.)

4 SOUVENIRS D'ENFANCE ET SOUVENIRS-ÉCRANS

Dans un autre article (publié en 1899, dans *Monatsschrift für Psychiatrie und Neurologie*), j'ai pu démontrer la nature tendancieuse de nos souvenirs là où on la soupçonnait le moins. Je suis parti de ce fait bizarre que les premiers souvenirs d'enfance d'une personne se rapportent le plus souvent à des choses indifférentes et secondaires, alors qu'il ne reste dans la mémoire des adultes aucune trace (je parle d'une façon générale, non absolue) des impressions fortes et affectives de cette époque. Comme on sait que la mémoire opère un choix entre les impressions qui s'offrent à elle, nous sommes obligés de supposer que ce choix s'effectue dans l'enfance d'après d'autres critères qu'à l'époque de la maturité intellectuelle. Mais un examen plus approfondi montre que cette supposition est inutile. Les souvenirs d'enfance indifférents doivent leur existence à un processus de déplacement; ils constituent la reproduction substitutive d'autres impressions, réellement importantes, dont l'analyse psychique révèle l'existence, mais dont la reproduction directe se heurte à une résistance. Or, comme ils doivent leur conservation, non à leur propre contenu, mais à un rapport d'association qui existe entre ce contenu et un autre, refoulé, ils justifient le nom de « souvenirs-écrans » sous lequel je les ai désignés.

Dans l'article en question je n'ai fait qu'effleurer, loin de l'épuiser, toute la multiplicité et la variété des rapports et des significations que présentent ces souvenirs-écrans. Par un exemple minutieusement analysé, j'y ai relevé une particularité des relations *temporelles* entre les souvenirs-écrans et le contenu qu'ils recouvrent. Dans le cas dont il s'agissait, le souvenir-écran appartenait à l'une des premières années de l'enfance, alors que celui qu'il représentait dans la mémoire, resté à peu près inconscient, se rattachait à une époque postérieure de la vie du sujet. J'ai désigné cette sorte de déplacement sous le nom de déplacement *rétrograde*. On observe peut-être encore plus souvent le cas opposé, où une impression indifférente d'une époque postérieure s'installe dans la mémoire à titre de « souvenir-écran », uniquement parce qu'il se rattache à un événement antérieur dont la reproduction directe est entravée par certaines résistances. Ce seraient les souvenirs-écrans *anticipants* ou ayant subi un déplacement en avant. L'essentiel qui intéresse la mémoire se trouve, au point de vue du temps, situé *en arrière* du souvenir-écran. Un troisième cas est encore possible, où le souvenir-écran se rattache à l'impression qu'il recouvre non seulement par son contenu, mais aussi parce qu'il lui est contigu dans le temps : ce serait le souvenir-écran *contemporain* ou *simultané*.

Quelle est la proportion de nos souvenirs entrant dans la catégorie des souvenirs-écrans? Quel rôle ces derniers jouent-ils dans les divers processus intellectuels de nature névrotique? Autant de problèmes que je n'ai pu approfondir dans l'article cité plus haut et dont je n'entreprendrai pas non plus la discussion ici. Tout ce que je me propose de faire aujourd'hui, c'est de montrer la similitude qui existe entre l'oubli de noms accompagné de faux souvenirs et la formation de souvenirs-écrans.

A première vue, les différences entre ces deux phénomènes semblent plus évidentes que les analogies. Là il s'agit de noms propres; ici de souvenirs complets, d'événements réellement ou mentalement vécus; là, d'un arrêt manifeste de la fonction mnémonique; ici, d'un fonctionnement mnémonique qui nous frappe par sa bizarrerie; là, d'un trouble momentané (car le nom qu'on vient d'oublier a pu auparavant être reproduit cent fois d'une façon exacte et peut-être retrouvé dès le lendemain); ici, d'une possession durable, sans rémission, car les souvenirs d'enfance indifférents semblent ne pas nous quitter pendant une bonne partie de notre vie. L'énigme semble avoir dans les deux cas une orientation différente. Ce qui éveille notre curiosité scientifique dans le premier cas, c'est l'oubli ; dans le second, c'est la conservation. Mais, à la suite d'un examen quelque peu approfondi, on constate que, malgré les différences qui existent entre les deux phénomènes au point de vue des matériaux psychiques et de la durée, ils présentent des analogies qui enlèvent à ces différences toute importance. Dans un cas comme dans l'autre, il s'agit de défectuosités de la mémoire, laquelle reproduit non le souvenir exact, mais quelque chose qui le remplace. Dans l'oubli de noms, la mémoire fonctionne, mais en fournissant des noms de substitution. Dans le cas de souvenirs-écrans, il s'agit d'un oubli d'autres impressions, plus importantes. Dans les deux cas, une sensation intellectuelle nous avertit de l'intervention d'un trouble dont la forme varie d'un cas à l'autre. Dans l'oubli de noms, nous *savons* que les noms de substitution sont *faux* ; quant aux souvenirs-écrans, nous nous demandons seulement avec étonnement d'où ils viennent. Et puisque l'analyse psychologique peut nous montrer que la formation de subtitutions s'effectue dans les deux cas de la même manière, à la faveur d'un déplacement suivant une association superficielle, les différences qui existent entre les deux phénomènes quant à la nature des matériaux, la durée et le centre autour duquel ils évoluent, sont d'autant plus de nature à nous faire espérer que nous allons découvrir un principe important et applicable aussi bien à l'oubli de noms qu'aux souvenirs-écrans. Ce principe général serait le suivant : l'arrêt de fonctionnement ou le fonctionnement défectueux de la faculté de reproduction révèlent plus souvent qu'on ne le soupçonne l'intervention d'un facteur *partial*, d'une *tendance*, qui favorise tel souvenir ou cherche à s'opposer à tel autre.

La question des souvenirs d'enfance me paraît tellement importante et intéressante que je voudrais lui consacrer encore quelques remarques qui dépassent les points de vue admis jusqu'à présent.

Jusqu'à quel âge remontent nos souvenirs d'enfance? Il existe, à ma connaissance, quelques recherches sur la question, notamment celles de V. et C. Henri (1) et de Potwin (2), d'où il ressort qu'il existe à cet égard de grandes différences individuelles, certains sujets faisant remonter leur premier souvenir à l'âge de six mois, tandis que d'autres ne se rappellent aucun événement de leur vie antérieur à la sixième et même à la huitième année. Mais à quoi tiennent ces différences et quelle est leur signification? Il ne suffit évidemment pas de réunir par une vaste enquête les matériaux concernant la question; ces matériaux doivent être encore élaborés, et chaque fois avec le concours et la participation de la personne intéressée.

A mon avis, on a tort d'accepter comme un fait naturel le phénomène de l'amnésie infantile, de l'absence de souvenirs se rapportant aux premières années. On devrait plutôt voir dans ce fait une singulière énigme. On oublie que même un enfant de quatre ans est capable d'un travail intellectuel très intense et d'une vie affective très compliquée, et on devrait plutôt s'étonner de constater que tous ces processus psychiques aient laissé si peu de traces dans la mémoire, alors que nous avons toutes les raisons d'admettre que tous ces faits oubliés de la vie de l'enfance ont exercé une influence déterminante sur le développement ultérieur de la personne. Comment se fait-il donc que, malgré cette influence incontestable et incomparable, ils aient été oubliés? Force nous est d'admettre que le souvenir (conçu comme une reproduction consciente) est soumis à des conditions tout à fait spéciales qui ont jusqu'à présent échappé à nos recherches. Il est fort possible que l'oubli infantile nous livre le moyen de comprendre les amnésies qui, d'après nos connaissances les plus récentes, sont à la base de la formation de tous les symptômes névrotiques.

Des souvenirs d'enfance conservés, les uns nous parais-

(1) Enquête sur les premiers souvenirs de l'enfance. *Année psychologique*, III, 1897.

(2) Study of early memories. *Psychol. Review*, 1901.

sent tout à fait compréhensibles, d'autres bizarres et inexplicables. Il n'est pas difficile de redresser certaines erreurs relatives à chacune de ces deux catégories. Lorsqu'on soumet à l'examen analytique les souvenirs conservés par un homme, on constate facilement qu'il n'existe aucune garantie quant à leur exactitude. Certains souvenirs sont incontestablement déformés, incomplets ou ont subi un déplacement dans le temps et dans l'espace. L'affirmation des personnes examinées selon laquelle leur premier souvenir remonte, par exemple, à leur deuxième année, ne mérite évidemment pas confiance. On découvre rapidement les motifs qui ont déterminé la déformation et le déplacement des faits constituant l'objet des souvenirs, et ces motifs montrent en même temps qu'il ne s'agit pas de simples erreurs de la part d'une mémoire infidèle. Au cours de la vie ultérieure, des forces puissantes ont influencé et façonné la faculté d'évoquer les souvenirs d'enfance, et ce sont probablement ces mêmes forces qui, en général, nous rendent si difficile la compréhension de nos années d'enfance.

Les souvenirs des adultes portent, on le sait, sur des matériaux psychiques divers. Les uns se souviennent d'images visuelles : leurs souvenirs ont un caractère visuel. D'autres sont à peine capables de reproduire les contours les plus élémentaires de ce qu'ils ont vu : selon la proposition de Charcot, on appelle ces sujets « auditifs » et « moteurs » et on les oppose aux « visuels ». Dans les rêves, toutes ces différences disparaissent, car nous rêvons tous de préférence en images visuelles. Pour les souvenirs d'enfance, on observe, pour ainsi dire, la même régression que pour les rêves : ces souvenirs prennent un caractère plastiquement visuel, même chez les personnes dont les souvenirs ultérieurs sont dépourvus de tout élément visuel. C'est ainsi que les souvenirs visuels se rapprochent du type des souvenirs infantiles. En ce qui me concerne, tous mes souvenirs d'enfance sont uniquement de caractère visuel; ce sont des scènes élaborées sous une forme plastique et que je ne puis comparer qu'aux tableaux d'une pièce de théâtre. Dans ces scènes, vraies ou fausses, datant de l'enfance, on voit régulièrement figurer sa propre personne infantile, avec ses contours et dans ses vêtements. Cette circonstance est faite pour étonner, car les adultes du type visuel ne voient plus leur propre personne dans leurs souvenirs à propos des événements ultérieurs de leur vie (1). Il est également contraire à toutes nos expériences d'admettre que, dans les événements dont il est l'auteur ou le témoin, l'attention de l'enfant se porte sur lui-même, au lieu de se concentrer sur les impressions venues de l'extérieur. Tout cela nous oblige à admettre que ce qu'on trouve dans les soi-disant souvenirs de la première enfance, ce ne sont pas les vestiges d'événements réels, mais une élaboration ultérieure de ces vestiges, laquelle a dû s'effectuer sous l'influence de différentes forces psychiques intervenues par la suite. C'est ainsi que les « souvenirs d'enfance » acquièrent, d'une manière générale, la signification de « souvenirs écrans » et trouvent, en même temps, une remarquable analogie avec les souvenirs d'enfance des peuples, tels qu'ils sont figurés dans les mythes et les légendes.

Tous ceux qui ont eu l'occasion de pratiquer la psychanalyse avec un certain nombre de sujets, ont certainement réuni un grand nombre d'exemples de « souvenirs-écrans » de toutes sortes. Mais la communication de ces exemples est rendue extraordinairement difficile par la nature même des rapports qui, nous l'avons montré, existent entre les souvenirs d'enfance et la vie ultérieure; pour découvrir dans un souvenir d'enfance un « souvenir-écran », il faudrait souvent faire dérouler devant les yeux de l'expérimentateur toute la vie de la personne examinée. On ne réussit que rarement à exposer un souvenir d'enfance isolé, en le détachant de l'ensemble. En voici un exemple très intéressant :

Un jeune homme de 24 ans garde de sa cinquième année le souvenir du tableau suivant. Il est assis, dans le jardin d'une maison de campagne, sur une petite chaise à côté de sa tante, occupée à lui inculquer les rudiments de l'al-

(1) Je crois pouvoir l'affirmer à la suite de certains renseignements que j'ai obtenus.

phabet. La distinction entre *m* et *n* lui offre beaucoup de difficultés, et il prie sa tante de lui dire comment on peut reconnaître l'un de l'autre. La tante attire son attention sur le fait que la lettre *m* a un jambage de plus que la lettre *n*. — Il n'y avait aucune raison de contester l'authenticité de ce souvenir d'enfance; mais la signification de ce souvenir ne s'est révélée que plus tard, lorsqu'on a constaté qu'il était possible de l'interpréter comme une représentation (substitutive) symbolique d'une autre curiosité de l'enfant. Car, de même qu'il voulait connaître alors la différence entre *m* et *n*, il chercha plus tard à apprendre la différence qui existe entre garçon et fille et aurait aimé être instruit en cette matière par la tante en question. Il finit par découvrir que la différence entre garçon et fille est la même qu'entre *m* et *n*, à savoir que le garçon a quelque chose de plus que la fille, et c'est à l'époque où il a acquis cette connaissance que s'est éveillé en lui le souvenir de la leçon d'alphabet.

Voici un autre exemple se rapportant à la seconde enfance. Il s'agit d'un homme âgé de 40 ans, ayant eu beaucoup de déboires dans sa vie amoureuse. Il est l'aîné de neuf enfants. Il avait déjà quinze ans lors de la naissance de la plus jeune de ses sœurs, mais il affirme ne s'être jamais aperçu que sa mère était enceinte. Me voyant incrédule, il fait appel à ses souvenirs et finit par se rappeler qu'à l'âge de onze ou douze ans, il vit un jour sa mère défaire hâtivement sa jupe devant une glace. Sans être sollicité cette fois, il complète ce souvenir en disant que ce jour-là sa mère venait de rentrer et s'était sentie prise de douleurs inattendues. Or, le délaçage (*Aufbinden*) de la jupe n'apparaît dans ce cas que comme un « souvenir-écran » pour accouchement (*Entbindung*). Il s'agit là d'une sorte de « pont verbal » dont nous retrouverons l'usage dans d'autres cas.

Je veux encore montrer par un exemple la signification que peut acquérir, à la suite d'une réflexion analytique, un souvenir d'enfance qui semblait dépourvu de tout sens. Lorsque j'ai commencé, à l'âge de 43 ans, à m'intéresser aux vestiges de souvenirs de ma propre enfance, je me suis rappelé une scène qui, depuis longtemps (et même, d'après ce que je croyais, de tout temps), s'était présentée de temps à autre à ma conscience et que de bonnes raisons me permettent de situer avant la fin de ma troisième année. Je me voyais criant et pleurant devant un coffre dont mon demi-frère, de 20 ans plus âgé que moi, tenait le couvercle relevé, lorsque ma mère, belle et svelte, entra subitement dans la pièce comme venant de la rue. C'est ainsi que je me décrivais cette scène dont j'avais une représentation visuelle et dont je n'arrivais pas à saisir la signification. Mon frère voulait-il ouvrir ou fermer le coffre (dans la première description du tableau il s'agissait d'une « armoire »)? Pourquoi avais-je pleuré à ce propos? Quel rapport y avait-il entre tout cela et l'arrivée de ma mère? Autant de questions auxquelles je ne savais comment répondre. J'étais enclin à m'expliquer cette scène, en supposant qu'il s'agissait du souvenir d'une frasque de mon frère, interrompue par l'arrivée de ma mère. Il n'est pas rare de voir ainsi donner une signification erronée à des scènes d'enfance conservées dans la mémoire : on se rappelle bien une situation, mais cette situation est dépourvue de centre et on ne sait à quel élément attribuer la prépondérance psychique. L'analyse m'a conduit à une conception tout à fait inattendue de ce tableau. M'étant aperçu de l'absence de ma mère, j'avais soupçonné qu'elle était enfermée dans le coffre (ou dans l'armoire) et j'avais exigé de mon frère d'en soulever le couvercle. Lorsqu'il eut accédé à ma demande et que je me fus assuré que ma mère n'était pas dans le coffre, je me mis à crier. Tel est l'incident retenu par ma mémoire; il a été suivi aussitôt de l'apparition de ma mère et de l'apaisement de mon inquiétude et de ma tristesse. Mais comment l'enfant en est-il venu à l'idée de chercher sa mère dans le coffre? Des rêves datant de la même époque évoquent vaguement dans ma mémoire l'image d'une bonne d'enfants dont j'avais conservé encore d'autres souvenirs : par exemple qu'elle avait l'habitude de m'engager à lui remettre consciencieusement la petite monnaie que je recevais en cadeau, détail qui, à son tour, pouvait servir seulement de « souvenir-écran » à propos de faits ultérieurs. Aussi me décidai-je, afin de faciliter cette fois mon travail d'interprétation, à questionner ma vieille mère, au sujet de cette bonne d'enfants. Elle m'apprit beaucoup de choses, et entre autres que cette femme rusée et malhonnête avait, pendant que ma mère était retenue au lit par ses couches, commis de nombreux vols à la maison et qu'elle avait été, sur la plainte de mon demi-frère, déférée devant les tribunaux. Ce renseignement me fit comprendre la scène enfantine décrite plus haut, comme sous le coup d'une révélation. La disparition brusque de la bonne ne m'avait pas été tout à fait indifférente; j'avais même demandé à mon frère ce qu'elle était devenue, car j'avais probablement remarqué qu'il avait joué un certain rôle dans sa disparition; et mon frère m'avait répondu évasivement (et, selon son habitude, en plaisantant) qu'elle était « coffrée ». J'ai interprété cette réponse à la manière enfantine, mais j'ai cessé de questionner, car je n'avais plus rien à apprendre. Lorsque ma mère s'absenta quelque temps après, je me mis en colère, et convaincu que mon frère lui avait fait la même chose qu'à la bonne, j'exigeai qu'il m'ouvrît le coffre. Je comprends aussi maintenant pourquoi, dans la traduction de la scène visuelle, la sveltesse de ma mère se trouve accentuée : elle m'était apparue comme à la suite d'une véritable résurrection. J'ai deux ans et demi de plus que ma sœur, qui était née à cette époque-là, et lorsque j'atteignis ma troisième année, mon demi-frère avait quitté le foyer paternel.

5 LES LAPSUS

Si les matériaux usuels de nos discours et de nos conversations dans notre langue maternelle semblent préservés contre l'oubli, leur emploi en est d'autant plus fréquemment sujet à un autre trouble, connu sous le nom de *lapsus*. Les lapsus observés chez l'homme normal apparaissent comme une sorte de phase préliminaire des « paraphasies » qui se produisent dans des conditions pathologiques.

Je me trouve, en ce qui concerne l'étude de cette question, dans une situation exceptionnelle, étant donné que je puis m'appuyer sur un travail que Meringer et C. Mayer (dont les points de vue s'écartent cependant beaucoup des miens) ont publié en 1895, sur les *Lapsus et erreurs de lecture*. L'un des auteurs, auquel appartient le rôle principal dans la composition de ce travail, est notamment linguiste et a été conduit par des considérations linguistiques à examiner les règles auxquelles obéissent les lapsus. Il espérait pouvoir conclure de ces règles à l'existence d'un « certain mécanisme psychique rattachant et associant les uns aux autres, d'une façon tout à fait particulière, les sons d'un mot, d'une proposition, voire les mots eux-mêmes » (p. 10).

Les auteurs commencent par classer les exemples de « lapsus » qu'ils ont réunis, d'après des points de vue purement descriptifs : *interversions* (par exemple : *la Milo de Vénus*, au lieu de *la Vénus de Milo*); *anticipations* et *empiétements d'un mot ou partie d'un mot sur le mot qui le précède* (*Vorklang*) (exemple : es war mir auf der *Schwest*... auf der Brust so *schwer*; le sujet voulait dire : « j'avais un tel poids sur la poitrine »; mais dans cette phrase, le mot *schwer* — lourd — avait empiété en partie sur le mot antécédent *Brust* — poitrine); *postpositions, prolongation superflue d'un mot* (*Nachklang*) (exemple : ich fordere sie *auf*, *auf* das Wohl unseres Chefs AUF*zustossen*; je vous invite à *démolir* la prospérité de notre chef, au lieu de : boire — *stossen* — à la prospérité de notre chef); *contaminations* (exemple : er setzt sich auf den *Hinterkopf* [il s'asseoit sur la nuque]; cette phrase étant résultée de la fusion, par contamination, des deux phrases suivantes : er setzt sich einen *Kopf* auf [il redresse la tête] et : er stellt sich auf die *Hinterbeine* [il se dresse sur ses pattes de derrière]); *substitutions* (exemple : ich gebe die Präparate in den *Briefkasten* [je mets les préparations dans la boîte aux lettres], au lieu de : in den *Brütkasten* [dans le four à incubation]). A ces catégories les auteurs en ajoutent quelques autres, moins importantes (et, pour nous, moins significatives). Dans leur classification, ils ne tiennent aucun compte du fait de savoir si la déformation, le déplacement, la fusion, etc. portent sur les sons d'un mot, sur ses syllabes ou sur les mots d'une phrase.

Pour expliquer les variétés de lapsus qu'il a observées, Meringer postule que les différents sons du langage possèdent une valeur psychique différente. Au moment même où nous innervons le premier son d'un mot, le premier mot d'une phrase, le processus d'excitation se dirige vers les sons suivants, vers les mots suivants, et ces innervations simultanées, concomittantes, empiétant les unes sur les autres, impriment les unes aux autres des modifications et des déformations. L'excitation d'un son ayant une intensité psychique plus grande devance le processus d'innervation moins important ou persiste après ce processus, en le troublant ainsi, soit par anticipation, soit rétroactivement. Il s'agit donc de rechercher quels sont les sons les plus importants d'un mot. Meringer pense que « si l'on veut savoir quel est dans un mot le son qui possède l'intensité la plus grande, on n'a qu'à s'observer soi-même pendant qu'on cherche un mot oublié, un nom, par exemple. Le premier son qu'on retrouve est toujours celui qui, avant l'oubli, avait l'intensité la plus grande (p. 160)... Les sons les plus importants sont donc le son initial de la syllabe radicale, le commencement du mot et la ou les voyelles sur lesquelles porte l'accent » (p. 162).

Ici je dois élever une objection. Que le son initial d'un nom constitue ou non un de ses éléments essentiels, il n'est pas exact de prétendre qu'en cas d'oubli il soit le premier qui se présente à la conscience; la règle énoncée par Meringer est donc sans valeur. Lorsqu'on s'observe pendant qu'on cherche un nom oublié, on croit souvent pouvoir affirmer que ce nom commence par une certaine lettre. Mais cette affirmation se révèle inexacte dans la moitié des cas. Je prétends même qu'on annonce le plus souvent un son initial faux. Dans notre exemple *Signorelli*, on ne retrouvait, dans les noms de substitution, ni le son initial, ni les syllabes essentielles; seules les deux syllabes les moins essentielles, *elli*, se trouvaient reproduites dans le nom de substitution *Botticelli*. Pour prouver combien peu les noms de substitution respectent le son initial du nom oublié, nous citerons l'exemple suivant : un jour, je me trouve incapable de me souvenir du nom du petit pays dont *Monte-Carlo* est l'endroit le plus connu. Les noms de substitution qui se présentent sont : *Piémont*, *Albanie*, *Montevideo*, *Colico*. *Albanie* est aussitôt remplacé par *Montenegro*, et je m'aperçois alors que la syllabe *Mont* existe dans tous les noms de substitution, à l'exception du dernier. Il me devient facile de retrouver, en partant du nom du prince Albert, celui du pays oublié : *Monaco*. Quant au nom *Colico*, il imite à peu de chose près la succession des syllabes et le rythme du nom oublié.

Si l'on admet qu'un mécanisme analogue à celui de l'oubli de noms peut présider aussi aux phénomènes du lapsus, l'explication de ces derniers devient facile. Le trouble de la parole qui se manifeste par un lapsus peut, en premier lieu, être occasionné par l'action, anticipée ou rétroactive, d'une autre partie du discours ou par une autre idée contenue dans la phrase ou dans l'ensemble de propositions qu'on veut énoncer : à cette catégorie appartiennent tous les exemples cités plus haut et empruntés à Meringer et Mayer; mais, en deuxième lieu, le trouble peut se produire d'une manière analogue à celle dont s'est produit l'oubli, par exemple, dans le cas *Signorelli*; ou, en d'autres termes, le trouble peut être consécutif à des influences extérieures au mot, à la phrase, à l'ensemble du discours, il peut être occasionné par des éléments qu'on n'a nullement l'intention d'énoncer et dont l'action se manifeste à la conscience par le trouble lui-même. Ce qui est commun aux deux catégories, c'est la simultanéité de l'excitation de deux éléments; mais elles diffèrent l'une de l'autre, selon que l'élément perturbateur se trouve à l'intérieur ou à l'extérieur du mot, de la phrase ou du discours qu'on prononce. La différence ne paraît pas suffisante, et il semble qu'il n'y ait pas lieu d'en tenir compte pour tirer certaines déductions de la symptomatologie des lapsus. Il est cependant évident que seuls les cas de la première catégorie autorisent à conclure à l'existence d'un mécanisme qui, reliant entre eux sons et mots, rend possible l'action perturbatrice des uns sur les autres; c'est, pour ainsi dire, la conclusion qui se dégage de l'étude purement linguistique des lapsus. Mais dans les cas où le trouble est occasionné par un élément extérieur à la phrase ou au discours qu'on est en train de prononcer, il s'agit avant tout de rechercher cet élément, et la question qui se pose alors est de savoir si le mécanisme d'un tel trouble peut nous révéler, lui aussi, les lois présumées de la formation du langage.

Il serait injuste de dire que Meringer et Mayer n'ont pas discerné la possibilité de troubles de la parole, à la suite d' « influences psychiques complexes », par des éléments extérieurs au mot, à la proposition ou au discours qu'on a l'intention de prononcer. Ils ne pouvaient pas ne pas constater que la théorie qui attribue aux sons une valeur psychique inégale ne s'appliquait, rigoureusement parlant, qu'à l'explication de troubles tonaux, ainsi qu'aux anticipations et aux actions rétroactives. Mais là où les troubles subis par les mots ne se laissent pas réduire à des troubles tonaux (ce qui est, par exemple, le cas des substitutions et des contaminations de mots), ils ont, eux aussi, cherché sans parti-pris la cause du lapsus *en dehors* du discours voulu et ils ont illustré cette dernière situation à l'aide de très beaux exemples. Je cite le passage suivant :

(P. 62). « Ru. parle de procédés qu'il qualifie de « cochonneries » (*Schweinereien*). Mais il cherche à s'exprimer sous une forme atténuée et commence : « Dann sind aber Tatsachen zum *Vorschwein* gekommen ». Or, il voulait dire : « Dann sind aber Tatsachen zum *Vorschein* gekommen » (« Des faits se sont alors révélés... »). Mayer et moi étions présents, et Ru. confirma qu'en prononçant cette dernière phrase il pensait aux « cochonneries ». La ressemblance existant entre « Vorschein » et « Schweinereien » explique suffisamment l'action de celui-ci sur celui-là, et la déformation qu'il lui a fait subir. »

(P. 73). « Comme dans les contaminations et, probablement, dans une mesure plus grande encore, les images verbales « flottantes » ou « nomades » jouent dans les substitutions un rôle important. Bien que situées au-dessous du seuil de la conscience, elles n'en sont pas moins assez proches pour pouvoir agir efficacement; s'introduisant dans une phrase à la faveur de leur ressemblance avec un élément de cette dernière, elles déterminent une déviation ou s'entrecroisent avec la succession des mots. Les images verbales « flottantes » ou « nomades » sont souvent, ainsi que nous l'avons dit, les restes non encore éteints de discours récemment terminés (action rétroactive) ».

(P. 97). « Une déviation par suite d'une ressemblance est rendue possible par l'existence, au-dessous du seuil de la conscience, d'un mot analogue, *qui n'était pas destiné à être prononcé*. C'est ce qui arrive dans les substitutions. J'espère qu'une vérification ultérieure ne pourra que confirmer les règles que j'ai formulées. Mais pour cela il est nécessaire *qu'on soit bien fixé*, lorsqu'un autre parle, *sur tout ce à quoi il a pensé en parlant* (1). Voici à ce propos un cas instructif. M. Li., parlant d'une femme et voulant

(1) Souligné par moi.

dire qu'elle lui ferait peur (« sie würde mir Furcht einjagen »), emploie, au lieu du mot *einjagen*, celui de ein*l*agen, qui a une signification tout autre. Cette substitution de la lettre *l* à la lettre *j* me paraît inexplicable. Je me permets d'attirer sur cette erreur l'attention de M. Li. qui me répond aussitôt : « Mon erreur provient de ce qu'en parlant je pensais : je ne serais pas en état, etc. » (... ich wäre nicht in der Lage...) ».

« Autre cas. Je demande à R. v. S. comment va son cheval malade. Il répond : « Ja, das *draut* (1)... dauert vielleicht noch einen Monat » (« Cela va peut-être durer encore un mois »). Le mot « draut », avec un *r*, me paraît inexplicable, la lettre *r* du mot correct *dauert* n'ayant pas pu produire un effet pareil. J'attire sur ce fait l'attention de R. v. S. qui m'explique aussitôt qu'en parlant il pensait : « C'est une triste histoire » (das ist eine *traurige* Geschichte). Il avait donc pensé à deux réponses qui se sont fondues en une seule par l'intermédiaire de deux mots (*draut* provenant de la fusion de *dauert* et de *traurig*) ».

Par sa théorie des images verbales « nomades », qui sont situées au-dessous du seuil de la conscience et qui ne sont pas destinées à être formulées en paroles, et par son insistance sur la nécessité de rechercher tout ce à quoi le sujet pense pendant qu'il parle, la conception de Meringer et Mayer se rapproche singulièrement, il est facile de s'en rendre compte, de notre conception psychanalytique. Nous recherchons, nous aussi, des matériaux inconscients, et de la même manière, à cette seule différence près que nous prenons un détour plus long, puisque nous n'arrivons à la découverte de l'élément perturbateur qu'à travers une chaîne d'associations complexe, en partant des idées qui viennent à l'esprit du sujet lorsque nous l'interrogeons.

Je m'arrête un instant à une autre particularité intéressante, dont les exemples de Meringer nous apportent d'ailleurs la preuve. D'après l'auteur lui-même, ce qui permet à un mot, qu'on n'avait pas l'intention de prononcer, de s'imposer à la conscience par une déformation, une

(1) Mot parasite, sans signification. (N. d. T.)

formation mixte, une formation de compromis (contamination), c'est sa ressemblance avec un mot de la phrase qu'on est en train de formuler : *lagen-jagen*; *dauert-traurig* ; *Vorschein-Schwein.*

Or, dans mon livre sur la *Science des rêves* (1), j'ai précisément montré la part qui revient au travail de *condensation* dans la formation de ce qu'on appelle le contenu manifeste des rêves, à partir des idées latentes des rêves. Une ressemblance entre les choses ou entre les représentations verbales de deux éléments des matériaux inconscients, fournit le prétexte à la formation d'une troisième représentation, mixte ou de compromis, qui remplace dans le contenu du rêve les deux éléments dont elle se compose et qui, par suite de cette origine, se présente souvent pourvue de propriétés contradictoires. La formation de substitutions et de contaminations dans les lapsus constituerait ainsi le commencement, pour ainsi dire, de ce travail de condensation qui joue un rôle si important dans la formation des rêves.

Dans un article destiné au grand public (*Neue Freie Presse*, 23 août 1900) : « Comment on commet un lapsus », Meringer fait ressortir la signification pratique que possèdent dans certains cas les substitutions de mots, celles notamment où un mot est remplacé par un autre, d'un sens opposé. « On se rappelle encore la manière dont le président de la Chambre des Députés autrichienne a, un jour, ouvert la séance : « Messieurs, dit-il, je constate la présence de tant de députés et déclare, par conséquent, la séance *close.* » L'hilarité générale que provoqua cette déclaration fit qu'il s'aperçut aussitôt de son erreur et qu'il la corrigea. L'explication la plus plausible dans ce cas serait la suivante : dans son for intérieur, le président *souhaitait* pouvoir enfin clore cette séance dont il n'attendait rien de bon ; aussi l'idée correspondant à ce souhait a-t-elle trouvé, cela arrive fréquemment, une expression tout au moins partielle dans sa déclaration, en lui faisant dire « close », au lieu de « ouverte », c'est-à-dire exactement le contraire

(1) *Die Traumdeutung*. Leipzig et Vienne, 1900, 5e édit. 1919.

de ce qui était dans ses intentions. De nombreuses observations m'ont montré que ce remplacement d'un mot par son contraire est un phénomène très fréquent. Étroitement associés dans notre conscience verbale, situés dans des régions très voisines, les mots opposés s'évoquent réciproquement avec une grande facilité. »

Il n'est pas aussi facile de montrer dans tous les cas (comme Meringer vient de le faire dans le cas du président) que le lapsus consistant dans le remplacement d'un mot par son contraire, résulte d'une opposition intérieure contre le sens de la phrase qu'on veut ou doit prononcer. Nous avons retrouvé un mécanisme analogue, en analysant l'exemple *aliquis*, où l'opposition intérieure s'est manifestée par l'oubli du nom, et non par son remplacement par son contraire. Nous ferons toutefois observer, pour expliquer cette différence, qu'il n'existe pas de mot avec lequel *aliquis* présente le même rapport d'opposition que celui qui existe entre « ouvrir » et clore », et nous ajouterons que le mot « ouvrir » est tellement usuel que son oubli ne constitue sans doute qu'un fait exceptionnel.

Si les derniers exemples de Meringer et Mayer nous montrent que les troubles de langage, connus sous le nom de lapsus, peuvent être provoqués soit par des sons ou des mots (agissant par anticipation ou rétroactivement) de la phrase même qu'on veut prononcer, soit par des mots ne faisant pas partie de cette phrase, extérieurs à elle et *dont l'état d'excitation ne se révèle que par la formation du lapsus*, nous voulons voir maintenant s'il existe entre ces deux catégories de lapsus une séparation nette et tranchée et, dans l'affirmative, quels sont les signes qui nous permettent de dire, en présence d'un cas donné, s'il fait partie de l'une ou l'autre de ces catégories. Dans son ouvrage sur la *Psychologie des peuples* (1), Wundt, tout en cherchant à dégager les lois de développement du langage, s'occupe également des lapsus, au sujet desquels il formule quelques considérations dont il convient de tenir compte. Ce qui, d'après Wundt, ne manque

(1) *Völkerpsychologie*, 1. Band, 1. Teil, pp. 371 et suiv., 1900.

jamais dans les lapsus et les phénomènes similaires, ce sont certaines influences psychiques. « Nous nous trouvons tout d'abord en présence d'une condition positive, qui consiste dans la production libre et spontanée d'associations tonales et verbales provoquées par les sons énoncés. A côté de cette condition positive, il y a une condition négative, qui consiste dans la suppression ou dans le relâchement du contrôle de la volonté et de l'attention, agissant, elle aussi, comme fonction volitive. Ce jeu de l'association peut se manifester de plusieurs manières : un son peut être énoncé par anticipation ou reproduire les sons qui l'ont précédé; un son qu'on a l'habitude d'énoncer peut venir s'intercaler entre d'autres sons; ou, enfin, des mots tout à fait étrangers à la phrase, mais présentant avec les sons qu'on veut énoncer des rapports d'association, peuvent exercer une action perturbatrice sur ces derniers. Mais quelle que soit la modalité qui intervient, la seule différence constatée porte sur la direction et, en tout cas, sur l'amplitude des associations qui se produisent, mais nullement sur leur caractère général. Dans certains cas, on éprouve même une grande difficulté à déterminer la catégorie dans laquelle il faut ranger un trouble donné, et on se demande s'il ne serait pas plus conforme à la vérité d'attribuer ce trouble à l'action simultanée et combinée de plusieurs causes, *d'après le principe des causes complexes* (1) » (pp. 380 et 381).

Ces remarques de Wundt me paraissent tout à fait justifiées et très instructives. Il y aurait seulement lieu, à mon avis, d'insister plus que ne le fait Wundt sur le fait que le facteur positif, favorisant le lapsus, c'est-à-dire le libre déroulement des associations, et le facteur négatif, c'est-à-dire le relâchement de l'action inhibitrice de l'attention, agissent presque toujours simultanément, de sorte que ces deux facteurs représentent deux conditions, également indispensables, d'un seul et même processus. C'est précisément à la suite du relâchement de l'action inhibitrice de l'attention ou, pour nous exprimer plus exactement, *grâce*

(1) Souligné par moi.

à ce relâchement, que s'établit le libre déroulement des associations.

Parmi les exemples de lapsus que j'ai moi-même réunis, je n'en trouve guère où le trouble du langage se laisse réduire uniquement et exclusivement à ce que Wundt appelle l' « action par contact de sons ». Je trouve presque toujours, en plus de l'action par contact, une action perturbatrice ayant sa source *en dehors* du discours qu'on veut prononcer, et cet élément perturbateur est constitué soit par une idée unique, restée inconsciente, mais qui se manifeste par le plasus et ne peut le plus souvent être amenée à la conscience qu'à la suite d'une analyse approfondie, soit par un mobile psychique plus général qui s'oppose à tout l'ensemble du discours.

a) Amusé par la vilaine grimace que fait ma fille en mordant dans une pomme, je veux lui citer les vers suivants :

> Der *Affe gar* possierlich ist,
> Zumal wenn er vom *Apfel* frisst (1).

Mais je commence : *Der Apfe...* Cela apparaît comme une contamination entre *Affe* et *Apfel* (formation de compromis) ou peut aussi être considéré comme une anticipation du mot *Apfel* qui doit venir l'instant d'après. Mais la situation exacte serait plutôt la suivante : J'avais déjà commencé une première fois cette citation, sans commettre de lapsus. Je n'ai commis le lapsus qu'en recommençant la citation, et j'ai été obligé de recommencer, parce que ma fille à laquelle je m'adressais, occupée par autre chose, ne m'avait pas entendu. Cette répétition, ainsi que l'impatience que j'éprouvais d'en finir avec ma citation, doivent certainement être rangées parmi les causes de mon lapsus, qui se présente comme un lapsus par condensation.

b) Ma fille dit : je veux écrire à Madame Schresinger (ich schreibe der Frau Schresinger). Or, la dame en question s'appelle Sh*l*esinger. Ce lapsus tient certainement à la

(1) Rien de plus comique qu'un singe qui mange une pomme.

tendance que nous avons à faciliter autant que possible l'articulation, et dans le cas particulier la lettre *l* du nom Schlesinger devait être difficile à prononcer, après les *r* de tous les mots précédents (schReibe deR FRau). Mais je dois ajouter que ma fille a commis ce lapsus quelques instants après que j'aie prononcé « Apfe », au lieu de « Affe ». Or, les lapsus sont contagieux au plus haut degré, ainsi d'ailleurs que les oublis de noms au sujet desquels Meringer et Mayer avaient noté cette particularité. Je ne saurais donner aucune explication de cette contagiosité psychique.

c) « Je me replie comme un couteau de poche » (... wie ein Taschenmesser), veut me dire une malade au commencement de la séance de traitement. Seulement, au lieu de *Taschenmesser*, elle prononce *Tassenmescher*, intervertissant ainsi l'ordre des sons, ce qui peut, à la rigueur, s'expliquer par la difficulté d'articulation que présente ce mot. Quand j'attire son attention sur l'erreur qu'elle vient de commettre, elle me répond aussitôt : « C'est parce que vous avez dit vous-même tout à l'heure *Ernscht* ». Je l'ai en effet accueillie par ces mots : « Aujourd'hui ce sera *sérieux* (Ernst) », parce que ce devait être la dernière séance avant le départ en vacances; seulement, voulant plaisanter, j'ai prononcé *Ernscht*, au lieu de *Ernst*. Au cours de la séance, la malade commet de nouveaux lapsus, et je finis par m'apercevoir qu'elle ne se borne pas à m'imiter, mais qu'elle a des raisons particulières de s'attarder dans son inconscient, non au *mot*, mais au *nom* « Ernst » (Ernest) (1).

d) « Je suis tellement enrhumée du cerveau que je ne peux pas respirer par le nez », veut dire la même malade. Seulement, au lieu de dire correctement : « durch die *Nase atmen* » (respirer par le nez), elle commet le lapsus : « durch die

(1) Ainsi que j'ai pu m'en convaincre plus tard, elle était notamment sous l'influence d'idées inconscientes sur la grossesse et sur les mesures de préservation contre cette éventualité. Par les mots : « Je me replie comme un couteau de poche », qu'elle prononça consciemment à titre de plainte, elle voulait décrire l'attitude de l'enfant dans la matrice. Le mot « Ernst », que j'ai employé dans ma phrase, lui a rappelé le nom S. Ernst, de la maison de la Kärntnerstrasse qui vend des préservatifs anticonceptionnels.

Ase natmen ». Elle trouve aussitôt l'explication de ce lapsus. « Je prends tous les jours le tramway dans la rue *Hasenauerstrasse*, et ce matin, alors que j'attendais la voiture, je me suis dit que si j'étais Française, je prononcerais *Asenauerstrasse* (sans *h*), car les Français ne prononcent jamais le *h* au commencement du mot. » Elle me parle ensuite de tous les Français qu'elle avait connus, et après de nombreux détours elle se souvient qu'à l'âge de 14 ans elle avait, dans la pièce « Kurmärker und Picarde », joué le rôle de la Picarde et parlé, à cette occasion, un allemand incorrect. Ce qui a provoqué toute cette série de souvenirs, ce fut la circonstance tout à fait occasionnelle du séjour d'un Français dans sa maison. L'interversion des sons apparaît donc comme un effet de la perturbation produite par une idée inconsciente faisant partie d'un ensemble tout à fait étranger.

e) Tout à fait analogue, le mécanisme du lapsus chez une autre patiente qui, voulant reproduire un très lointain souvenir d'enfance, se trouve subitement frappée d'amnésie. Il lui est impossible de se rappeler la partie du corps qui a été souillée par l'attouchement d'une main impertinente et voluptueuse. Quelque temps après, étant en visite chez une amie, elle s'entretient avec elle de villégiatures. A la question : où se trouve située sa maison de M., elle répond : sur le *flanc* de la montagne (*Berglende*), au lieu de dire : sur le *versant* de la montagne (*Berglehne*).

f) Une autre de mes patientes, à qui je demande, une fois la séance terminée, comment va son oncle, me répond : « Je l'ignore, car je ne le vois plus maintenant qu'*in flagranti*. » Le lendemain elle me dit : « Je suis vraiment honteuse de vous avoir donné hier une réponse aussi stupide. Vous devez certainement me prendre pour une personne dépourvue de toute instruction et qui confond constamment les mots étrangers. Je voulais dire : *en passant*. » Nous ne savions pas encore alors quelle était la raison pour laquelle elle avait employé l'expression *in flagranti*, à la place de *en passant*. Mais au cours de la même séance, la suite de la conversation commencée la veille a évoqué chez elle le souvenir d'un événement dans lequel il s'agissait principalement de quelqu'un qui a été pris *in flagranti* (en flagrant délit). Le lapsus dont elle s'était rendue coupable a donc été produit par l'action anticipée de ce souvenir, encore à l'état inconscient.

g) J'analyse une autre malade. A un moment donné, je suis obligé de lui dire que les données de l'analyse me permettent de soupçonner qu'à l'époque dont nous nous occupons elle devait avoir honte de sa famille et reprocher à son père des choses que nous ignorons encore. Elle dit ne pas se souvenir de tout cela, mais considère mes soupçons comme injustifiés. Mais elle ne tarde pas à introduire dans la conversation des observations sur sa famille : « Il faut leur rendre justice : ce sont des gens comme on n'en voit pas beaucoup, ils sont tous avares (sie haben alle *Geiz*; littéralement : ils ont tous de l'*avarice*)... je veux dire : ils ont tous de l'*esprit* (*Geist*). » Tel était en effet le reproche qu'elle avait refoulé de sa mémoire. Or, il arrive souvent que l'idée qui s'exprime dans le lapsus est précisément celle qu'on veut refouler (cf. le cas de Meringer : « zum *Vorschwein* gekommen »). La seule différence qui existe entre mon cas et celui de Meringer est que dans ce dernier la personne veut refouler quelque chose dont elle est consciente, tandis que ma malade n'a aucune conscience de ce qui est refoulé ou, peut-on dire encore, qu'elle ignore aussi bien le fait du refoulement que la chose refoulée.

h) Le lapsus suivant peut également être expliqué par un refoulement intentionnel. Je rencontre un jour dans les Dolomites deux dames habillées en touristes. Nous faisons pendant quelque temps route ensemble, et nous parlons des plaisirs et des inconvénients de la vie de touriste. Une des dames reconnaît que la journée du touriste n'est pas exempte de désagréments. « Il est vrai, dit-elle, que ce n'est pas du tout agréable, lorsqu'on a marché toute une journée au soleil et qu'on a la blouse et la chemise trempées de sueur... » A ces derniers mots, elle a une petite hésitation. Puis elle reprend : « Mais lorsqu'on rentre ensuite *nach Hose* (au lieu de *nach Hause*, chez soi) et qu'on peut enfin se changer... » J'estime qu'il ne faut pas avoir recours à une longue analyse pour trouver l'explication de ce lapsus. Dans sa première phrase, la dame avait évidemment l'intention de faire une énumération complète : blouse, chemise, pantalon (*Hose*). Pour des raisons de convenance, elle s'abstient de mentionner cette dernière pièce d'habillement, mais dans la phrase suivante, tout à fait indépendante par son contenu de la première, le mot *Hose* (pantalon), qui n'a pas été prononcé au moment voulu, apparaît à titre de déformation du mot *Hause*.

i) « Si vous voulez acheter des tapis, allez donc chez Kaufmann, rue Matthäusgasse. Je crois pouvoir vous recommander à lui », me dit une dame. Je répète : « Donc chez *Matthäus*... pardon, chez *Kaufmann* ». Il semblerait que c'est par distraction que j'ai mis un nom à la place d'un autre. Les paroles de la dame ont en effet distrait mon attention, en la dirigeant sur des choses plus importantes que les tapis. Dans la Matthäusgasse se trouve en effet la maison qu'habitait ma femme alors qu'elle était fiancée. L'entrée de la maison se trouvait dans une autre rue dont je constate avoir oublié le nom, et je suis obligé de faire un détour pour le retrouver. Le nom *Matthäus* auquel je m'attarde constitue donc pour moi un nom de substitution du nom cherché. Il se prête mieux à ce rôle que le nom *Kaufmann*, puisqu'il est uniquement un rôle de personne, alors que *Kaufmann* est en même temps qu'un nom de personne, un substantif (marchand). Or la rue qui m'intéresse porte également un nom de personne : *Radetzky*.

k) Le cas suivant pourrait être cité plus loin, lorsque je parlerai des « erreurs », mais je le rapporte ici, car les rapports de sons qui ont déterminé le remplacement des mots, y sont particulièrement clairs. Une patiente me raconte son rêve : un enfant a résolu de se suicider en se faisant mordre par un serpent. Il réalise son dessein. Elle le voit se tordre en proie à des convulsions, etc. Elle cherche maintenant parmi les événements du jour celui auquel elle puisse rattacher ce rêve. Et voilà qu'elle se rappelle avoir assisté la veille au soir à une conférence populaire sur les premiers soins à donner en cas de morsure de serpent. Lorsque, disait le conférencier, un adulte et un enfant ont été mordus en même temps, il faut d'abord soigner la plaie de l'enfant. Elle se rappelle également les conseils du conférencier concernant le traitement. Tout dépend, disait-il, de l'espèce à laquelle appartient le serpent. Ici j'interromps la malade : — N'a-t-il pas dit que dans nos régions il y a très peu d'espèces venimeuses et quelles sont les espèces le plus à craindre? — Oui, il a parlé du serpent à sonnettes (KLAPPER*schlange*). Me voyant rire, elle s'aperçoit qu'elle a dit quelque chose d'incorrect. Mais, au lieu de corriger le nom, elle rétracte ce qu'elle vient de dire. « Il est vrai que ce serpent n'existe pas dans nos pays; c'est de la vipère qu'il a parlé. Je me demande ce qui a bien pu m'amener à parler du serpent à sonnettes. » Je crois que ce fut à la suite de l'intervention d'idées qui se sont dissimulées derrière son rêve. Le suicide par morsure de serpent ne peut-être qu'une allusion au cas de la belle Cléopâtre (en allemand *Kleopatra*). La grande ressemblance tonale entre les deux mots « KLAPPER*schlange* » et *Kleopatra*, la répétition dans les deux mots et dans le même ordre des lettres *Kl...p...r* et l'accentuation de la voyelle *a* dans les deux mots, sont autant de particularités qui sautent aux yeux. Ces traits communs entre KLAPPER*schlange* et *Kleopatra* produisent chez notre malade un rétrécissement momentané du jugement, qui fait qu'elle raconte comme une chose tout à fait normale et naturelle que le conférencier a entretenu son public viennois du traitement des morsures de serpents à sonnettes. Elle sait cependant aussi bien que moi que ce serpent ne fait pas partie de la faune de notre pays. Nous n'allons pas lui reprocher d'avoir, avec non moins de légèreté, relégué le serpent à sonnettes en Égypte, car nous sommes portés à confondre, à mettre dans le même sac tout ce qui est extra-européen, exotique, et j'ai été obligé moi-même de réfléchir un instant, avant de rappeler à la malade que le serpent à sonnettes n'avait pour habitat que le Nouveau-Monde.

La suite de l'analyse n'a fait que confirmer les résultats que nous venons d'exposer. La rêveuse s'était, la veille, pour la première fois arrêtée devant le groupe de Strasser représentant Antoine et érigé tout près de son domicile. Ce fut le deuxième prétexte du rêve (le premier a été fourni par la conférence sur les morsures de serpents). A une phase ultérieure de son rêve, elle se voyait berçant dans ses bras un enfant, et le souvenir de cette scène la fait penser à Gretchen. Parmi les autres idées qui viennent à l'esprit figurent des réminiscences relatives à « *Arria* et *Messaline* ». L'évocation, dans les idées du rêve, de tant de noms empruntés à des pièces de théâtre permet de soupçonner que la rêveuse a dû jadis nourrir le secret désir de se consacrer à la scène. Le commencement du rêve : « Un enfant a résolu de se suicider, en se faisant mordre par un serpent » ne signifie en réalité que ceci : étant enfant, elle avait ambitionné devenir un jour une grande actrice. Du nom « Messaline », enfin, se détache une suite d'idées qui conduit au contenu essentiel du rêve. Certains événements survenus dernièrement lui font craindre que son frère unique contracte un mariage avec une non-*Aryenne*, donc une *mésalliance* (1).

l) Il s'agit maintenant d'un exemple anodin et dans lequel les mobiles du lapsus n'ont pu être tirés suffisamment au clair. Je le cite cependant à cause de l'évidence du mécanisme qui a présidé à la formation de ce lapsus.

Un Allemand voyageant en Italie a besoin d'une courroie pour serrer sa malle quelque peu détériorée. Il consulte le dictionnaire et trouve que la traduction italienne du mot « courroie » est *coreggia*. « Je retiendrai facilement ce mot, se dit-il, en pensant au peintre » (Correggio). Il entre dans une boutique et demande : une *ribera*.

Il n'a sans doute pas réussi à remplacer dans sa mémoire le mot allemand par sa traduction italienne, mais ses efforts n'ont pas été tout à fait vains. Il savait qu'il devait penser au nom d'un peintre italien, pour se rappeler le mot dont il avait besoin; mais au lieu de retenir le nom *Corregio* qui ressemble le plus au mot *coreggia*, il évoqua le nom *Ribera* qui se rapproche du mot allemand *Riemen* (courroie). Il va sans dire que j'aurais pu tout aussi bien citer cet exemple comme un exemple de simple oubli d'un nom propre.

En réunissant des exemples de lapsus pour la première édition de ce livre, je soumettais à l'analyse tous les cas,

(1) En français dans le texte. Comparez : *Messaline* et *mésalliance; Arria* et *Aryenne*. (N. d. T.)

même les moins significatifs, que j'avais l'occasion d'observer. Mais, depuis, d'autres se sont astreints à l'amusant travail qui consiste à réunir et à analyser des lapsus, ce qui me permet aujourd'hui de disposer de matériaux beaucoup plus abondants.

m) Un jeune homme dit à sa sœur : « J'ai tout à fait rompu avec les D. Je ne les salue plus. » Et la sœur de répondre : « C'était une jolie *liaison.* » Elle voulait dire : dire : une jolie relation-SIPP*schaft*, mais dans son lapsus elle prononça LIPP*schaft*, au lieu de Liebchaft-liaison. Et en parlant de laison (sans le vouloir), elle exprima une allusion au flirt que son frère eut autrefois avec la jeune fille de la famille D. et aussi aux bruits défavorables qui, depuis quelque temps, couraient sur le compte de cette dernière, à laquelle on attribuait une *liaison.*

n) Un jeune homme adresse ces mots à une dame qu'il rencontre dans la rue : « Wenn Sie gestatten, Fräulein, möchte ich Sie gerne *begleitdigen.* » Il voulait dire : « Si vous permettez, Mademoiselle, je vous accompagnerais volontiers »; mais il a commis un lapsus par contraction, en combinant le mot *begleiten* (accompagner) avec le mot *beleidigen* (offenser, manquer de respect). Son désir était évidemment de l'accompagner, mais il craignait de la froisser par son offre. Le fait que ces deux tendances opposées aient trouvé leur expression dans un seul mot, et précisément dans le lapsus que nous venons de citer, prouve que les véritables intentions du jeune homme n'étaient pas tout à fait claires et devaient lui paraître à lui-même offensantes pour cette dame. Mais alors qu'il cherche précisément à lui cacher la manière dont il juge son offre, son inconscient lui joue le mauvais tour de trahir son véritable dessein, ce qui lui attire de la part de la dame cette réponse : « Pour qui me prenez-vous donc, pour me faire une offense pareille (*beleidigen*)? » (Communiqué par O. Rank).

o) J'emprunte quelques exemples à un article publié par W. Stekel dans le *Berliner Tageblatt* du 4 Janvier 1904, sous le titre : « Aveux inconscients ».

« L'exemple suivant révèle un coin désagréable dans la région de mes idées inconscientes. Je dois dire tout de suite qu'en tant que médecin je ne songe jamais à l'intérêt pécuniaire mais, ce qui est tout à fait naturel, à l'intérêt du malade. Je me trouve chez une malade à laquelle je donne des soins pour l'aider à se remettre d'une maladie très grave dont elle sort à peine. J'avais passé auprès d'elle des jours et des nuits excessivement pénibles. Je suis heureux de la trouver mieux, et lui décris les charmes du séjour qu'elle va faire à Abbazia, en ajoutant : « Si, comme je l'espère, vous *ne* quittez *pas* bientôt le lit. » Ce disant, j'ai évidemment exprimé le désir inconscient d'avoir à soigner cette malade plus longtemps, désir qui est complètement étranger à ma conscience éveillée et qui, s'il se présentait, serait réprimé avec indignation. »

p) Autre exemple (W. Stekel) : « Ma femme veut engager une Française pour les après-midi et, après s'être mise d'accord avec elle sur les conditions, elle veut garder ses certificats. La Française la prie de les lui rendre, en prétextant : « Je cherche encore pour les après-midi, pardon, pour les *avant-midi* (1). » Elle avait évidemment l'intention de s'adresser ailleurs, dans l'espoir d'obtenir de meilleures conditions; ce qu'elle fit d'ailleurs. »

q) Le Dr Stekel raconte qu'il avait à un moment donné en traitement deux patients de Trieste qu'il saluait toujours, en appelant chacun par le nom de l'autre. « Bonjour, Monsieur Peloni », disait-il à Ascoli; « bonjour, Monsieur Ascoli », s'adressait-il à Peloni. Il n'attribua tout d'abord cette confusion à aucun motif profond; il n'y voyait que l'effet de certaines ressemblances entre les deux messieurs. Mais il lui fut facile de se convaincre que cette confusion de noms exprimait une sorte de vantardise, qu'il voulait montrer par là à chacun de ses patients italiens qu'il n'était pas le seul à avoir fait le voyage de Trieste à Vienne, pour se faire soigner par lui, Stekel.

r) Au cours d'une orageuse assemblée générale, le Dr Stekel propose : « Abordons maintenant le quatrième point de l'ordre du jour. » C'est du moins ce qu'il voulait dire; mais, gagné par l'atmosphère orageuse de la réunion,

(1) En français dans le texte. (N. d. T.)

il employa, à la place du mot « abordons » (*schreiten*), le mot « combattons » (*streiten*).

s) Un professeur dit dans sa leçon inaugurale : « Je ne suis pas *disposé* à apprécier les mérites de mon éminent prédécesseur ». Il voulait dire : « je ne me reconnais pas une autorité suffisante... » : *geeignet*, au lieu de *geneigt*.

t) Le Dr Stekel dit à une dame qu'il croit atteinte de la maladie de Basedow (goitre exophtalmique) : « Vous êtes d'un goître (*Kropf*) plus grande que votre sœur. » Il voulait dire : « Vous êtes d'une tête (*Kopf*) plus grande que votre sœur. »

u) Le Dr Stekel raconte encore : quelqu'un parle de l'amitié existant entre deux individus et veut faire ressortir que l'un d'eux est juif. Il dit donc : « ils vivaient ensemble comme *Castor* et *Pollak* » (au lieu de *Pollux; Pollak* est un patronyme juif assez répandu). Ce ne fut pas, de la part de l'auteur de cette phrase, un jeu de mots; il ne s'aperçut de son lapsus que lorsqu'il fut relevé par son auditeur.

v) Quelquefois le lapsus remplace une longue explication. Une jeune femme, très énergique et autoritaire, me parle de son mari malade qui a été consulter un médecin sur le régime qu'il doit suivre. Et elle ajoute : « Le médecin lui a dit qu'il n'y avait pas de régime spécial à suivre, qu'il peut manger et boire ce que *je* veux » (au lieu de : ce qu'il veut).

Les deux exemples suivants, que j'emprunte au Dr Th. Reik (*Internat. Zeitschr. f. Psychoanal.*, III, 1915), se rapportent à des situations dans lesquelles les lapsus se produisent facilement, car dans ces situations on réprime plus de choses qu'on n'en exprime.

x) Un monsieur exprime ses condoléances à une jeune femme qui vient de perdre son mari, et il veut ajouter : « Votre consolation sera de pouvoir vous *consacrer* entièrement à vos enfants. » Mais en prononçant la phrase, il remplace inconsciemment le mot « consacrer » (*widmen*) par le mot *widwen*, par analogie avec le mot *Witwe* — veuve. Il a ainsi trahi une idée réprimée se rapportant à une consolation d'un autre genre : une jeune et jolie veuve (*Witwe*) ne tardera pas à connaître de nouveau les plaisirs sexuels.

y) Le même monsieur s'entretient avec la même dame au cours d'une soirée chez des amis communs, et on parle des préparatifs qui se font à Berlin en vue des fêtes de Pâques. Il lui demande : « Avez-vous vu l'exposition de la maison Wertheim? Elle est très bien *décolletée.* » Il a admiré dès le début de la soirée le décolleté de la jolie femme, mais n'a pas osé lui exprimer son admiration; et voilà que l'idée refoulée en arrive à percer quand même, en lui faisant dire, à propos d'une exposition de marchandises, qu'elle était *décolletée*, alors qu'il la trouvait tout simplement très *décorée*. Il va sans dire que le mot *exposition* prend, avec ce lapsus, un double sens.

La même situation s'exprime dans une observation dont Hanns Sachs essaie de donner une explication aussi complète que possible.

z) Me parlant d'un monsieur qui fait partie de nos relations communes, une dame me raconte que la dernière fois qu'elle l'a vu, il était aussi élégamment mis que toujours, mais qu'elle avait surtout remarqué ses superbes souliers (HALB*schuhe*) jaunes. — Où l'avez-vous rencontré? lui demandai-je. — Il sonnait à ma porte et je l'ai vu à travers les jalousies baissées. Mais je n'ai ni ouvert, ni donné signe de vie, car je ne voulais pas qu'il sache que j'étais déjà rentrée en ville. Tout en l'écoutant, je me dis qu'elle me cache quelque chose (probablement qu'elle n'était ni seule ni en toilette pour recevoir des visites) et je lui demande un peu ironiquement : — C'est donc à travers les jalousies baissées que vous avez pu admirer ses pantoufles (HAUS*schuhe*)... pardon, ses souliers (HALB*schuhe*)? Dans le mot HAUS*schuhe* s'exprime l'idée refoulée relative à la robe d'intérieur (HAUS*kleid*) que, d'après ma supposition, elle devait avoir sur elle au moment où le monsieur en question sonnait à sa porte. Et j'ai encore dit HAUS*schuhe*, à la place de HALB*schuhe*, parce que le mot *Halb* (moitié) devait figurer dans la réponse que j'avais l'intention de faire, mais que j'ai réprimée : — Vous ne me dites que la *moitié* de la vérité, vous étiez à *moitié* habillée. Le lapsus a, en outre, été favorisé par le fait que nous avons, peu de temps auparavant, parlé de la vie conjugale de ce monsieur, de son « bonheur domestique » (*hausliches* — de *Haus*), ce qui avait d'ailleurs amené la conversation sur sa personne. Je dois enfin convenir que si j'ai laissé cet homme élégant stationner dans la rue en pantoufles (HAUS*schuhe*), ce fut aussi un peu par jalousie, car je porte moi-même des souliers (HALB*schuhe*) jaunes qui, bien que d'acquisition récente, sont loin d'être « superbes ».

Les guerres engendrent une foule de lapsus dont la compréhension ne présente d'ailleurs aucune difficulté.

a) « Dans quelle arme sert votre fils? » demande-t-on à une dame. Celle-ci veut répondre : « dans la 42e batterie de mortiers » (*Mörser*); mais elle commet un lapsus et dit *Mörder* (assassins), au lieu de *Mörser*.

b) Le lieutenant Henrik Haiman écrit du front (1) : « Je suis arraché à la lecture d'un livre attachant, pour remplacer pendant quelques instants le téléphoniste éclaireur. A l'épreuve de conduction faite par la station de tir je réponds : « Contrôle exact. Repos. » Réglementairement, j'aurais dû répondre : « Contrôle exact. Fermeture. » Mon erreur s'explique par la contrariété que j'ai éprouvée du fait d'avoir été dérangé dans ma lecture.

c) Un sergent-major recommande à ses hommes de donner à leurs familles leurs adresses exactes, afin que les colis ne se perdent pas. Mais au lieu de dire « colis » (GEPÄCK*stücke*), il dit GESPECK*stücke*, du mot *Speck* — lard.

d) Voici un exemple particulièrement beau et significatif, à cause des circonstances profondément tristes dans lesquelles il s'est produit et qui l'expliquent. Je le dois à l'obligeante communication du Dr L. Czeszer, qui a fait cette observation et l'a soumise à une analyse approfondie au cours de son séjour en Suisse neutre, pendant la guerre. Je transcris cette observation, à quelques abréviations près, peu essentielles d'ailleurs.

« Je me permets de vous communiquer un lapsus qu'a commis le professeur M. N. au cours d'une de ses confé-

(1) *Internat. Zeitschr. f. Psychoanal.*, IV, 1916/17.

rences sur la psychologie des sensations, qu'il fit à O. pendant le dernier semestre d'été. Je dois vous dire tout d'abord que ces conférences ont eu lieu dans l'*Aula* de l'Université, devant un nombreux public composé de prisonniers de guerre français, internés dans cette ville, et d'étudiants, originaires pour la plupart de la Suisse romande et très favorables à l'Entente. Comme en France, le mot *Boche* est généralement et exclusivement employé à O. pour désigner les Allemands. Mais, dans les manifestations officielles, dans les conférences, etc., les fonctionnaires supérieurs, les professeurs et autres personnes responsables s'appliquent, pour des raisons de neutralité, à éviter le mot fatal.

« Or, le professeur N. était justement en train de parler de l'importance pratique des sentiments et se proposait de citer un exemple, destiné à montrer comment un sentiment peut être utilisé de façon à rendre agréable un travail musculaire dépourvu par lui-même de tout intérêt et à augmenter ainsi son intensité. Il raconta donc, naturellement en français, l'histoire d'un maître d'école allemand (histoire que les journaux locaux avaient reproduite d'après un journal allemand) qui faisait travailler ses élèves dans un jardin et qui, pour stimuler leur zèle et leur ardeur au travail, leur conseillait de se figurer que chaque motte de terre qu'ils morcelaient représentait un crâne français. En racontant son histoire, N. s'abstint naturellement de se servir du mot *Boche*, toutes les fois qu'il avait à parler des Allemands. Mais, arrivé à la fin de son histoire, il rapporta ainsi les paroles du maître d'école : « Imaginez-vous qu'en chaque *moche*, vous écrasez le crâne d'un Français. » Donc, *moche*, au lieu de motte.

« Ne voit-on pas nettement combien le savant correct se surveillait, dès le début de son récit, pour ne pas céder à l'habitude et peut-être aussi à la tentation de lancer de sa chaire universitaire le mot injurieux, dont l'emploi avait même été interdit par un décret fédéral ? Et au moment précis où, pour la dernière fois, il échappait au danger en prononçant correctement les mots « instituteur allemand », au moment précis où, poussant un soupir de soulagement, il touchait à la fin de son épreuve — juste à ce moment-là le vocable péniblement refoulé se raccroche, à la faveur d'une ressemblance tonale, au mot *motte*, et le malheur est arrivé! La crainte de commettre une gaffe politique, peut-être aussi la déception de ne pouvoir prononcer le mot habituel et que tout le monde attend, ainsi que le mécontentement du républicain et du démocrate convaincu face à toute contrainte qui s'oppose à la libre expression des opinions, se conjuguèrent donc pour troubler l'intention initiale, qui était de reproduire l'exemple en restant dans les limites de la correction. L'auteur a conscience de cette pulsion perturbatrice, et il est permis de supposer qu'il y avait pensé immédiatement avant le lapsus.

« Le professeur N. ne s'est pas aperçu de son lapsus; du moins ne l'a-t-il pas corrigé, bien que cela se produise le plus souvent automatiquement. En revanche, les auditeurs, Français pour la plupart, ont accueilli ce lapsus avec une véritable satisfaction, comme un jeu de mots voulu. Quant à moi, j'ai suivi avec une profonde émotion ce processus inoffensif en apparence. Car si j'ai été obligé, pour des raisons faciles à comprendre, de m'abstenir de toute étude psychanalytique, je n'en ai pas moins vu dans ce lapsus une preuve frappante de l'exactitude de votre théorie concernant le déterminisme des actes manqués et les profondes analogies entre le lapsus et le mot d'esprit. »

r) C'est également aux pénibles et douloureuses impressions du temps de guerre que doit son origine le lapsus suivant, dont me fait part un officier autrichien, rentré dans les foyers, le lieutenant T. :

« Alors que j'étais retenu comme prisonnier de guerre en Italie, nous avons été, deux cents officiers environ, logés pendant plusieurs mois dans une villa très exiguë. Durant notre séjour dans cette villa, un de nos camarades est mort de la grippe. Cet événement a naturellement produit sur nous tous la plus profonde impression, car les conditions dans lesquelles nous nous trouvions, l'absence de toute assistance médicale, notre dénuement et notre manque de résistance rendaient la propagation de la maladie plus que probable. Après avoir mis le cadavre en bière, nous l'avons déposé dans un coin de la cave de la maison. Le soir, alors que nous faisions, un de mes amis et moi, une ronde autour de la maison, l'idée nous est venue de revoir le cadavre. Comme je marchais devant, je me suis trouvé, dès mon entrée dans la cave, devant un spectacle qui m'a profondément effrayé; je ne m'attendais pas à trouver la bière si proche de l'entrée et à voir à une si faible distance le visage du mort que le vacillement de la lumière de nos bougies avait comme animé. C'est sous l'impression de cette vision que nous avons poursuivi notre ronde. En un endroit d'où nos regards apercevaient le parc baigné par la lumière du clair de lune, une prairie éclairée comme en plein jour et, au-delà, de légers nuages vaporeux, la représentation que me suggérait toute cette atmosphère s'était concrétisée par l'image d'un chœur d'elfes dansant à la lisière du bois de cyprès proche de la prairie.

« L'après-midi du jour suivant, nous avons conduit notre pauvre camarade à sa dernière demeure. Le trajet qui séparait notre prison du cimetière de la petite localité voisine a été pour nous un douloureux et humiliant calvaire. Des adolescents bruyants, une population railleuse et persifleuse, des tapageurs grossiers ont profité de l'occasion pour manifester à notre égard des sentiments mêlés de curiosité et de haine. La conscience de mon impuissance en face de cette humiliation que je n'aurais pas supportée dans d'autres circonstances, l'horreur devant cette grossièreté exprimée de manière aussi cynique, m'ont rempli d'amertume et m'ont plongé dans un état de dépression qui a duré jusqu'au soir. A la même heure que la veille, avec le même compagnon, j'ai repris le chemin caillouteux qui faisait le tour de notre villa. En passant devant la grille de la cave où nous avions déposé la veille le cadavre de notre camarade, je me suis souvenu de l'impression que j'avais ressentie à la vue de son visage éclairé par la lumière des bougies. Et à l'endroit d'où j'apercevais à nouveau le parc étendu sous le clair de lune, je me suis arrêté et j'ai dit à mon compagnon : « Ici nous pourrions nous asseoir sur l'herbe (*Gras*) et chanter (*singen*) une sérénade. » Mais en prononçant cette phrase j'avais commis deux lapsus : *Grab* (tombeau), au lieu de *Gras* (herbe) et *sinken* (descendre), au lieu de *singen* (chanter). Ma phrase avait donc pris le sens suivant : « Ici nous pourrions nous asseoir dans la tombe et descendre une sérénade. » Ce n'est qu'après avoir commis le second lapsus que j'ai compris ce que je voulais; quant au premier, je l'avais corrigé, sans saisir le sens de mon erreur. Je réfléchis un instant et, réunissant les deux lapsus, je recomposai la phrase : « descendre dans la tombe » (*ins Grab sinken*). Et voilà que les images se mettent à défiler avec une rapidité vertigineuse : les elfes dansant et planant au clair de lune; le camarade dans sa bière; le souvenir réveillé; les diverses scènes qui ont accompagné l'enterrement; la sensation du dégoût et de la tristesse éprouvés; le souvenir de certaines conversations sur la possibilité d'une épidémie; l'appréhension manifestée par certains officiers. Plus tard, je me suis rappelé que ce jour-là était l'anniversaire de la mort de mon père, souvenir qui m'a assez étonné, étant donné que j'ai une très mauvaise mémoire des dates.

« Après réflexion, tout m'était apparu clair; mêmes conditions extérieures dans les deux soirées consécutives, même heure, même éclairage, même endroit et même compagnon. Je me suis souvenu du sentiment de malaise que j'avais éprouvé lorsqu'il avait été question de l'extension éventuelle de la grippe, mais aussi du commandement intérieur qui m'interdisait de céder à la peur. La juxtaposition des mots « wir *könnten* ins Grab sinken » (nous *pourrions* descendre dans la tombe) m'a, elle aussi, révélé alors sa signification, en même temps que j'ai acquis la certitude que c'est seulement après avoir corrigé le premier lapsus (*Grab* — tombeau, en *Gras* — herbe), correction à laquelle je n'ai d'abord attaché aucune importance, que pour permettre au complexe refoulé de s'exprimer, j'ai commis le second (en disant *sinken* — descendre, au lieu de *singen* — chanter).

« J'ajoute que j'avais à cette époque-là des rêves très pénibles, dans lesquels une parente très proche m'était apparue, à plusieurs reprises, comme gravement malade, et même une fois comme morte. Très peu de temps avant que je sois fait prisonnier, j'avais appris que la grippe sévissait avec violence dans le pays habité par cette parente — à laquelle j'avais d'ailleurs fait part de mes très vives appréhensions. Plusieurs mois après les événements que je raconte, j'ai reçu la nouvelle qu'elle avait succombé à l'épidémie quinze jours avant ces mêmes événements. »

z) Le lapsus suivant illustre d'une façon frappante l'un des douloureux conflits si fréquents dans la carrière du médecin. Un homme, selon toute vraisemblance malade incurable, mais dont la maladie n'est pas encore diagnostiquée d'une façon certaine, vient à Vienne s'enquérir de son sort et prie un de ses amis d'enfance, devenu médecin célèbre, de s'occuper de son cas — ce que cet ami finit par accepter, bien qu'à contre-cœur. Il conseille au malade d'entrer dans une maison de santé et lui recommande le sanatorium « Hera ». — Mais cette maison de santé a une destination spéciale (clinique d'accouchements), objecte le malade. — Oh non, répond avec vivacité le médecin : on peut, dans cette maison, *faire mourir* (UM *bringen*)... je veux dire *faire entrer* (UNTER*bringen*) n'importe quel malade. Il cherche alors à atténuer l'effet de son lapsus. — Tu ne vas pas croire que j'ai à ton égard des intentions hostiles? Un quart d'heure plus tard, il dit à l'infirmière qui l'accompagne jusqu'à la porte : — Je ne trouve rien et ne crois toujours pas qu'il soit atteint de ce qu'on soupçonne. Mais s'il l'était, il ne resterait, à mon avis, qu'à lui administrer une bonne dose de morphine, et tout serait fini. Or il se trouve que son ami lui avait posé comme condition d'abréger ses souffrances avec un médicament, dès qu'il aurait acquis la certitude que le cas était désespéré. Le médecin s'était donc réellement chargé (à une certaine condition) de faire mourir son ami.

n) Je ne puis résister à la tentation de citer un exemple de lapsus particulièrement instructif, bien que, d'après celui qui me l'a raconté, il remonte à 20 années environ. Une dame déclare un jour, dans une réunion (et le ton de sa déclaration révèle chez elle un certain état d'excitation et l'influence de certaines tendances cachées) : Oui, pour plaire aux hommes, une femme doit être jolie; le cas de l'homme est beaucoup plus simple : il lui suffit d'avoir *cinq* membres droits ! Cet exemple nous révèle le mécanisme intime d'un lapsus par *condensation* ou par *contamination* (voir p. 62). Il semblerait, à première vue, que cette phrase résulte de la fusion de deux propositions :

il lui suffit d'avoir quatre *membres droits*
il lui suffit d'avoir *cinq sens* intacts.

Ou bien, on peut admettre que l'élément *droit* est commun aux deux intentions verbales qui auraient été les suivantes :

il lui suffit d'avoir ses membres *droits*
et de les maintenir *droits* tous les *cinq*.

Rien ne nous empêche d'admettre que ces deux phrases ont contribué à introduire, dans la proposition énoncée par la dame, d'abord un nombre en général, ensuite le nombre mystérieux de *cinq*, au lieu de celui, plus simple et plus naturel en apparence, de quatre. Cette fusion ne se serait pas produite, si le nombre *cinq* n'avait pas, dans la phrase échappée comme lapsus, sa signification propre, celle d'une vérité cynique qu'une femme ne peut énoncer que sous un certain déguisement. — Nous attirons enfin l'attention sur le fait que, telle qu'elle a été énoncée, cette phrase constitue aussi bien un excellent mot d'esprit qu'un lapsus amusant. Tout dépend de l'intention, consciente ou inconsciente, avec laquelle cette femme a prononcé la phrase. Or, son comportement excluait toute intention consciente; il ne s'agissait donc pas d'un mot d'esprit !

La ressemblance entre un lapsus et un jeu de mots peut aller très loin, comme dans le cas communiqué par O. Rank, où la personne qui a commis le lapsus finit par en rire comme d'un véritable jeu de mots (*Internat. Zeitschr. f. Psychoanal.*, I, 1913) :

« Un homme marié depuis peu et auquel sa femme, très soucieuse de conserver sa fraîcheur et ses apparences de jeune fille, refuse des rapports sexuels trop fréquents, me raconte l'histoire suivante qui l'avait beaucoup amusé, ainsi que sa femme : le lendemain d'une nuit au cours de laquelle il avait renoncé au régime de continence que lui imposait sa femme, il se rase dans la chambre à coucher commune et se sert, comme il l'avait déjà fait plus d'une fois, de la houppe déposée sur la table de nuit de sa femme, encore couchée. Celle-ci, très soucieuse de son teint, lui avait souvent défendu d'utiliser sa houppe; elle lui dit donc, contrariée : « Tu *me* poudres de nouveau avec *ta* houppe! » Voyant son mari éclater de rire, elle s'aperçoit qu'elle a commis un lapsus (elle voulait dire : tu *te* poudres de nouveau avec *ma* houppe) et se met à rire à son tour (dans le jargon viennois *pudern* — poudrer — signifie *coïter;* quant à *houppe*, sa signification symbolique — pour phallus — n'est, dans ce cas, guère douteuse). »

L'affinité qui existe entre le lapsus et le jeu de mots se manifeste encore dans le fait que le lapsus n'est généralement pas autre chose qu'une abréviation :

i) Une jeune fille ayant terminé ses études secondaires se fait inscrire, pour suivre la mode, à la Faculté de Médecine. Au bout de quelques semestres, elle renonce à la médecine et se met à étudier la chimie. Quelques années après, elle parle de ce changement dans les termes suivants : « la dissection, en général, ne m'effrayait pas; mais un jour où je dus arracher les ongles des doigts d'un cadavre, je fus dégoûtée de toute la *chimie.* »

k) J'ajoute encore un autre cas de lapsus, dont l'interprétation ne présente aucune difficulté. « Un professeur d'anatomie cherche à donner une description aussi claire que possible de la cavité nasale qui, on le sait, constitue un chapitre très difficile de l'anatomie du crâne. Lorsqu'il demande si tous les auditeurs ont bien compris ses explications, il reçoit en réponse un *oui* unanime. A quoi le professeur, connu pour être un personnage fort présomptueux, répond à son tour : « je le crois difficilement, car les personnes qui se font une idée correcte de la structure de la cavité nasale peuvent, même dans une ville comme Vienne, être comptées sur *un doigt*... pardon, je voulais dire sur les doigts d'une main. »

h) Le même anatomiste dit une autre fois : « En ce qui concerne les organes génitaux de la femme, on a, malgré de nombreuses *tentations* (Versuchungen)... pardon, malgré de nombreuses *tentatives* (Versuche) »...

u) Je dois au docteur Alf. Robitschek ces deux exemples de lapsus qu'il a retrouvés chez un vieil auteur français (Brantôme [1572-1614] : *Vies des dames galantes. Discours second*). Je transcris ces deux cas dans leur texte original.

« Si ay-je cogneu une très belle et honneste dame de par le monde, qui, devisant avec un honneste gentilhomme de la cour des affaires de la guerre durant ces civiles, elle luy dit : « J'ay ouy dire que le roy a faict rompre tous les c... de ce pays-là. » Elle vouloit dire les *ponts*. Pensez que, venant de coucher d'avec son mary, ou songeant à son amant, elle avait encor ce nom frais en la bouche; et le gentilhomme s'en eschauffer en amours d'elle pour ce mot. »

« Une autre dame que j'ay cogneue, entretenant une autre grand dame plus qu'elle, et luy louant et exaltant ses beautez, elle luy dit après : « Non, madame, ce que je vous en dis : ce n'est point pour vous *adultérer;* voulant dire *adulatrer*, comme elle le rhabilla ainsi : pensez qu'elle songeoit à adultérer. »

Dans le procédé psychothérapeutique dont j'use pour défaire et supprimer les symptômes névrotiques, je me trouve très souvent amené à rechercher dans les discours et les idées, en apparence accidentels, exprimés par le malade, un contenu qui, tout en cherchant à se dissimuler, ne s'en trahit pas moins, à l'insu du patient, sous les formes les plus diverses. Le lapsus rend souvent, à ce point de vue, les services les plus précieux, ainsi que j'ai pu m'en convaincre par des exemples très instructifs et, à beaucoup d'égards, très bizarres. Tel malade parle, par exemple, de sa tante qu'il appelle sans difficulté et sans s'apercevoir de son lapsus, « ma mère »; telle femme parle de son mari, en l'appelant « frère ». Dans l'esprit de ces malades, la tante et la mère, le mari et le frère se trouvent ainsi « identifiés », liés par une association, grâce à laquelle ils s'évoquent réciproquement, ce qui signifie que le malade les considère comme représentant le même type. Ou bien : un jeune homme de 20 ans se présente à ma consultation en me déclarant : « Je suis le *père* de N. N. que vous avez soigné...

Pardon, je veux dire que je suis son frère; il a quatre ans de plus que moi. » Je comprends que par ce lapsus il veut dire que, comme son frère, il est malade par la faute du père, que, tout comme son frère, il vient chercher la guérison, mais que c'est le père dont le cas est le plus urgent. D'autres fois, une combinaison de mots inaccoutumée, une expression en apparence forcée suffisent à révéler l'action d'une idée refoulée sur le discours du malade, dicté par des mobiles tout différents.

C'est ainsi que dans les troubles de la parole, qu'ils soient sérieux ou non, mais qui peuvent être rangés dans la catégorie des « lapsus », je retrouve l'influence, non pas du contact exercé par les sons les uns sur les autres, mais d'idées extérieures à l'intention qui dicte le discours, la découverte de ces idées suffisant à expliquer l'erreur commise. Je ne conteste certes pas l'action modificatrice que les sons peuvent exercer les uns sur les autres; mais les lois qui régissent cette action ne me paraissent pas assez efficaces pour troubler, à elles seules, l'énoncé correct du discours. Dans les cas que j'ai pu étudier et analyser à fond, ces lois n'expriment qu'un mécanisme préexistant dont se sert un mobile psychique extérieur au discours, mais qui ne se rattache nullement aux rapports existant entre ce mobile et le discours prononcé. *Dans un grand nombre de substitutions, le lapsus fait totalement abstraction de ces lois de relations tonales.* Je suis sur ce point entièrement d'accord avec Wundt qui considère également les conditions du lapsus comme très complexes et dépassant de beaucoup les simples effets de contact exercés par les sons les uns sur les autres.

Mais tout en considérant comme certaines ces « influences psychiques plus éloignées », pour me servir de l'expression de Wundt, je ne vois aucun inconvénient à admettre que les conditions du lapsus, telles qu'elles ont été formulées par Meringer et Mayer, se trouvent facilement réalisées lorsqu'on parle rapidement et que l'attention est plus ou moins distraite. Dans certains des exemples cités par ces auteurs, les conditions semblent cependant avoir été plus compliquées. Je reprends l'exemple déjà cité précédemment :

Es war mir auf der *Schwest...*
Brust so schwer (1),

Je reconnais bien que dans cette phrase la syllabe *Schwe* a pris la place de la syllabe *Bru*. Mais ne s'agit-il que de cela ? Il n'est guère besoin d'insister sur le fait que d'autres motifs et d'autres relations ont pu déterminer cette substitution. J'attire notamment l'attention sur l'association *Schwester-Bruder* (sœur-frère) ou, encore, sur l'association *Brust der Schwester* (la poitrine de la sœur), qui nous conduit à d'autres ensembles d'idées. C'est cet auxiliaire travaillant dans la coulisse qui confère à l'inoffensive syllabe *Schwe* la force de se manifester à titre de lapsus.

Pour d'autres lapsus, on peut admettre que c'est une ressemblance tonale avec des mots et des sens obscènes qui est à l'origine de leur production. La déformation et la défiguration intentionnelles de mots et de phrases, que des gens mal élevés affectionnent tant, ne visent en effet qu'à utiliser un prétexte anodin pour rappeler des choses défendues, et ce jeu est tellement fréquent qu'il ne serait pas étonnant que les déformations en question finissent par se produire à l'insu des sujets et en dehors de leur intention (2). — « Ich fordere Sie auf, auf das Wohl unseres Chefs *auf*zustossen » (Je vous invite à démolir la prospérité de notre chef); au lieu de : « auf das wohl unseres Chefs *an*stossen » — « à boire à la prospérité de notre chef »). Il n'est pas exagéré de voir dans ce lapsus une parodie involontaire, reflet d'une parodie intentionnelle. Si j'étais le chef à l'adresse duquel l'orateur a prononcé cette phrase avec son lapsus, je me dirais que les Romains agissaient bien sagement, en permettant aux soldats de l'empereur triomphant d'exprimer dans des chansons satiriques le mécontentement qu'ils pouvaient éprouver à son égard. Meringer raconte qu'il s'est adressé un jour à une personne qui, en sa qualité

(1) « J'avais un tel poids sur la poitrine. » *Schwest* (mot inexistant, formant un lapsus, par substitution de la syllabe *Schwe* à la syllabe *Bru*).

(2) Chez une de mes malades la manie du lapsus, en tant que symptôme, avait pris des proportions telles qu'elle en est arrivée à l'enfantillage qui consiste à dire uriner pour *ruiner*.

de membre le plus âgé de la société, portait le titre honorifique, et cependant familier, de « senexl » ou « altes senexl (1) », en lui disant : « Prost (2), senex altesl ». Il fut effrayé lorsqu'il s'aperçut de son lapsus (p. 50). On comprendra son émotion, si l'on songe combien le mot « Altesl » ressemble à l'injure : « Alter Esel (3) ». Le manque de respect envers les plus âgés (chez les enfants, envers le père) entraîne de graves châtiments.

J'espère que les lecteurs ne refuseront pas toute valeur aux distinctions que j'établis en ce qui concerne l'interprétation des lapsus, bien que ces distinctions ne soient pas susceptibles de démonstration rigoureuse, et qu'ils voudront bien tenir compte des exemples que j'ai moi-même réunis et analysés. Et si je persiste à espérer que les cas de lapsus, même les plus simples en apparence, pourront un jour être ramenés à des troubles ayant leur source dans une idée à moitié refoulée, *extérieure* à la phrase ou au discours qu'on prononce, j'y suis encouragé par une remarque intéressante de Meringer lui-même. Il est singulier, dit cet auteur, que personne ne veuille reconnaître avoir commis un lapsus. Il est des gens raisonnables et honnêtes qui sont offensés, lorsqu'on leur dit qu'ils se sont rendus coupables d'une erreur de ce genre. Je ne crois pas que ce fait puisse être généralisé dans la mesure où le fait Meringer, en employant le mot « personne ». Mais les signes d'émotion qu'on suscite en prouvant à quelqu'un qu'il a commis un lapsus, et qui sont manifestement très voisins de la honte, ces signes sont significatifs. Ils sont de même nature que la contrariété que nous éprouvons, lorsque nous ne pouvons retrouver un nom oublié, que l'étonnement que nous cause la persistance d'un souvenir apparemment insignifiant : dans tous ces cas le trouble est dû vraisemblablement à l'intervention d'un motif inconscient.

La déformation de noms exprime le mépris, lorsqu'elle

(1) *Senexl,* du mot latin « senex », *vieux; alt, alte, altes* — vieux; *altes senexl — vénérable vieillard*; locution empruntée à l'argot des étudiants allemands.
(2) *Prost* ou *Prosit* — A votre santé. Même provenance. (N. d. T.)
(3) « Vieil âne. » (N. d. T.)

est intentionnelle, et on devrait lui attribuer la même signification dans toute une série de cas où elle apparaît comme un lapsus accidentel. La personne qui, selon Mayer, dit une première fois « Freuder » pour « Freud », parce qu'elle avait prononcé quelques instants auparavant le nom de « Breuer » (p. 38), et qui, une autre fois, parla de la méthode de « Freuer-Breud », au lieu de : « Freud-Breuer » (p. 28), était un collègue qui n'était pas enchanté de ma méthode. Je citerai plus loin, à propos des erreurs d'écriture, un autre cas de déformation d'un nom, justiciable de la même explication (1).

(1) On peut noter aussi que ce sont les aristocrates qui, le plus souvent, déforment les noms des médecins qu'ils ont consultés, d'où l'on peut conclure qu'ils n'ont pour ceux-ci que peu d'estime, malgré la courtoisie avec laquelle ils ont l'habitude de les traiter extérieurement. — Je cite ici quelques excellentes remarques sur l'oubli de noms que j'emprunte au professeur E. Jones (alors à Toronto), qui a traité en anglais le sujet qui nous intéresse ici (« Psychopathology of Everyday Life », *American Journ. of Psychology*, Oct. 1911) :

« Peu de gens peuvent réprimer un mouvement de contrariété, lorsqu'il s'aperçoivent qu'on a oublié leur nom, surtout lorsqu'ils pouvaient espérer ou s'attendre à ce que la personne en question le retînt. Sans réfléchir, ils se disent aussitôt que cette personne n'aurait certainement pas commis cet oubli, si le porteur de ce nom lui avait laissé une impression plus ou moins forte, le nom étant considéré comme un élément essentiel de la personnalité. D'autre part, il n'y a rien de plus flatteur que de s'entendre appeler par son nom par une personnalité de la part de laquelle on ne s'y attendait pas. Napoléon, qui était passé maître dans l'art de traiter les hommes, a fourni, pendant sa malheureuse campagne de 1814, une preuve étonnante de sa mémoire des noms. Se trouvant dans la ville de Craonne, il se rappela avoir connu, vingt ans auparavant, le maire de cette ville, De Bussy, dans un certain régiment. La conséquence en fut que De Bussy, ravi et enchanté, se consacra à son service avec un dévouement sans borne. Aussi n'y a-t-il pas de plus sûr moyen de froisser un homme que de feindre avoir oublié son nom; on montre ainsi que cet homme vous est indifférent, au point que vous ne vous donnez même pas la peine de retenir son nom. Cet article joue d'ailleurs un certain rôle dans la littérature. C'est ainsi qu'on lit dans *Fumée* de Tourguénieff : « Trouvez-vous Baden toujours amusant, Monsieur... Litvinov? » Ratmirov avait l'habitude de prononcer le nom de Litvinov avec une certaine hésitation, comme s'il lui était difficile de s'en souvenir. Par là, ainsi que par la manière hautaine avec laquelle il soulevait son chapeau lorsqu'il rencontrait Litvinov, il voulait blesser celui-ci dans son orgueil. Dans un passage d'un autre roman : *Père et Fils*, le même auteur écrit : « Le gouverneur invita Kirsanov et Bazarov au bal et répéta cette invitation quelques minutes plus tard, en ayant l'air de les considérer comme frères et en s'adressant à Kirsanov. » Ici l'oubli de l'invitation antérieure,

Dans ces cas intervient, à titre de facteur perturbateur, une critique que nous pouvons laisser de côté, parce qu'elle ne correspond pas à l'intention de celui qui parle, au moment même où il parle.

En revanche, la substitution d'un nom à un autre, l'appropriation d'un nom étranger, l'identification au moyen d'un lapsus signifient certainement l'usurpation d'un honneur dont, pour une raison ou une autre, on n'a pas conscience au moment où on s'en rend coupable. M. S. Ferenczi raconte un fait de ce genre remontant au temps où il était encore écolier :

« Alors que j'étais élève de la première classe (c'est-à-dire de la classe la plus élémentaire) du lycée, j'eus à réciter (pour la première fois dans ma vie) publiquement (c'est-à-dire devant toute la classe) une poésie. Je m'étais très bien préparé et fus tout étonné d'entendre mes camarades éclater de rire dès les premiers mots que je prononçai. Le professeur s'empressa de m'expliquer la cause de ce singulier accueil : j'avais énoncé très correctement le titre de la poésie « Aus der Ferne », mais au lieu de donner le nom exact de l'auteur, j'avais donné le mien. Or le nom de l'auteur était : Alexander (Sándor) Petöfi. La similitude des prénoms (je m'appelle, moi aussi, Sándor) a sans doute favorisé la confusion; mais sa véritable cause résidait certainement dans le fait que je m'identifiais alors dans mes secrets désirs avec le héros célébré dans ce poème. Et, même consciemment, j'avais pour lui un amour et une estime qui confinaient à l'adoration. C'est naturellement ce malheureux complexe à base d'ambition qui est responsable de mon acte manqué. »

Un autre cas d'identification par appropriation du nom d'une autre personne m'a été raconté par un jeune médecin qui, timide et respectueux, se présenta au célèbre Virchow, en se nommant : « Le Docteur Virchow. » Étonné, le professeur se retourna et lui demanda : « Tiens, vous vous

la confusion des noms et l'impossibilité de distinguer les jeunes gens l'un de l'autre constituent une accumulation de vexations. La déformation d'un nom a la même signification qu'un oubli; elle constitue le premier pas vers ce dernier.

appelez également Virchow? » J'ignore comment le jeune ambitieux a expliqué son lapsus, s'il s'est tiré d'affaire en disant qu'en présence de ce grand nom il s'était senti tellement petit qu'il en avait oublié le sien ou s'il a eu le courage d'avouer qu'il espérait devenir un jour aussi célèbre que Virchow et qu'il priait M. le Conseiller Intime de ne pas le traiter avec trop de mépris : toujours est-il que l'une de ces deux raisons (et peut-être les deux à la fois) a certainement provoqué l'erreur que le jeune homme a commise en se présentant.

Pour des motifs personnels, je suis obligé de n'être pas trop affirmatif quant à l'interprétation du cas suivant. Au cours du Congrès International tenu à Amsterdam en 1907, la conception de l'hystérie formulée par moi fut l'objet de très vives discussions. Un de mes adversaires les plus acharnés s'était laissé tellement gagner par la chaleur de ses attaques que, se substitutant à moi, il avait à plusieurs reprises parlé en mon nom. Il disait par exemple : « On sait que Breuer et moi avons montré... », alors qu'il voulait dire « Breuer et Freud... » Il y a aucune ressemblance entre le nom de mon adversaire et le mien. Cet exemple, parmi beaucoup d'autres du même genre, de lapsus par substitution de noms montre que le lapsus n'a nullement besoin de la facilité que lui offre la ressemblance tonale et qu'il peut se produire à la faveur de rapports cachés, de nature purement psychique.

Dans d'autres cas, beaucoup plus significatifs, c'est la critique dirigée contre soi-même, c'est une opposition intime contre ce qu'on se propose de dire, qui déterminent le remplacement de l'énoncé voulu par son contraire. On constate alors avec étonnement que l'énoncé d'une affirmation, d'une assurance, d'une protestation, est en contradiction avec l'intention véritable et que le lapsus met à nu une absence de sincérité profonde (1). Le lapsus devient ici un moyen d'expression mimique; il sert d'ailleurs souvent à exprimer ce qu'on ne voulait pas dire, à se trahir

(1) C'est en mettant dans sa bouche un lapsus de ce genre que B. Anzengruber flétrit dans « G'wissenswurm », l'héritier hypocrite qui n'attend que la mort de celui dont il doit hériter.

soi-même. Tel est, par exemple, le cas de cet homme qui dédaigne les rapports sexuels dits « normaux » et qui dit, au cours d'une conversation où il est question d'une jeune fille connue pour sa coquetterie : « si elle était avec moi, elle désapprendrait vite à *koëttieren* ». Il n'est pas difficile de voir que le mot *koëttieren* (mot inexistant), employé à la place du mot *kokettieren* (coquetter), n'est que le reflet déformé du mot *koitieren* (coïter) qui, du fond de l'inconscient, a déterminé ce lapsus. Et voilà un autre cas : « Nous avons un oncle qui nous en veut de ne pas être venus le voir depuis des mois. Nous apprenons qu'il a changé d'appartement et nous saisissons cette occasion pour lui faire enfin une visite. Il paraît content de nous voir, et lorsque nous prenons congé de lui, il nous dit très affectueusement : « J'espère désormais vous voir plus *rarement* qu'auparavant. »

Par une coïncidence favorable, les mots du langage peuvent occasionnellement déterminer des lapsus qui vous bouleversent comme des révélations inattendues ou produisent l'effet comique d'un mot d'esprit achevé.

Tel est, par exemple, le cas observé et communiqué par le Dr Reitler :

« Votre chapeau neuf est ravissant, dit une dame à une autre, sur un ton admiratif; c'est vous-même qui l'avez si prétentieusement orné? » (aufgep*a*tzt, au lieu de aufgep*u*tzt, garni).

« Les éloges que la dame voulait adresser à son amie durent en rester là; car la critique qu'elle avait formulée dans son for intérieur, en trouvant la *garniture* du chapeau (*Hutauf*PUTZ) *prétentieuse* (eine PATZ*erei*), s'est trop bien manifestée dans le malencontreux lapsus, pour que quelques phrases d'admiration conventionnelle aient pu paraître sincères. »

Moins sévère mais également évidente, l'intention critique de l'exemple suivant :

« Une dame est en visite chez une amie, qui finit par la lasser par son bavardage incessant et insupportable. Elle réussit à couper la conversation et à prendre congé, lorsque son amie, qui l'a accompagnée dans l'antichambre, l'arrête de nouveau et recommence à l'abasourdir par un flot de paroles que l'autre est obligée d'écouter, la main sur le bouton de la porte. Elle réussit enfin à l'interrompre par cette question : « Êtes-vous chez vous dans l'*antichambre* (*Vorzimmer*) ? » L'étonnement de l'amie lui révèle son lapsus. Fatiguée par le long stationnement dans l'antichambre (*Vorzimmer*), elle voulait mettre fin au bavardage, en demandant : « Êtes-vous chez vous *le matin* (*Vormittag*) ? » et trahit ainsi l'impatience que lui causait ce nouveau retard.

L'exemple suivant, communiqué par le Dr Max Graf, témoigne d'une absence de sang-froid et de maîtrise de soi :

« Au cours de la réunion générale de l'association de journalistes *Concordia*, un jeune et besogneux sociétaire prononce un violent discours d'opposition et laisse échapper, dans son emportement, les mots suivants : « Messieurs les membres des *avances* (VORSCHUSS*mitglieder*). » Il voulait dire : messieurs les membres du bureau (VOR*standsmitglieder*) ou du comité (*Auss*SCHUSS*mitglieder*); les uns et les autre avaient en effet le droit d'accorder des avances, et le jeune orateur venait justement de leur adresser une demande de prêt. »

Nous avons vu, dans l'exemple *Vorschwein*, qu'un lapsus se produit facilement, lorsqu'on s'efforce de réprimer des mots injurieux. Il constitue alors une sorte de dérivatif. En voici un exemple :

Un photographe qui s'était juré, dans ses rapports avec ses employés maladroits, d'éviter les termes empruntés à la zoologie, dit à un apprenti qui, voulant vider un grand vase plein, répand la moitié de son contenu à terre : « Dites donc, l'*homme*, vous auriez dû commencer par transvaser un peu de liquide. » Seulement, au lieu d'employer le mot correct : *schöpfen* (transvaser), il a lâché le mot *schäfsen* (de *Schaf* — mouton). Et aussitôt après il dit à une de ses employées qui, par inadvertance, a détérioré une douzaine de plaques assez chères : « On dirait que vous avez les *cornes* brûlées (*Horn verbrannt*). » Il voulait dire : « les mains brûlées » (*Hand verbrannt*).

Dans l'exemple suivant nous avons un excellent cas d'aveu involontaire par lapsus. Certaines des circonstances qui l'ont accompagné justifient sa reproduction complète d'après la communication publiée par M. A. A. Brill dans *Zentralbl. f. Psychoanalyse* (2e année, 1) (1).

« Je me promène un soir avec le Dr Frink, et nous nous entretenons des affaires de la Société Psychanalytique de New York. Nous rencontrons un collègue, le Dr R., que je n'ai pas vu depuis des années et dont j'ignore totalement la vie privée. Nous sommes très contents, l'un et l'autre, de nous retrouver, et nous nous rendons, sur ma proposition, dans un café où nous passons deux heures dans une conversation animée. R. paraissait être au courant de ma vie, car, après les salutations d'usage, il me demande des nouvelles de mon enfant et ajoute qu'il a souvent de mes nouvelles par un ami commun et qu'il s'intéresse à ce que je fais, depuis qu'il a été mis au courant de mes travaux par les journaux médicaux. Lorsque je lui demande s'il est marié, il répond négativement et ajoute : « Pourquoi voulez-vous qu'un homme comme moi se marie? »

« Au moment de quitter le café, il s'adresse brusquement à moi : « Je voudrais bien savoir ce que vous feriez dans un cas comme celui-ci : je connais une infirmière qui est impliquée, à titre de complice, dans un procès en divorce. La femme a intenté le procès à son mari, dénoncé la complicité de l'infirmière, et *il* a obtenu le divorce (2). » Ici je l'interromps : « vous voulez dire qu'*elle* a obtenu le divorce. » Il se reprend aussitôt : « Naturellement, c'est *elle* qui a obtenu le divorce », et il me raconte ensuite que le procès et le scandale qu'il a soulevé ont tellement bouleversé l'infirmière qu'elle s'est mise à boire, que ses nerfs sont complètement ébranlés, etc., et il me demande un conseil sur la manière de la traiter.

« Dès que j'eus relevé son erreur, je le priai de me l'expliquer, mais je reçus les réponses étonnées habituelles : n'avons-nous pas tous le droit de nous tromper? Après tout, ce n'est qu'un accident, dont il est oiseux de chercher

(1) Attribué par erreur à E. Jones.

(2) « D'après nos lois, le divorce n'est prononcé que s'il est prouvé que l'une des deux parties a porté atteinte au mariage et il n'est accordé qu'à la victime. »

la signification, etc. Je réplique en disant que chaque lapsus a ses causes et ses raisons, que je serais tenté de croire qu'il est lui-même le héros de l'histoire qu'il vient de me raconter, s'il ne m'avait pas dit auparavant qu'il n'était pas marié; car le lapsus s'expliquerait par son désir de voir le procès se terminer à son avantage et non en faveur de sa femme afin de n'avoir pas à lui servir de pension alimentaire et de pouvoir se remarier à New York. Il écarte obstinément mes soupçons, mais manifeste en même temps une réaction affective exagérée, donne des signes d'excitation évidents et finit par éclater de rire. Lorsque je l'invite à me dire la vérité, dans l'intérêt de l'explication scientifique, je reçois la réponse suivante : « Si vous ne voulez pas entendre de ma bouche un mensonge, vous devez croire à mon célibat et vous persuader que votre explication psychanalytique est totalement fausse. » Et il ajoute que des hommes comme moi qui s'attachent aux détails les plus insignifiants sont tout simplement dangereux. Puis il se souvient d'un autre rendez-vous et prend congé de nous.

« Nous étions cependant, le Dr Frink et moi, convaincus de l'exactitude de mon explication; aussi me décidai-je à en obtenir la preuve ou la contre-preuve, en cherchant des renseignements ailleurs. Je me rendis donc, quelques jours plus tard, en visite chez un voisin, un vieil ami du Dr R., qui confirma en tous points mon explication. Le procès avait eu lieu quelques semaines auparavant, l'infirmière ayant été citée comme complice. — Le Dr R. est maintenant convaincu de l'exactitude des mécanismes freudiens. »

L'aveu involontaire perce également, à n'en pas douter, dans le cas suivant communiqué par M. O. Rank :

« Un père, qui n'est guère patriote et qui voudrait élever ses enfants sans leur inculquer le sentiment patriotique qu'il considère comme superflu, blâme ses fils d'avoir pris part à une manifestation patriotique; ceux-ci invoquant l'exemple de leur oncle, le père s'écrie : « votre oncle est le dernier homme que vous devriez imiter; c'est un *idiot* » (la prononciation allemande est *idiote*). Voyant l'expression étonnée de ses enfants, que ce ton surprend, le père s'aperçoit qu'il a commis un lapsus et dit en s'excusant : « J'ai naturellement voulu dire : *patriote.* »

M. J. Stärcke rapporte un cas de lapsus dans lequel l'auteur (une dame) reconnaît elle-même un aveu involontaire; M. Stärcke fait suivre son récit d'une remarque excellente, bien que dépassant les limites d'une simple interprétation (*l. c.*).

« Une femme-dentiste promet à sa sœur de l'examiner un jour, afin de voir si les faces latérales de ses deux grosses molaires sont en *contact* (c'est-à-dire s'il n'existe pas entre elles un intervalle où puissent rester des débris alimentaires). Mais la dentiste tardant à tenir sa promesse, sa sœur dit en plaisantant : « Elle soigne bien une collègue en ce moment; quant à sa sœur, elle la fait toujours attendre. » Enfin la dentiste se décide à pratiquer l'examen promis, trouve en effet une petite cavité dans une des molaires et dit : « Je ne croyais pas que la dent fût si malade : je croyais seulement qu'il n'y avait pas de « comptant » (*Kontant*)... je veux dire de « contact » (*Kontakt*). » « Tu vois bien, répliqua sa sœur en riant, que c'est seulement par avarice que tu m'as fait attendre plus longtemps que tes malades payants! »

(Je n'ai évidemment pas le droit de substituer mes idées à celles de cette dame, ni d'en tirer des conclusions, mais en entendant le récit de ce lapsus, j'ai pensé que ces deux jeunes femmes charmantes et intelligentes n'étaient pas mariées et connaissaient très peu de jeunes gens; et je me suis demandé si elles n'auraient pas plus de *contact* avec des jeunes gens, si elles avaient plus de *comptant*). »

Voici un autre lapsus auquel on peut attribuer la signification d'un aveu involontaire. Je cite le cas d'après Th. Reik (*l. c.*).

« Une jeune fille allait être fiancée à un jeune homme qui ne lui était pas sympathique. Afin de rapprocher les jeunes gens, les parents conviennent d'un rendez-vous auquel assistent les fiancés éventuels. La jeune fille a assez de tact et de sang-froid pour ne pas montrer au prétendant, qui est très galant envers elle, les sentiments peu favorables qu'il lui inspire. Cependant, à sa mère qui lui demande comment elle a trouvé le jeune homme, elle répond poliment : « il est tout à fait *désagréable* (*liebens*WIDRIG, au lieu de *liebens*WÜRDIG — aimable). »

Non moins intéressant à cet égard est un autre lapsus que M. O. Rank décrit (*Internat. Zeitschr. f. Psychoanal.*) comme un « lapsus spirituel ».

« Il s'agit d'une femme mariée qui aime entendre raconter des anecdotes et ne dédaigne pas les aventures extra-conjugales, lorsqu'elles sont récompensées par des cadeaux en conséquence. Un jour, un jeune homme qui sollicite ses faveurs lui raconte, non sans intention, l'histoire suivante bien connue : « Un négociant sollicite les faveurs de la femme, quelque peu prude, de son associé et ami; elle lui promet enfin de lui céder, en échange d'une somme de mille florins. Le mari de la dame devant s'absenter sur ces entrefaites, l'associé lui emprunte mille florins en lui promettant de les rembourser le lendemain même à sa femme. Il va sans dire qu'en remettant à celle-ci la somme en question, il lui fait croire que cette somme, dont il tait naturellement la provenance, représente le cadeau promis. Lorsque le mari, à son retour, lui réclame les mille florins que devait lui remettre son associé, elle se croit découverte, et l'histoire se termine pour elle non seulement par un préjudice matériel, mais encore par un affront. » — Lorsque le jeune homme, au cours de son récit, en est arrivé au passage où le séducteur dit à son associé : « je *rembourserai* demain cet argent à ta femme », son auditrice l'interrompt par ces mots significatifs : « Dites donc, ne me l'avez-vous pas déjà *remboursé*... pardon, je voulais dire : raconté? » Elle ne pouvait guère avouer plus nettement, à moins de l'exprimer directement, qu'elle était toute disposée à se donner dans les mêmes conditions. »

M. V. Tausk publie (dans *Internat. Zeitschr. f. Psychoanal.*, IV, 1916) un beau cas d'aveu involontaire, avec solution inoffensive, sous ce titre : *La foi des pères.*

« Comme ma fiancée était chrétienne, raconte M. A., et ne voulait pas se convertir au judaïsme, j'ai été obligé, pour pouvoir me marier, de me convertir du judaïsme au christianisme. Ce n'est pas sans une résistance intérieure que j'ai changé de confession, mais la fin me semblait justifier cette conversion, et cela d'autant plus que je ne possédais aucune conviction religieuse et que je n'étais rattaché au judaïsme que par des liens purement extérieurs. Mais malgré ma conversion, je n'ai jamais désavoué le judaïsme, et parmi mes relations peu de gens savent que je suis converti.

« De mon mariage sont nés deux fils, tous deux baptisés selon les rites chrétiens. Lorsque mes garçons eurent atteint un certain âge, je les mis au courant de leurs origines juives, afin que, subissant les influences antisémites de l'école, ils n'y trouvent pas une raison superflue et absurde de se retourner contre leur père.

« Il y a quelques années, je passais mes vacances avec mes garçons, qui fréquentaient alors l'école primaire, à D., dans une famille d'instituteurs. Un jour la femme de l'instituteur (ils étaient d'ailleurs l'un et l'autre amicalement disposés à notre égard), qui ne se doutait pas de nos origienes juives, se livra à quelques invectives assez violentes contre les Juifs. J'aurais dû relever bravement le défi, pour donner à mes fils un exemple de « courage de mes opinions », mais je reculai devant les explications désagréables qui auraient certainement suivi mon aveu. Je fus encore retenu par la crainte d'avoir à quitter l'agréable séjour que nous avions trouvé et de gâter les vacances, déjà assez courtes, dont nous disposions, mes enfants et moi, au cas où nos hôtes, apprenant que nous sommes juifs, auraient adopté à notre égard une attitude inamicale.

« Craignant cependant que mes garçons, qui n'avaient pas les mêmes raisons de se retenir que moi, ne finissent par trahir naïvement et sincèrement la fatale vérité, s'ils continuaient à assister à la conversation, je pris la décision de les éloigner, en les envoyant dans le jardin.

« Allez dans le jardin, Juifs », dis-je; mais je me corrigeai aussitôt : « garçons ». (Confusion entre les mots *Juden* — juifs, et *Jungen* — garçons). C'est ainsi qu'il m'a fallu commettre un lapsus pour exprimer le « courage de mes opinions. » Mes hôtes n'ont sans doute tiré de ce lapsus, dont ils ne voyaient pas la signification, aucune conclusion;

quant à moi, j'en ai tiré cette leçon qu'on ne renie pas impunément la foi de ses pères, lorsqu'on est fils soi-même et qu'on a des fils. »

Et voici un cas moins anodin et que je ne communiquerais pas, s'il n'avait été consigné, pendant l'audience même, par le magistrat, en vue de cette collection :

Un réserviste accusé de vol avec effraction répond à une question concernant sa situation militaire : « Je fais toujours partie de la territoriale, attendu que je n'ai pas encore été libéré de ce service. » C'est du moins ce qu'il voulait dire; mais au lieu d'employer le mot correct DIENST-*stellung*, il a commis un lapsus, en disant DIEBS*stellung* (le mot *Dieb* signifiant *voleur*).

Le lapsus est assez amusant, lorsque le malade s'en sert pour confirmer, au cours d'une contradiction, ce que le médecin cherche à établir pendant un examen psychanalytique. J'avais un jour à interpréter le rêve d'un de mes patients, rêve au cours duquel s'était présenté le nom *Jauner*. Le rêveur connaissait une personne portant ce nom, mais il était impossible de trouver la raison pour laquelle cette personne était mêlée au rêve; aussi risquai-je la supposition que ce pouvait être à cause de la ressemblance qui existe entre ce nom *Jauner* et le mot injurieux *Gauner* (escroc). Le patient nia avec énergie et colère, mais tout en niant il commit un lapsus dans lequel la lettre *g* se trouvait également remplacée par la lettre *j* : il me dit notamment que ma supposition était trop « risquée », mais en substituant au mot *gewagt* le mot (inexistant) *jewagt*. Il m'a suffi d'attirer son attention sur ce lapsus, pour obtenir la confirmation de mon interprétation.

Lorsque, dans une discussion sérieuse, l'un des deux adversaires commet un lapsus de ce genre, qui lui fait dire le contraire de ce qu'il voulait, cela le met dans un état d'infériorité par rapport à l'autre, qui manque rarement de profiter de l'amélioration de sa position.

Dans de tels cas, il devient évident que, d'une façon générale, les hommes attachent aux lapsus et autres actes manqués la même signification que celle que nous préconisons dans cet ouvrage, alors même qu'en théorie ils ne sont pas partisans de notre manière de voir et qu'ils ne sont pas disposés, en ce qui les concerne personnellement, à renoncer aux avantages qu'ils retirent le cas échéant de l'indifférence dont jouissent les actes manqués. L'hilarité et la moquerie que ces erreurs de langage provoquent au moment décisif témoignent contre l'opinion généralement admise, d'après laquelle ces erreurs seraient des *lapsus linguae* purs et simples, sans aucune portée psychologique. Ce fut un personnage de l'importance du chancelier de Bülow qui, voulant sauver une situation et défendre son empereur (Nov. 1907), commit dans son discours un lapsus qui pouvait donner raison à ses adversaires :

« En ce qui concerne le présent, le cours nouveau inauguré par Guillaume II, je ne puis que répéter ce que j'ai déjà dit il y a un an, à savoir qu'il serait *inexact et injuste de parler d'un cercle de conseillers responsables inspirant notre empereur* (vives exclamations : *irresponsables!*)... je voulais dire de conseillers *irresponsables*. Excusez ce *lapsus linguae*. » (Hilarité.)

Grâce à l'accumulation de négations, la phrase du prince de Bülow a pu passer inaperçue pour une partie du public; en outre, la sympathie dont jouissait l'orateur et la difficulté de sa tâche, dont tout le monde se rendait compte, ont eu cet effet que personne n'a songé à exploiter contre lui ce lapsus. Il en fut autrement d'un autre lapsus, commis une année plus tard, dans cette même enceinte du Reichstag, par un député qui, voulant dire qu'on doit faire connaître à l'Empereur la vérité « sans ménagements » (*rückhaltlos*) a, malgré lui, trahi le véritable sentiment qu'abritait sa loyale poitrine :

« *Dép. Lattmann* (national allemand) : Dans cette question de l'adresse, nous devons nous placer sur le terrain de l'ordre du jour de nos travaux. Aussi le Reichstag a-t-il le droit de faire parvenir à l'Empereur une adresse de ce genre. Nous croyons que l'unité des désirs et des idées du peuple allemand exige aussi que nous soyons d'accord sur les vérités que nous voulons faire connaître à l'empereur et, si nous devons le faire en tenant compte de nos sentiments monarchiques, nous sommes également en droit de le faire l'*échine courbée* (*rückgratlos*). (Hilarité bruyante qui dure plusieurs minutes.) Messieurs, je voulais dire non « l'échine courbée » (*rückgratlos*), mais « sans ménagements » (*rückhaltlos*) et nous voulons espérer que, dans les moments pénibles que nous traversons, l'Empereur voudra bien prendre en considération cette manifestation franche et sincère de son peuple. »

Le journal *Vorwaerts* n'a pas manqué, dans son numéro du 12 Novembre 1906, de relever la signification psychologique de ce lapsus :

« L'échine courbée devant le trône impérial. »

« Jamais un député n'a aussi bien caractérisé, par un aveu involontaire, sa propre attitude et l'attitude de la majorité parlementaire à l'égard du monarque, que le fit l'antisémite Lattmann qui, le deuxième jour de l'interpellation, déclara dans un accès de pathos solennel que lui et ses amis voulaient dire la vérité au Kaiser, *l'échine courbée* (*rückgratlos*).

« La bruyante hilarité qu'avaient provoquée ses paroles a étouffé la suite du discours de ce malheureux qui se mit à balbutier, pour s'excuser et assurer qu'il voulait dire « sans ménagements » (*rückhaltlos*) ».

Nous trouvons dans *Wallenstein* (Piccolomini, I, 5) un joli exemple de lapsus ayant pour but, moins de souligner l'aveu de celui qui parle, que d'orienter l'auditeur qui se trouve hors de la scène. Cet exemple nous montre que le poète qui se sert de ce moyen connaissait bien le mécanisme et la signification du lapsus. Dans la scène précédente, Max Piccolomini avait passionnément pris parti pour le duc, en exaltant les bienfaits de la paix, dont il a eu la révélation au cours du voyage qu'il a fait pour accompagner au camp la fille de Wallenstein. Il laisse son père et l'envoyé de la cour dans la plus profonde consternation. Et la scène se poursuit :

QUESTENBERG. — Malheur à nous! Où en sommes-nous, amis? Et le laisserons-nous partir avec cette chimère, sans le rappeler et sans lui ouvrir immédiatement les yeux?

OCTAVIO (*tiré d'une profonde réflexion*). — Les miens sont ouverts et ce que je vois est loin de me réjouir.

QUESTENBERG. — De quoi s'agit-il, ami?

OCTAVIO. — Maudit soit ce voyage!

QUESTENBERG. — Pourquoi? Qu'y a-t-il?

OCTAVIO. — Venez! Il faut que je suive sans tarder la malheureuse trace, que je voie de mes yeux... Venez!

(*Il veut l'emmener.*)

QUESTENBERG. — Qu'avez-vous? Où voulez-vous aller?

OCTAVIO (*pressé*). — Vers elle!

QUESTENBERG. — Vers...

OCTAVIO (*se reprenant*). — Vers le duc! Allons! etc.

Ce petit lapsus : « vers elle », au lieu de « vers lui », est fait pour nous révéler que le père a deviné la raison du parti pris par son fils, pendant que le courtisan se plaint de « ne rien comprendre à toutes ces énigmes ».

M. Otto Rank a trouvé dans le *Marchand de Venise*, de Shakespeare, un autre exemple d'utilisation poétique du lapsus. Je cite la communication de Rank d'après *Zentralbl. f. Psychoanalyse*, I, 3 :

« On trouve dans le *Marchand de Venise*, de Shakespeare (troisième acte, scène II), un cas de lapsus très finement motivé au point de vue poétique et d'une brillante mise en valeur au point de vue technique; comme l'exemple relevé par Freud dans *Wallenstein*, il prouve que les poètes connaissent bien le mécanisme et le sens de cet acte manqué et supposent chez l'auditeur sa compréhension. Contrainte par son père à choisir un époux par le tirage au sort, Portia a réussi jusqu'ici à échapper par un heureux hasard à tous les prétendants qui ne lui agréaient pas. Ayant enfin trouvé en Bassanio celui qui lui plaît, elle doit craindre qu'il ne tire lui aussi le mauvais lot. Elle voudrait donc lui dire que même alors il pourrait être sûr de son amour, mais le vœu qu'elle a fait l'empêche de le lui faire savoir. Alors qu'elle est en proie à cette lutte intérieure, le poète lui fait dire au prétendant qui lui est cher :

« Je vous en prie : restez; demeurez un jour ou deux, avant de vous en rapporter au hasard, car si votre choix est mauvais, je perdrai votre société. Attendez donc. Quelque chose me dit (mais ce n'est pas l'amour) que j'aurais du regret à vous perdre... Je pourrais vous guider, de façon à vous apprendre à bien choisir, mais je serais parjure, et je ne le voudrais pas. Et c'est ainsi que vous pourriez ne pas m'avoir; et alors vous me feriez regretter de ne pas avoir commis le péché d'être parjure. Oh, ces yeux qui m'ont troublée et partagée en deux moitiés : *l'une qui vous appartient*, *l'autre qui est à vous... qui est à moi*, voulais-je dire. Mais si elle m'appartient, elle est également à vous, et ainsi vous m'avez tout entière. »

« Cette chose, à laquelle elle aurait voulu seulement faire une légère allusion, parce qu'au fond elle aurait dû la taire, à savoir qu'avant même le choix elle était à lui *tout entière* et l'aimait, l'auteur, avec une admirable finesse psychologique, la laisse se révéler dans le lapsus et sait par cet artifice calmer l'intolérable incertitude de l'amant, ainsi que l'angoisse également intense des spectateurs quant à l'issue du choix. »

Étant donné l'intérêt que présente cette adhésion de grands poètes à notre manière d'envisager le lapsus, je crois opportun de citer, d'après M. E. Jones (1), un troisième exemple de ce genre :

« Dans un article récemment publié, Otto Rank (2) attire l'attention sur un joli exemple dans lequel Shakespeare fait commettre à un de ses personnages, Portia, un lapsus par lequel elle révèle sa pensée secrète à un auditeur attentif. Je me propose de rapporter un exemple analogue, emprunté à l'un des chefs-d'œuvre du romancier anglais George Meredith, intitulé *The Egoist*. Voici, brièvement résumée, l'action du roman : Sir Willoughby Patterne, un aristocrate très admiré par ses pairs, devient le fiancé d'une Miss Konstantia Durham. Elle découvre chez lui un égoïsme extraordinaire qu'il a cependant toujours réussi à dissimuler devant le monde et, pour échapper au mariage, elle se sauve avec un capitaine nommé Oxford. Quelques années plus tard, le même aristocrate devient le fiancé de Miss Klara Middleton. La plus grande partie du livre est consacrée à la description détaillée du conflit qui surgit

(1) « Ein Beispiel von litterarischer Verwertung des Versprechens », *Zentralbl. f. Psychoanal.*, I, 10.
(2) *Zentralbl. f. Psychoanal*,. I, 3, p. 109.

dans l'âme de Miss Klara Middleton, lorsqu'elle découvre dans le caractère de son fiancé le même trait dominant. Des circonstances extérieures et le sentiment d'honneur l'enchaînent à la parole donnée, alors que le fiancé lui inspire un mépris de plus en plus profond. Elle se confie en partie à Vernon Whitford (qu'elle finira d'ailleurs par épouser), cousin et secrétaire de son fiancé. Mais celui-ci, par loyauté à l'égard de Patterne et pour d'autres raisons, se tient sur la réserve.

« Dans un monologue où elle parle de ses chagrins, Klara s'exprime ainsi : « Si un homme noble pouvait me voir telle que je suis et ne pas dédaigner de me venir en aide! Oh! m'évader de cette prison pleine d'épines et de broussailles! Je suis impuissante à me frayer le chemin toute seule. Je suis une lâche. Je crois qu'un simple signe du doigt suffirait à me changer. Je pourrais m'échapper vers un camarade, les chairs ensanglantées, poursuivie par le mépris et des cris de réprobation... Konstantia a rencontré un soldat. Elle a peut-être prié, et sa prière a été exaucée. Elle n'a pas bien fait. Oh, mais combien je l'aime pour ce qu'elle a fait! Son nom était Harry Oxford... Elle n'a pas hésité, elle a fait sauter les chaînes, elle est allée ouvertement vers l'autre. Courageuse jeune fille, que dois-tu penser de moi? C'est que moi, je n'ai pas un Harry *Whitford*, je suis seule. »

« La soudaine révélation qu'elle a prononcé le nom *Whitford*, à la place de celui d'*Oxford*, a été pour elle un coup terrible et a fait monter tout son sang au visage.

« Il est évident que la terminaison *ford*, commune aux deux noms, a dû faciliter la confusion et fournir à beaucoup une explication suffisante du lapsus. Mais le poète nous en fait voir la vraie raison, la raison profonde.

« Le même lapsus se reproduit dans un autre passage. Il est suivi de cette perplexité spontanée, de ce changement brusque du sujet que la psychanalyse et les travaux de Jung sur les associations nous ont fait connaître et qui ne se produisent que lors de l'intervention d'un complexe demi-conscient. En parlant de Whitford, Patterne dit sur un ton protecteur : « Fausse alerte! Le brave vieux Vernon est tout à fait incapable de faire quelque chose d'extraordinaire. » Et Klara de répondre : « Mais si Oxford... Whitford... voyez donc vos cygnes qui traversent le lac. Comme ils sont beaux, lorsqu'ils sont en colère! Que voulais-je donc vous demander? Ah, oui : ne croyez-vous pas que ce soit décourageant pour un homme de voir quelqu'un être l'objet d'une admiration universelle et visible? » Ce fut pour Willoughby une révélation subite, et il se leva plein de morgue.

« Dans un autre passage encore Klara trahit par un autre lapsus son secret désir d'union intime avec Vernon Whitford. Parlant à un jeune garçon, elle dit : « dis ce soir à Mr *Vernon*.., dis ce soir à Mr Whitford... etc. (1) ».

La manière de considérer le lapsus que nous préconisons ici, résiste à toutes les épreuves et trouve sa confirmation même dans les cas les plus insignifiants. J'ai eu plus d'une fois l'occasion de montrer que les erreurs de langage, même les plus naturelles en apparence, ont un sens et se prêtent à la même explication que les cas les plus frappants. Une malade qui, contrairement à mon avis, veut de sa propre initiative entreprendre une brève excursion à Budapest, cherche à se justifier devant moi, en me disant qu'elle ne part que pour trois *jours*, mais commet un lapsus et dit : « que pour trois *semaines*. » Elle me montre ainsi qu'en dépit de mes objections elle aime mieux rester trois semaines que trois jours dans une société qui, à mon avis, ne lui convient pas. — Je veux m'excuser un soir de n'être pas venu chercher ma femme au théâtre. Je dis : « J'étais devant le théâtre à dix heures dix. » On me corrige : « tu voulais dire à dix heures moins dix. » Il est évident que c'est là ce que je voulais dire, car si j'étais venu à dix heures dix, je n'aurais pas d'excuse. On m'avait bien dit que la fin de la représentation était annoncée pour *avant* dix heures. Lorsque je suis arrivé devant le théâtre, les lumières du

(1) Dans *Richard II*, de Shakespeare (II, 2), dans *Don Carlos*, de Schiller (II, 8, lapsus d'Eboli), on trouve d'autres exemples de lapsus que les poètes eux-mêmes considèrent comme significatifs, comme ayant le plus souvent le sens d'un aveu involontaire. Il serait d'ailleurs très facile l'allonger cette liste.

vestibule étaient éteintes, et il n'y avait plus personne. La représentation s'était terminée plus tôt, et ma femme était partie sans m'attendre. En regardant ma montre, j'avais constaté qu'il était dix heures moins cinq. Mais je me suis proposé de présenter à la maison mon cas sous un aspect plus favorable et de dire qu'il était dix heures moins dix. Le lapsus a malheureusement neutralisé mon intention et révélé mon petit mensonge, en me faisant avancer une faute plus grave que celle dont j'étais réellement coupable.

De ces troubles de la parole, on passe à d'autres qui ne peuvent plus être décrits comme de simples lapsus, parce que, tels le bredouillement et le bégaiement, ils portent non sur tel mot isolé, mais sur le rythme et le mode de prononciation du discours tout entier. Mais dans les cas de cette catégorie, comme dans ceux de la première, c'est le conflit intérieur qui nous est révélé par le trouble de la parole. Je ne crois vraiment pas que quelqu'un puisse commettre un lapsus au cours d'une audience auprès de Sa Majesté, dans une sérieuse déclaration d'amour ou lorsqu'il s'agit de défendre devant les jurés son honneur et son nom, bref dans tous les cas où, comme on le dit avec juste raison, on est tout entier à ce qu'on fait et dit. Nous devons (et nous avons l'habitude de le faire) introduire, jusque dans l'appréciation du style dont se sert un auteur, le principe d'explication qui nous est indispensable, lorsque nous voulons remonter aux causes d'un lapsus isolé. Une manière d'écrire claire et franche montre que l'auteur est d'accord avec lui-même, et toutes les fois où nous rencontrons un mode d'expression contraint, sinueux, fuyant, nous pouvons dire, sans risque de nous tromper, que nous nous trouvons en présence d'idées compliquées, manquant de clarté, exposées sans assurance, comme avec une arrière-pensée critique (1).

Depuis la première publication de ce livre, des amis et collègues étrangers ont commencé à prêter attention aux lapsus qu'ils pouvaient observer dans leurs pays respectifs.

(1) Ce que l'on conçoit bien s'énonce clairement
Et les mots pour le dire arrivent aisément.
Boileau, *Art poétique*.

Ainsi qu'on pouvait s'y attendre, ils ont découvert que les lois du lapsus sont les mêmes dans toutes les langues. Aussi ont-ils pu recourir avec succès aux mêmes interprétations que celles dont j'ai usé moi-même dans mes propres exemples. Je ne citerai ici qu'un exemple entre mille :

« Le Dr A. A. Brill (de New York) raconte : « A friend described to me a nervous patient and wished to know whether I could remove benefit him. I remarked, I believe that in time I could remove all his symptoms by psychoanalysis because it is a *durable* case wishing to say « *curable!* » (« A contribution to the Psychopathology of Everyday Life », in *Psychotherapy*, vol. III, N 1, 1909).

Pour conclure, je vais ajouter pour les lecteurs qui ne craignent pas un effort et sont quelque peu familiarisés avec la psychanalyse, un exemple qui montre jusqu'à quelles profondeurs de l'âme peut conduire l'analyse d'un lapsus.

L. Jekels (*Internat. Zeitschr. f. Psychoanalyse*, I, 1913) :

« Le 11 décembre une dame de nos amies m'interpelle en polonais sur un ton quelque peu provoquant et insolent : « *Pourquoi ai-je dit aujourd'hui que j'avais douze doigts?* »

« Elle reproduit, sur mon invitation, la scène au cours de laquelle elle a fait cette observation. Elle se disposait à sortir, pour faire une visite, avec sa fille, une démente précoce en état de rémission, à laquelle elle ordonne de changer de blouse, ce que celle-ci fait dans une pièce voisine. Lorsqu'elle vient rejoindre sa mère, elle la trouve occupée à se nettoyer les ongles. Et le dialogue suivant se déroule :

La fille. — Tu vois bien : je suis déjà prête, et toi, tu ne l'es pas encore.

La mère. — C'est que tu n'as qu'*une* blouse et moi, j'ai *douze* ongles.

La fille. — Comment?

La mère (impatiente). — Mais naturellement, puisque *j'ai douze doigts.*

« A un collègue qui assiste à ce récit et qui lui demande quelle idée éveille en elle le nombre *douze*, elle répond aussi promptement que résolument : « *Le nombre douze ne constitue pas pour moi une date* (*significative*). »

« *Doigts* éveillent, après une légère hésitation, cette association : « Dans la famille de mon mari, on a six orteils aux pieds. Dès que nos enfants venaient au monde, on s'empressait de s'assurer s'ils n'avaient pas six orteils. » Pour des raisons extérieures, l'analyse n'a pas été poussée plus loin ce soir-là.

« Le lendemain matin, 12 décembre, la dame revient me voir et me dit, visiblement émue : « Imaginez-vous ce qui m'est arrivé : c'est aujourd'hui l'anniversaire de l'oncle de mon mari; depuis 20 ans, je ne manque pas de lui écrire la veille, 11 décembre, pour lui adresser mes vœux; cette fois j'ai oublié de le faire, ce qui m'a obligé à envoyer un télégramme. »

« Je me rappelle et je rappelle à la dame avec quelle assurance elle a répondu la veille à mon collègue que le « douze » ne constituait pas pour elle une date significative, alors que sa question était de nature à lui rappeler le jour de l'anniversaire de l'oncle.

« Elle avoue alors que cet oncle de son mari est un oncle à héritage, qu'elle a toujours compté sur cet héritage, mais qu'elle y songe plus particulièrement dans sa situation actuelle, très gênée au point de vue financier.

« C'est ainsi qu'elle a tout de suite pensé à son oncle et à sa mort, lorsqu'une de ses amies lui a prédit, il y a quelques jours, d'après les cartes, qu'elle aurait bientôt beaucoup d'argent. L'idée lui vint aussitôt que l'oncle était le seul de qui elle et ses enfants pouvaient recevoir de l'argent; et elle se rappela instantanément au cours de cette scène que déjà la femme de cet oncle avait promis de laisser quelque chose à ses enfants; mais elle était morte, sans laisser de testament, et il était possible qu'elle ait chargé son mari de faire le nécessaire.

« Son désir de voir l'oncle mourir devait être intense puisqu'elle dit à l'amie qui lui tirait les cartes : « Vous êtes capable de pousser les gens au meurtre. »

« Pendant les quatre ou cinq jours qui se sont écoulés entre la prédiction et l'anniversaire de l'oncle, elle a cherché dans les journaux de la ville où réside ce dernier, un avis faisant part de son décès.

« Rien d'étonnant qu'en présence de cet intense désir de mort, le fait et la date de l'anniversaire de l'oncle aient subi un refoulement tellement fort que la dame a non seulement oublié un geste qu'elle accomplissait régulièrement depuis des années, mais que son souvenir n'a pas été réveillé par la question de mon collègue.

« Le *douze* refoulé s'est frayé la voie à la faveur du lapsus « douze doigts » et a ainsi *contribué* à déterminer l'acte manqué.

« Je dis *contribué*, car la bizarre association évoquée par le mot « doigt » nous laisse soupçonner d'autres motifs encore; elle nous explique aussi pourquoi le chiffre *douze* était venu fausser la phrase si inoffensive dans laquelle il devait être question de dix doigts.

« Voici quelle était cette association : dans la famille de mon mari on a six doigts aux pieds.

« Six orteils constituent une certaine anomalie; un enfant qui a six doigts est donc *un* enfant anormal et deux fois six (douze) doigts font *deux* enfants anormaux.

« Tel est en effet le cas de cette dame.

« Mariée jeune, elle a eu de son mari, qui était un homme excentrique, anormal et qui se suicida peu d'années après le mariage, deux enfants que plusieurs médecins ont reconnus comme ayant une hérédité chargée et comme étant anormaux.

« La fille aînée vient de rentrer à la maison, après un grave accès catatonique; peu de temps après, la plus jeune, à l'âge de la puberté, se trouve atteinte à son tour d'une grave névrose.

« Le fait que l'état anormal des enfants se trouve rapproché du souhait de mort à l'égard de l'oncle, pour se fondre avec cet élément plus fortement refoulé et possédant une valence psychique plus grande, nous permet d'entrevoir *dans le souhait de mort à l'égard de ces enfants anormaux* une autre cause déterminante du lapsus.

« L'importance prédominante du chiffre *douze* à propos du souhait de mort, ressort encore du fait que, dans la représentation de la dame, l'anniversaire de l'oncle est étroitement associé à l'idée de la mort. Son mari s'était suicidé le 13, donc le lendemain de l'anniversaire du même oncle, dont la femme a dit à celle qui était devenue si subitement veuve : « Et dire qu'hier encore, en venant présenter ses vœux, il était si cordial et aimable; tandis qu'aujourd'hui!... »

« J'ajouterai encore que la dame avait plus d'une raison réelle de souhaiter la mort des enfants qui ne lui procuraient aucune joie, mais étaient pour elle une source de chagrins et une cause de contrainte, puisque leur présence lui imposait un veuvage obligatoire et le renoncement à toute liaison amoureuse.

« Cette fois encore, elle se donnait une peine inouïe pour éviter à sa fille, avec laquelle elle se proposait de faire une visite, tout prétexte de mauvaise humeur; et l'on sait ce que cela représente de patience et de dévouement, lorsqu'il s'agit d'une démence précoce, et combien de mouvements de révolte il faut réprimer pour ne pas faillir à la tâche.

« Le sens du lapsus dont nous nous occupons serait donc celui-ci :

« Que l'oncle meure, que les enfants anormaux meurent (bref, que toute la famille anormale disparaisse), mais que j'hérite de leur argent.

« Cet acte manqué présente, à mon avis, certains caractères qu'on ne retrouve pas souvent dans la structure d'un lapsus, à savoir :

1° L'existence de deux déterminantes, condensées en un seul élément.

2° L'existence de ces deux déterminantes se reflète dans le dédoublement du lapsus (douze ongles, douze doigts).

3° Une des significations du chiffre douze, à savoir l'idée des douze doigts exprimant l'état anormal des enfants, correspond à une représentation indirecte; l'anomalie psychique est représentée ici par une anomalie physique, le supérieur par l'inférieur.

6 ERREURS DE LECTURE ET D'ÉCRITURE

Il existe, entre les lapsus, d'une part, les erreurs de lecture et d'écriture, d'autre part, une affinité telle que les points de vue adoptés et les remarques formulées concernant les premiers s'appliquent parfaitement à ces dernières. Aussi me bornerai-je à rapporter quelques exemples de ces erreurs, soigneusement analysés, sans embrasser l'ensemble des phénomènes.

A. Erreurs de lecture.

a) Je feuillette au café un numéro des *Leipziger Illustrierte*, que je tiens obliquement devant moi, et je lis au-dessous d'une image couvrant une page entière la légende suivante : « Un mariage *dans l'Odyssée* (IN DER ODYSSEE) ». Intrigué et étonné, je rapproche la revue et je corrige : « Un mariage *sur la Baltique* (AN DER OSTSEE). ». Comment ai-je pu commettre cette absurde erreur? Je pense aussitôt à un livre de Ruth « Recherches expérimentales sur les fantômes musicaux, etc. », qui m'avait beaucoup intéressé ces derniers temps, parce qu'il touche aux problèmes psychologiques dont je m'occupe. L'auteur annonce la publication d'un livre qui aura pour titre : *Analyse et lois fondamentales des phénomènes relatifs aux rêves*. Rien d'étonnant si, venant de publier une « Science des rêves », j'attends avec la plus grande impatience la parution du livre annoncé par Ruth. Dans la table des matières de son ouvrage sur les « fantômes musicaux », je trouve un paragraphe relatif à la démonstration détaillée du fait que les mythes et légendes de la Grèce antique ont leur source dans des fantômes du sommeil, dans des fantômes musicaux, dans des phénomènes se rattachant aux rêves et dans des délires. Je consulte aussitôt le texte, afin de m'assurer si l'auteur fait également remonter à un simple rêve de nudité la scène où *Ulysse* apparaît devant *Nausicaa*. Un ami avait attiré mon attention sur le beau passage de *Henri le Vert*, dans lequel G. Keller décrit cet épisode de l'Odyssée comme une objectivation des rêves du navigateur errant loin de sa patrie, et j'ai, de mon côté, ajouté à cette interprétation la relation qui existe à mon avis entre cette scène et le rêve ayant pour contenu l'exhibition d'une nudité (5e édit., p. 170). Chez Ruth, je n'ai rien trouvé d'une telle explication. Il est évident que ces questions me préoccupaient tout particulièrement dans ce cas.

b) Comment m'arriva-t-il de lire un jour dans un journal : « *En tonneau* (IM FASS) à travers l'Europe », au lieu de : « *A pied* (ZU FUSS) à travers l'Europe » ? La première idée qui me vint à l'esprit à propos de cette ereur était la suivante : il s'agit sans doute du tonneau de Diogène, et tout récemment j'ai lu dans une Histoire de l'Art quelque chose sur l'art à l'époque d'Alexandre. Il était tout naturel de penser alors à la fameuse phrase d'Alexandre : « si je n'étais pas Alexandre, je voudrais être Diogène ». J'eus en même temps une vague idée concernant un certain *Hermann Zeitung* qui avait voyagé enfermé dans une malle. Je ne pus pousser l'association plus loin, et il ne m'a pas été possible de retrouver dans l'Histoire de l'Art la page où figurait la remarque sur l'art à l'époque d'Alexandre. J'avais donc cessé de penser à cette énigme lorsque, quelques mois plus tard, elle s'imposa de nouveau à mon attention, mais cette fois accompagnée de sa solution. Je me suis souvenu d'un article de journal qui parlait des *moyens de transport* singuliers que les gens choisissaient pour se rendre à l'exposition universelle de Paris et qui, pour autant que je me le rappelle, racontait en plaisantant qu'un monsieur avait l'intention de se faire rouler dans un tonneau jusqu'à Paris par un camarade ou ami complaisant. Il va sans dire que ces gens ne cherchaient qu'à se faire remarquer par leurs excentricités. *Hermann Zeitung* était en effet le nom de celui qui a donné le premier exemple de ces modes de voyage extraordinaires. Je me suis rappelé alors que j'avais eu autrefois un patient auquel les journaux inspiraient une angoisse morbide, par réaction contre l'*ambition* morbide qu'il avait de voir son nom imprimé et célébré dans les journaux. Alexandre de Macédoine était certainement l'homme le plus ambitieux qui ait jamais existé. Il se plaignait de ne pas trouver un Homère capable de chanter ses exploits. Mais comment pouvais-je ne pas me rappeler qu'un autre Alexandre m'était beaucoup plus proche, puisque mon frère cadet s'appelait Alexandre! Et aussitôt le nom de mon frère évoqua en moi l'idée choquante qui y était associée et que je m'efforçais de réprimer, et en même temps que cette idée, le souvenir de l'occasion qui l'avait fait naître. Mon frère est expert en matière de tarifs et de *transports* et il devait même, à un moment donné, être promu professeur dans une école supérieure de commerce. J'étais proposé, depuis plusieurs années, pour la même promotion universitaire, sans pouvoir l'obtenir (1). Notre mère avait alors exprimé sa mauvaise humeur devant l'éventualité de voir le plus jeune de ses fils arriver au professorat avant l'aîné. Telle était la situation à l'époque où je ne pouvais trouver la solution de mon erreur de lecture. Depuis, les chances de mon frère d'accéder au professorat avaient diminué, elles étaient même moins probables que les miennes. Et voilà que j'eus la subite révélation du sens de mon erreur : ce fut comme si la diminution des chances de mon frère avait écarté l'obstacle qui m'empêchait d'entrevoir ce sens. Je m'étais comporté comme si j'avais lu dans le journal la nomination de mon frère, et m'étais dit : « il est bizarre qu'on puisse figurer dans les journaux (c'est-à-dire être nommé professeur) pour des bêtises pareilles

(1) Toute cette analyse tourne autour du double sens du mot allemand BEFÖRDERUNG, qui signifie à la fois *moyens de transport, de locomotion* et *avancement, promotion*. (N. d. T.)

(c'est-à-dire pour une spécialité comme celle de mon frère) ». Je retrouvai alors sans peine le passage sur l'art grec à l'époque d'Alexandre et constatai, à mon grand étonnement, que j'avais, pendant mes précédentes recherches, lu à plusieurs reprises la page contenant ce passage, mais que je l'avais sauté chaque fois, comme sous l'influence d'une hallucination négative. Ce passage ne contenait d'ailleurs rien qui fût susceptible de m'apporter un élément d'explication, rien qui méritât d'être oublié. Je crois que le fait de n'avoir pu retrouver ce passage (que j'avais pourtant eu à plusieurs reprises sous les yeux) doit être considéré comme un symptôme destiné tout simplement à m'égarer, à orienter l'association de mes idées dans une direction où un obstacle devait s'opposer à mes investigations, bref à me conduire à une idée concernant Alexandre de Macédoine, afin de détourner d'autant plus sûrement mon attention de mon frère qui s'appelait également Alexandre. Et c'est ce qui arriva en effet : j'ai employé tous mes efforts à retrouver dans l'Histoire de l'Art le fameux passage.

Le double sens du mot *Beförderung* (1) constitue dans ce cas le pont d'association, pour ainsi dire, entre deux complexes : le complexe moins important, suscité par la note du journal, et le complexe plus intéressant, mais choquant et déplaisant qui m'a inspiré mon erreur de lecture. On voit, d'après cet exemple, qu'il n'est pas toujours facile d'expliquer des accidents dans le genre de cette erreur. On est parfois obligé de remettre la solution de l'énigme à un moment plus favorable. Mais plus la solution est difficile, plus sûrement il faut s'attendre à ce que notre pensée consciente trouve l'idée perturbatrice, une fois découverte, bizarre et en opposition avec son contenu normal et son orientation normale.

c) Je reçois un jour, des environs de Vienne, une lettre qui m'annonce une très triste nouvelle. J'appelle aussitôt ma femme et je lui apprends que *la* pauvre Guillaume M.

(1) C'est-à-dire : 1° moyen de transport, de locomotion; 2° avancement, promotion.

est très gravement malade et que les médecins ont renoncé à l'espoir de *la* sauver. Mais il devait y avoir une fausse note dans les paroles par lesquelles j'exprimais mes regrets, car ma femme devient méfiante, me prie de lui montrer la lettre et se dit persuadée que je me trompe, car personne n'appelle une femme du prénom de son mari et que cela pouvait d'autant moins être le cas dans les circonstances présentes, que l'auteur de la lettre connaissait bien le prénom de la femme de Guillaume M. Je n'en persiste pas moins à affirmer avec assurance qu'il s'agit de *la* pauvre Guillaume M. et je tente de réfuter les objections de ma femme, en lui rappelant que beaucoup de femmes mettent sur leurs cartes de visite le prénom de leur mari. Je suis cependant obligé de recommencer la lecture de la lettre et je constate en effet qu'il s'agit « *du* pauvre G. M. », et même, chose qui m'avait complètement échappé, « *du* pauvre Dr G. M. ». Mon omission constitue donc une tentative pour ainsi dire mécanique de tranférer du mari à la femme la triste nouvelle que je venais de recevoir. Le titre de docteur (D^r^), intercalé entre l'article et l'adjectif d'un côté, et le nom de l'autre, suffisait déjà à lui seul à montrer qu'il ne s'agissait pas d'une femme. C'est d'ailleurs pourquoi il m'avait échappé à la lecture. La cause de mon erreur ne doit cependant pas être cherchée dans le fait que la femme m'aurait été moins sympathique que son mari; le sort du pauvre G. M. avait tout simplement éveillé en moi des préoccupations relatives à une autre personne, qui m'était très proche et qui souffrait d'une maladie à certains égards analogue à celle de G. M.

d) Une erreur de lecture qui à la fois m'agace et me fait rire est celle que je commets souvent en me promenant pendant les vacances dans les rues d'une ville où je suis de passage. Je lis sur toutes les enseignes que je rencontre le mot *antiquités*. Cette illusion trahit la passion aventurière du collectionneur.

e) Dans son intéressant livre *Affektivität, Suggestibilität, Paranoia* (1906, p. 121), Bleuler raconte : « Un jour, au cours d'une lecture, j'eus comme le sentiment intellectuel de voir mon nom imprimé deux lignes plus bas. A mon grand étonnement, je ne trouve, une fois arrivé à la ligne en question, que le mot *Blutkörperchen* (« globules sanguins »). Sur les milliers d'erreurs de lecture du champ visuel, central ou périphérique, analysées par moi, cette erreur était la plus grossière. Les autres fois, lorsque je croyais voir mon nom, le mot qui servait de prétexte à l'erreur présentait avec lui une ressemblance qui, jusqu'à un certain point, pouvait justifier cette erreur, et dans la plupart des cas il fallait que toutes les lettres du nom se trouvent à proximité de mon champ visuel pour que l'erreur se produise (1). Mais, dans le cas dont je parle, la fausse relation et l'erreur s'expliquent par le fait que je lisais précisément la fin d'une remarque sur une sorte de mauvais style qui règne dans certains travaux scientifiques et dont je me sentais moi-même coupable dans une certaine mesure. »

f) H. Sachs : « Devant ce qui frappe les autres, il garde, lui, une rigide impassibilité » (*Steifleinenheit*). Ce dernier mot m'étonna et, en regardant de plus près, je vis que le mot imprimé était non *Steifleinenheit*, mais *Stielfeinheit* (finesse, sentiment de style). Ce passage faisait partie d'un panégyrique exagérément enthousiaste, qu'un auteur que j'estimais beaucoup consacrait à un historien qui ne m'était pas sympathique, parce qu'il possédait à un degré très prononcé les traits spécifiques du « professeur allemand ».

g) Le Dr Marcell Eibenschütz rapporte un cas d'erreur de lecture au cours d'un travail philologique (*Zentralbl. f. Psychoanal.*, I, 5/6) : « Je m'occupe de l'édition critique du « Livre des Martyrs », recueil des légendes de la Haute et Moyenne Allemagne, qui doit paraître dans les « Textes Allemands du Moyen Age », publiés par l'Académie des Sciences de Prusse. L'ouvrage, encore non imprimé, était très peu connu; il n'existait là-dessus qu'un seul mémoire de J. Haupt : « Ueber das mittelhochdeutsche Buch der Märtyrer », publié dans *Wiener Sitzungsberichte*, 1867, Tom. 70, pp. 101 et suiv. Haupt, en écrivant son

(1) Dans le cas précis, la seule ressemblance entre le nom et le mot qui a provoqué l'erreur, consiste dans le fait que l'un et l'autre commencent par les lettres *Bl* : B*leuler*, B*lutkörperchen*. (N. d. T.)

mémoire, avait sous les yeux, non le manuscrit original, mais une copie (XIXe siècle) du manuscrit C (Klosterneuburg), copie qui est conservée à la Bibliothèque Royale.

Cette copie se termine par la suscription suivante :

« Anno Domini MDCCCL in vigilia exaltacionis sancte crucis ceptus est iste liber et in vigilia pasce anni subsequentis finitus cum adjutorio omnipotentis par me Hartmanum de Krasna tunc temporis ecclesio niwenburgensis custodem. »

Or, tout en reproduisant exactement cette suscription dans son mémoire, avec la date 1850 en chiffres romains, Haupt montre à plusieurs reprises que, d'après lui, cette phrase latine fait partie du manuscrit C et il lui assigne, comme à celui-ci, la date de 1350.

La communication de Haupt fut pour moi une cause de perplexité. Jeune débutant dans l'austère science, je me trouvais au début tout à fait sous l'influence de Haupt et, comme lui, je lus longtemps dans la suscription, clairement et nettement imprimée, que j'avais sous les yeux la date 1350, au lieu de 1850. Mais ayant eu l'occasion de consulter le manuscrit principal, j'ai constaté qu'il n'y existait pas trace d'une suscription quelconque, et j'ai pu m'assurer que pendant tout le XIVe siècle il n'y avait pas à Klosterneuburg de moine du nom de Hartmann. Et lorsque le voile tomba définitivement de mes yeux, j'ai compris immédiatement toute la situation, et des recherches ultérieures n'ont fait que confirmer ma supposition : la fameuse suscription ne se trouve que dans la copie qu'avait utilisée Haupt, elle est de la main de celui qui a fait cette copie, c'est-à-dire du père Hartmann Zeibig, né à Krasna, en Moravie, maître de chapelle de l'église des Augustins, à Klosterneuburg. C'est lui qui, en qualité de trésorier du chapitre, a copié le manuscrit C et, après avoir terminé son travail, il a, selon l'ancienne coutume, ajouté la phrase dans laquelle il se faisait connaître par son nom. Le style moyenâgeux et la vieille orthographe de la suscription ont certainement contribué à faire naître chez Haupt le *désir* de donner sur l'ouvrage dont il s'occupait le plus de renseignements possibles et, par conséquent aussi, de *dater le manuscrit C :* ainsi, il lisait constamment 1350 au lieu de 1850 (motif de l'acte manqué). »

h) Dans les *Idées spirituelles et satiriques* de Lichtenberg, on trouve une remarque qui provient d'une observation et qui résume presque toute la théorie des erreurs de lecture : à force de lire Homère, dit-il, il a fini par lire *Agamemnon*, toutes les fois où il rencontrait le mot *angenommen* (accepté).

Dans la majorité des cas, en effet, c'est le désir secret du lecteur qui déforme le texte, dans lequel il introduit ce qui l'intéresse et le préoccupe. Pour que l'erreur de lecture se produise, il suffit alors qu'il existe entre le mot du texte et le mot qui lui est substitué, une ressemblance que le lecteur puisse transformer dans le sens qu'il désire. La lecture rapide, surtout avec des yeux atteints d'un trouble d'accommodation non corrigé, facilite sans doute la possibilité d'une pareille illusion, mais n'en constitue pas une condition nécessaire.

i) Je crois que la guerre, qui a amené chez tout le monde certaines préoccupations fixes et obsédantes, a favorisé d'une façon toute particulière les erreurs de lecture. J'ai eu l'occasion de m'en assurer un grand nombre de fois, mais malheureusement je n'ai retenu, parmi toutes les observations que j'ai faites, que quelques-unes, peu nombreuses. Un jour, j'ouvre un des journaux de l'après-midi ou du soir et j'y trouve, imprimée en gros caractères, la manchette suivante : *La paix de Görz*. Mais non, la manchette annonçait seulement : *Les Ennemis devant Görz* (*Die* FEINDE *vor Görz*, et non *der* FRIEDE *von Görz*). A celui qui avait deux fils combattant sur le front, il était permis de commettre une erreur de ce genre. Un autre lit dans une phrase les mots « vieille carte de pain » (*alte* BROTKARTE), mais s'aperçoit aussitôt qu'il s'est trompé et qu'il s'agissait en réalité d'un « vieux brocart » (*alter* BROKATE). Il convient d'ajouter qu'il avait l'habitude de céder ses cartes de pain à une dame dans la maison de laquelle il était toujours reçu en ami. Un ingénieur, qui ne se trouvait pas suffisamment équipé pour résister à l'humidité d'un tunnel dont il dirigeait la construction, lit un jour, à son grand étonnement, une annonce de journal concernant des objets en « cuir de mauvaise qualité » (SCHUND*leder*). Mais les marchands sont rarement si honnêtes ; ce qui était à vendre, c'était des objets en « peau de phoque » (SEEHUND*leder*).

Ce sont la profession et la situation actuelle du lecteur qui déterminent la nature de son erreur. Un philologue qui, à la suite de son dernier travail, excellent, se trouve en polémique avec ses collègues, lit : « Stratégie linguistique » (SPRACH*strategie*), au lieu de « stratégie d'échiquier » (SCHACH*strategie*). Un homme qui se promène dans une ville étrangère, à l'heure même où ses fonctions intestinales se trouvent stimulées par une cure qu'il vient de subir, lit sur une grande enseigne du premier étage d'un grand magasin : KLOSET*haus* (« W.-C. »); à la satisfaction qu'il éprouve se mêle cependant un sentiment de surprise de voir l'établissement bienfaisant installé dans des conditions si peu ordinaires. Mais bientôt, sa satisfaction disparaît car il s'aperçoit que la véritable inscription de l'enseigne est : KORSET*haus* (maison de corsets).

j) Dans un deuxième groupe de cas, le texte joue un rôle beaucoup plus important dans la production des erreurs. Il contient quelque chose qui éveille la répulsion du lecteur, une communication ou une suggestion pénible; aussi subit-il, du fait de l'erreur, une correction, soit dans le sens de sa suppression, soit dans celui de la réalisation d'un désir. On peut admettre avec certitude que, dans ces cas, le texte a commencé par être accepté et jugé correctement, avant de subir la correction, alors même que cette première lecture n'a rien appris à la conscience. L'exemple *c*), cité plus haut, relève de ce genre. J'en communique un autre, d'une grande actualité, d'après le Dr M. Eitingon (qui était à l'époque médecin à l'Hôpital Militaire d'Iglo ; *Internat. Zeitschr. f. Psychoanal.*, II, 1915).

« Le lieutenant X, qui est soigné dans notre hôpital pour une névrose consécutive à un traumatisme de la guerre, me lit un jour le vers final de la dernière strophe d'une poésie de Walter Heymann (1), tombé si prématurément. Très ému, voici ce qu'il me récite :

(1) W. Heymann : *Kriegsgedichte und Feldpostbriefe*, p. 11 : « Den Auszieherden. »

« Wo aber steht's geschrieben, frag'ich, dass von allen
Ich übrig bleiben soll, ein andrer für mich fallen?
Wer immer von euch fällt, der stirbt gewiss für mich;
Und ich soll übrig bleiben? *warum denn nicht?* (1) »

Voyant mon étonnement, il relit, un peu troublé, mais cette fois correctement :

« Und ich soll übrig bleiben? *warum denn ich?* (2) »

Le cas de X m'a fourni l'occasion de faire une analyse plus approfondie des matériaux psychiques de ces « névroses dues à des traumatismes de la guerre »; et, malgré les conditions si peu favorables à notre genre de travail que l'on trouve dans un hôpital militaire, avec tant de besogne et si peu de médecins, j'ai pu remonter un peu au-delà de cette cause tant incriminée que constituent les explosions de grenades.

« Le lieutenant X présentait ces graves symptômes d'ébranlement qui confèrent à tous les cas prononcés de névrose de guerre une ressemblance à première vue très frappante : angoisse, tendance à pleurer pour les raisons les plus futiles, accès de colère, avec manifestations convulsives, manifestations motrices infantiles, tendance aux vomissements (à la moindre excitation ou émotion).

« La psychogenèse de ce dernier symptôme, qui était pour nos malades un moyen inconscient d'obtenir un congé de maladie supplémentaire, était visible pour tout le monde. L'apparition du commandant de l'hôpital, qui venait de temps à autre inspecter les malades de la section en convalescence, la phrase d'un ami rencontré dans la rue : « vous avez une mine superbe, vous êtes certainement déjà guéri », suffisaient à provoquer un brusque accès de vomissements.

(1) « Mais où est-il écrit, dites-le-moi, que je doive rester seul et qu'un autre doive tomber pour moi? Tous ceux d'entre vous qui tombent, meurent sûrement pour moi. Et moi, je dois rester? *Pourquoi pas?* »

(2) Rédaction correcte du derniers vers :
« Et moi, je dois rester? *Pourquoi moi?* »

« Gesund... wieder einrücken... *warum denn ich?* » (Bien portant... retourner au front... *pourquoi moi?*)

k) Voici quelques autres cas d'erreurs de lecture, liés à la guerre, que le Dr Hanns Sachs (de Vienne) a publiés dans *Internation. Zeitschr. f. Psychoanalyse*, IV, 1916-17.

I

« Un monsieur que je connais bien m'avait déclaré à plusieurs reprises que, le jour où il serait appelé, il ne ferait aucun usage des diplômes attestant sa spécialité et lui donnant droit à un emploi à l'arrière, mais qu'il demanderait son incorporation dans l'active, pour être envoyé au front. Peu de temps avant son appel, il m'annonce un jour, sèchement et sans aucune autre explication, qu'il a fait le nécessaire pour la déclaration de sa spécialité et qu'il sera en conséquence affecté à un établissement industriel. Le lendemain nous nous rencontrons dans un établissement officiel. J'étais en train d'écrire, debout devant un pupitre; il entre, regarde un instant par-dessus mon épaule et dit : « Tiens, c'est écrit : *Druckbogen* (formules imprimées); et moi, j'ai lu : *Drückeberger* (carottier). »

II

« Assis dans un tramway, je pense à tant de mes amis de jeunesse qui, bien qu'ayant toujours été considérés comme faibles et chétifs, sont aujourd'hui capables de supporter les fatigues les plus dures, auxquelles je succomberais facilement, si j'étais à leur place. Alors que je pense à ces choses peu réjouissantes, je lis en passant, à moitié attentif, le mot *Eisen*KONSTITUTION (constitution de fer) inscrit en grosses lettres sur l'enseigne d'une maison de commerce. L'instant d'après, je me dis que c'est là un mot qui ne convient pas tout à fait à une inscription commerciale; me retournant rapidement, je puis encore apercevoir l'enseigne et je contaste que le mot qu'elle porte est : *Eisen*KONSTRUTION (constructions en fer). »

III

« Les journaux du soir ont publié la dépêche Reuter (reconnue depuis inexacte) annonçant l'élection de Hughes à la présidence des États-Unis. Cette nouvelle était suivie d'une courte biographie du prétendu président nouvellement élu, biographie dans laquelle je lis que Hughes a fait ses études à l'Université de *Bonn*. Il m'a paru bizarre qu'au cours des débats qui, pendant des semaines, se sont poursuivis dans les journaux avant les élections, personne n'ait fait mention de cette circonstance. En relisant la biographie, je constate cependant qu'il s'agit de la *Brown* University. C'était là une erreur assez grossière, qui s'explique non seulement par l'attention insuffisante avec laquelle j'avais parcouru le journal, mais aussi par le fait que, pour des raisons aussi bien politiques que personnelles, la sympathie du nouveau président pour les Puissances Centrales me paraissait on ne peu plus désirable. »

B. Erreurs d'écriture.

a) Sur une feuille de papier, sur laquelle j'inscris de petites notes journalières d'un intérêt purement pratique, je trouve, à ma grande surprise, parmi les dates exactes du mois de Septembre, la date erronée : « Jeudi, 20 Octobre. » Il ne m'est pas difficile d'expliquer cette anticipation, qui n'est que l'expression d'un désir. Rentré depuis quelques jours de vacances, je me sentais complètement remis des fatigues de l'année et tout disposé à reprendre mon travail professionnel. Mais les malades tardaient à venir. A mon retour, j'avais bien trouvé une lettre dans laquelle une patiente m'annonçait sa visite pour le 20 *Octobre*. En inscrivant cette date parmi celles du mois de Septembre, j'ai sans doute pensé : « Madame X. devrait déjà être ici; quel dommage que sa visite soit reculée d'un mois! » Et c'est en pensant ainsi que j'ai anticipé la date. L'idée perturbatrice n'avait rien de choquant dans ce cas; aussi m'a-t-il été possible d'expliquer mon lapsus, dès que je l'ai aperçu.

Un lapsus tout à fait semblable et déterminé par les mêmes raisons s'est glissé dans mon agenda en automne de l'année suivante. — M. E. Jones a étudié plusieurs erreurs de ce genre concernant des dates et a toujours pu trouver facilement leurs motifs.

b) Je reçois les épreuves d'un article destiné au *Jahresbericht für Neurologie und Psychiatrie* et dois naturellement revoir avec le plus grand soin les noms d'auteurs, parmi lesquels il y a beaucoup de noms étrangers, particulièrement difficiles à déchiffrer et à composer. Je trouve, en effet, pas mal de corrections à faire, mais, chose étonnante, un des noms a été corrigé par le compositeur lui-même, à l'encontre du manuscrit, et bien corrigé. Il a notamment composé *Burckhard*, à la place du nom *Buckrhard* qui figurait dans le manuscrit. Mon article contenait un éloge mérité à l'adresse d'un accoucheur, M. Burckhard, pour un travail qu'il avait fait sur l'influence de l'accouchement sur la production des paralysies infantiles. C'était d'ailleurs tout ce que je savais au sujet de cet auteur. Mais Burckhard était également le nom d'un écrivain viennois dont la critique inintelligente de mon livre sur la *Science des rêves* m'avait fortement mécontenté. Ce fut comme si, en écrivant le nom de Burckhard l'accoucheur, j'avais voulu exhaler mon mécontentement contre Burckhard l'écrivain, car la déformation de noms signifie très souvent le mépris, ainsi que je l'ai fait remarquer à propos des lapsus (1).

c) Cette remarque trouve une confirmation dans une belle observation que M. A. J. Storfer a faite sur lui-même et dans laquelle l'auteur met à nu, avec une franchise louable, les motifs qui l'ont poussé à reproduire inexactement et à écrire incorrectement le nom d'un concurrent présumé (*Internat. Zeitschr. f. Psychoanalyse*, II, 1914).

(1) Rappelez-vous le passage suivant de *Jules César*, de Shakespeare (III, 3) :
Cinna. — C'est vrai, mon nom est Cinna.
Les Citoyens. — Déchirez-le en morceaux. C'est un conjuré.
Cinna. — Je suis Cinna le poète. Je ne suis pas Cinna le conjuré.
Les Citoyens. — Peu importe; son nom est Cinna; arrachez-lui son nom de son cœur et laissez-le courir.

Déformation obstinée d'un nom

« En décembre 1910, j'aperçus dans la vitrine d'une librairie zurichoise le livre nouvellement paru du Dr Édouard *Hitschmann* sur la théorie freudienne des névroses. Je travaillais alors précisément à une conférence que je devais faire dans une association académique, sur les fondements de la psychologie freudienne. Dans l'introduction, que je venais de terminer, j'insistais sur les rapports historiques qui existent entre la psychologie freudienne et les recherches expérimentales, sur les difficultés qui, de ce fait, s'opposent à un exposé synthétique des fondements de cette théorie et sur le fait qu'aucun exposé synthétique de ce genre n'existait encore. En voyant dans la vitrine le livre de E. Hitschmann (qui était alors pour moi un auteur inconnu) je n'avais pas pensé tout d'abord à l'acheter. Mais lorsque je m'y décidai quelques jours plus tard, le livre n'était plus dans la vitrine. En demandant au libraire le livre en question, je lui donnai comme nom d'auteur : « Dr Édouard *Hartmann.* » Le libraire me corrigea : « vous voulez dire *Hitschmann* », et m'apporta le livre.

Le motif inconscient de mon erreur était évident. Je me faisais jusqu'à un certain point un mérite d'avoir conçu un exposé synthétique des théories psychanalytiques, et le livre de Hitschmann, qui me semblait de nature à diminuer mon mérite, m'inspirait de la jalousie et de la contrariété. La déformation du nom est une expression d'hostilité interne, me suis-je dit, d'après la *Psychopathologie de la vie quotidienne.* Et cette explication m'avait suffi sur le moment.

« Quelques semaines plus tard, je revins sur cet acte manqué. A cette occasion, je me suis demandé pourquoi j'avais transformé Édouard Hitschmann en Édouard *Hart*mann. Était-ce à cause de la simple ressemblance avec le nom du célèbre philosophe? Ma première association fut le souvenir d'un jugement que j'avais entendu formuler un jour par le professeur Hugo Metzl, un partisan enthousiaste de Schopenhauer : « Édouard v. Hartmann n'est qu'un Schopenhauer défiguré, retourné. » La tendance affective qui a déterminé chez moi la substitution du nom de Hartmann au nom oublié de Hitschmann fut donc la suivante : « Oh, ce Hitschmann et son exposé synthétique ne valent pas bien cher; il est à Freud ce que Hartmann est à Schopenhauer. »

« J'ai noté ce cas d'oubli déterminé, ainsi que l'idée de substitution qui m'a suggéré à la place du vrai nom un nom n'ayant avec celui-ci aucun rapport apparent.

« Six mois plus tard, ayant l'occasion de revoir la feuille sur laquelle j'avais consigné ce cas, je constate que j'ai écrit partout *Hintschmann*, au lieu de Hitschmann. »

d) Voici un cas de *lapsus calami* beaucoup plus sérieux et qui pourrait tout aussi bien être rangé parmi les « méprises ». J'ai l'intention de retirer de la Caisse d'épargne postale une somme de 300 couronnes pour l'envoyer à un parent auquel un traitement thermal a été prescrit. Je m'aperçois que mon compte se monte à 4380 couronnes et je me propose de le réduire à la somme ronde de 4000 couronnes, qui ne devra plus être entamée de sitôt. Après avoir établi régulièrement le chèque et indiqué les chiffres qui doivent représenter la somme correspondante, je m'aperçois subitement que ce n'est pas 380 couronnes que je réclame, mais 438, et je suis effrayé de mon erreur. Je me rends cependant compte qu'il n'y a pas de quoi s'effrayer car le fait de retirer 438 couronnes, au lieu de 380, ne me rendra pas plus pauvre. Mais il me faut quelques longs instants pour découvrir l'influence qui, sans se manifester à ma conscience, est venue troubler ma première intention. Je commence par faire fausse route : je fais la soustraction 438 — 380, mais ne sais que faire de la différence. 438 couronnes représentent cependant les 10 % de mon dépôt total, qui est de 4380 couronnes! Or, chez le *libraire* on a 10 % de réduction. Je me rappelle avoir réuni, plusieurs jours auparavant, un certain nombre d'ouvrages de médecine qui ne m'intéressaient plus, pour les offrir au libraire pour le prix total de 300 couronnes. Il trouva ce prix trop élevé et me promit la réponse pour bientôt. S'il accepte ma proposition, je récupérerai la somme que j'aurai dépensée pour le malade. Il est évident que cette dépense me tourmente. L'émotion que j'ai éprouvée, en m'apercevant de mon erreur, se laisse mieux expliquer par la crainte de m'appauvrir, de me ruiner par de telles dépenses. Mais aussi bien le regret d'avoir fait la dépense que la crainte d'appauvrissement qui s'y rattache sont étrangers à ma pensée consciente; je n'ai éprouvé aucun regret en promettant la somme en question, et les raisons qu'on pourrait me citer pour en prouver la réalité me paraîtraient ridicules. Je ne me croirais pas capable de sentiments pareils, si la pratique de la psychanalyse sur des malades ne m'avait familiarisé avec les refoulements, les répressions psychiques et si je n'avais fait quelques jours auparavant un rêve justiciable de la même explication (1).

e) Je cite, d'après M. W. Stekel, le cas suivant dont je garantis également l'authenticité : « Un exemple tout simplement incroyable d'erreur de lecture et d'écriture s'est produit dans la rédaction d'un hebdomadaire très répandu. La direction de ce périodique avait été publiquement accusée de « vénalité ». Il s'agissait donc d'écrire un article de réfutation et de défense. C'est ce qui fut fait, avec beaucoup de chaleur et de passion. Le rédacteur en chef et, naturellement, l'auteur ont relu plusieurs fois l'article manuscrit, puis les épreuves, et tout le monde s'est montré satisfait. Et voilà que soudain le correcteur se présente et attire l'attention sur une petite erreur qui a échappé à l'attention de tout le monde. Il était dit notamment : « nos lecteurs nous rendront cette justice que nous avons toujours défendu le bien général de la façon la plus *intéressée* ». Il va sans dire que l'auteur avait voulu écrire de la façon la plus *désintéressée*. Mais la pensée véritable s'était fait jour avec une force élémentaire à travers le texte passionné. »

f) Madame Kata Levy, lectrice de *Pester Lloyd*, a relevé un aveu involontaire du même genre dans une infor-

(1) Il s'agit du rêve qui m'a servi d'exemple dans une petite monographie « Sur le rêve », parue dans le N° VIII des *Grenzfragen des Nerven- und Seelenlebens*, publiés par Löwenfeld et Kurella, 1901.

mation télégraphique que ce journal reçut de Vienne le 14 octobre 1918 :

« Étant donné la confiance absolue qui, pendant toute la durée de la guerre, a régné entre nous et notre allié allemand, il paraît incontestable que les deux Puissances prendront, quels que soient les événements, une décision unanime. Il est inutile d'insister sur le fait que, dans la phase actuelle, il existe également entre les diplomaties alliées une entente active et « pleine de lacunes » (*lückenhaft*; au lieu de *lückenlos*, « sans lacunes »).

« C'est seulement quelques semaines plus tard qu'on put s'exprimer librement, sans recourir au *lapsus calami* (ou au lapsus typographique), sur cette « confiance absolue ».

g) Un Américain, venu en Europe par suite de mésentente avec sa femme, écrit à cette dernière pour lui exprimer son désir de réconciliation et l'inviter à venir le rejoindre à une date déterminée. « Ce serait bien, si tu pouvais, comme moi, faire la traversée sur le *Mauretania.* » Il renonce cependant à expédier la page sur laquelle figure cette phrase. Il préfère la recopier, car il ne veut pas que sa femme constate qu'il avait d'abord écrit le nom *Lusitania*, pour le rayer ensuite et le remplacer par *Mauretania.*

Ce *lapsus calami* est tellement évident qu'il n'a pas besoin d'explication. Mais les faveurs du hasard nous permettent d'ajouter quelques détails : sa femme a fait son premier voyage en Europe avant la guerre, après la mort de sa sœur unique, et si je ne me trompe, le *Mauretania* est le seul paquebot survivant de la série à laquelle appartenait le *Lusitania*, torpillé pendant la guerre.

h) Après avoir examiné un enfant, le médecin prescrit une ordonnance dans laquelle doit figurer de l'*alcool.* Pendant qu'il écrit, la mère l'accable de questions stupides et inutiles. Il fait un effort pour ne pas montrer sa mauvaise humeur, mais en écrivant il commet un lapsus : il écrit le mot *achol* (1), à la place du mot « alcool » (en allemand : *alkohol*).

J'ajoute encore un cas analogue, rapporté par E. Jones

(1) *Achol* signifie à peu près : *sans bile.* (N. d. T.)

et A. A. Brill. Celui-ci, bien que totalement abstinent, se laisse un jour entraîner par un ami à boire un peu de vin. Le lendemain matin, il se lève avec un mal de tête qui lui fait regretter sa faiblesse de la veille. Ayant à inscrire le nom d'une malade qui s'appelait *Ethel*, il écrit *Ethyl* (1). Il faut dire aussi que cette dame avait l'habitude de boire plus qu'il ne convenait.

Comme les erreurs qu'un médecin peut commettre en formulant des ordonnances ont une portée qui dépasse de beaucoup l'importance pratique des actes manqués ordinaires, je profite de l'occasion pour rapporter en détail la seule analyse publiée jusqu'à ce jour, d'un *lapsus calami* de ce genre (*Internation. Zeitschr. f. Psychoanalyse*, I, 1913).

Un cas de lapsus à répétition dans la rédaction d'ordonnances (communiqué par le Dr Hitschmann).

« Un collègue m'a raconté qu'il lui est arrivé à plusieurs reprises, au cours de l'année, de se tromper de dose en prescrivant un certain médicament, et chaque fois il s'agissait de malades du sexe féminin, d'un âge avancé. Par deux fois il a prescrit une dose dix fois trop forte et, s'en étant souvenu ensuite et craignant un accident pour la malade et des ennuis pour lui-même, il a été obligé de se précipiter chez celle-ci pour retirer l'ordonnance. Cette action symptomatique singulière mérite d'être analysée de près, et nous allons le faire en donnant les détails de chaque cas.

1er CAS : A une pauvre femme déjà âgée, atteinte de diarrhée spasmodique, le médecin prescrit des suppositoires de belladone contenant une dose dix fois trop forte du médicament actif. Il quitte la polyclinique et une heure après, alors qu'il est chez lui en train de déjeuner et de lire son journal, il se souvient tout à coup de son erreur; angoissé, il se rend d'abord à la polyclinique, pour s'enquérir de l'adresse de la malade, et se précipite ensuite chez

(1) Alcool éthylique

cette dernière, qui habite assez loin. Il trouve la vieille femme, qui n'a pas encore eu le temps de faire exécuter son ordonnance, fait la correction nécessaire et rentre chez lui tranquillisé. Il s'excuse lui-même, non sans raison, par le fait que, pendant qu'il écrivait son ordonnance, le chef de la polyclinique, qui est bavard, se tenait derrière lui et lui parlait : cela ne pouvait que le troubler et distraire son attention.

2e CAS : Le médecin est obligé de couper court à la consultation qu'il donnait à une jolie patiente, coquette et piquante, pour aller voir en ville une autre patiente, un peu âgée. Limité par le temps, à cause d'un rendez-vous amoureux dont l'heure approche, il saute dans une automobile. En examinant la malade, il constate l'existence de symptômes exigeant l'emploi de la belladone. Il prescrit ce médicament avec la même erreur que dans le premier cas, c'est-à-dire en ordonnant une dose dix fois trop forte. La malade lui raconte quelques détails se rapportant à son cas, mais le médecin manifeste de l'impatience, tout en l'assurant du contraire, et il prend congé de la malade assez à temps pour se trouver à l'heure exacte au rendez-vous. Douze heures plus tard environ, le médecin se réveille et se rappelle avec effroi l'erreur qu'il a commise; il charge quelqu'un de se rendre chez la malade et de lui rapporter l'ordonnance, au cas où elle n'aurait pas encore été exécutée. Au lieu de l'ordonnance, on lui rapporte le médicament déjà préparé; avec une résignation stoïque et l'optimisme d'un homme expérimenté, il va trouver le pharmacien qui le rassure en lui disant qu'il a naturellement (peut-être également par erreur?) corrigé le lapsus du médecin et mis la dose normale.

3e CAS : Le médecin veut prescrire à sa vieille tante, sœur de sa mère, un mélange de teinture de belladone et de teinture d'opium à des doses inoffensives. L'ordonnance est aussitôt portée chez le pharmacien. Peu de temps après, le médecin se rappelle qu'à la place de teinture il a prescrit de l'extrait de ces médicaments; il reçoit d'ailleurs un coup de téléphone du pharmacien qui le questionne à ce sujet. Il s'excuse en prétendant que l'ordonnance lui a été enlevée des mains, avant qu'il ait eu le temps de la terminer et de la revoir.

Ce qui est commun à ces trois cas, c'est que l'erreur a porté chaque fois sur le même médicament, qu'il s'est agi chaque fois de malades du sexe féminin, d'un âge avancé, et que la dose prescrite a toujours été trop *élevée*. Une rapide analyse a permis de constater que les rapports entre le médecin et sa mère ont dû exercer une action décisive sur la production répétée de cette erreur. Il se rappelle notamment qu'un jour (très probablement *avant* l'acte symptomatique dont nous nous occupons) il a prescrit à sa vieille mère le même médicament, et cela non à la dose de 0,02 cg., comme il en avait l'habitude, mais à celle de 0,03 cg., afin, pensait-il, d'obtenir un résultat plus radical. Cette dose avait provoqué chez sa mère (une femme très susceptible) une congestion du visage et une sécheresse désagréable dans la gorge. Elle s'en plaignit et dit en plaisantant que les ordonnances prescrites par un fils-médecin pouvaient quelquefois être dangereuses pour ses parents. A d'autres occasions, d'ailleurs, la mère, fille de médecin elle-même, refusa les médicaments que lui avait proposés son fils, en parlant (toujours sur un ton de plaisanterie, il est vrai) d'empoisonnements possibles.

Pour autant que M. Hitschmann a pu discerner les relations existant entre la mère et le fils, celui-ci lui a paru instinctivement, naturellement affectueux, mais n'ayant pas une haute opinion des qualités intellectuelles de sa mère et ne professant pas pour elle un respect exagéré. Vivant sous le même toit qu'elle et avec un autre frère d'un an plus jeune que lui, il voit, depuis des années, dans cette vie en commun une entrave à sa vie amoureuse, et nous savons par la psychanalyse que des situations de ce genre deviennent souvent une cause de contrainte intérieure. Le médecin a accepté l'analyse sans la moindre objection et s'est déclaré satisfait de notre explication; il a ajouté en riant que le mot *belladonna* pouvait aussi signifier « jolie femme » et être dans son cas l'expression d'une aventure amoureuse. Il a eu antérieurement l'occasion de faire lui-même usage de ce médicament.

Je veux espérer que, dans d'autres cas, des erreurs de la même gravité n'ont jamais eu de suites plus sérieuses que dans celui dont nous nous occupons.

i) Voici un *lapsus calami* tout à fait inoffensif, dont nous devons la communication à M. Ferenczi, On peut l'interpréter comme étant l'effet d'une condensation, provoquée elle-même par de l'impatience (voit p. 70 le lapsus *Apfe*) et s'en tenir à cette manière de voir, jusqu'à ce qu'une analyse plus approfondie ait révélé l'intervention d'un facteur perturbateur plus puissant : « A cela s'applique l'anec*tode* » (*Hiezu passt die Anek*TODE (1)), écris-je dans mon livre de notes. Je voulais naturellement écrire *Anekdote* (anecdote), et je pensais notamment à l'anecdote où il est question du bohémien qui, ayant été condamné à mort, avait obtenu la faveur de choisir lui-même l'arbre sur lequel il devait être pendu. (Malgré toutes ses recherches, il ne trouva pas d'arbre qui soit à son goût.)

j) Dans d'autres cas, au contraire, le *lapsus calami* le plus insignifiant en apparence peut avoir une signification très grave. Un anonyme raconte : « Je termine une lettre par les mots : « salut le plus cordial à Madame votre épouse et à *son* fils ». Mais au moment même de mettre la lettre dans l'enveloppe, je m'aperçois de mon erreur et m'empresse de la corriger (2). Alors que je revenais de la dernière visite que j'ai faite à ce ménage, une dame qui m'accompagnait m'a fait observer que le fils présentait une ressemblance frappante avec un ami de la maison et devait certainement être l'enfant de celui-ci. »

k) Une dame envoie à sa sœur quelques mots pour lui exprimer ses meilleurs vœux à l'occasion de son installation dans une nouvelle et belle demeure. Une amie, en visite chez elle, pendant qu'elle écrit cette lettre, lui fait observer qu'elle a mis sur l'enveloppe une fausse adresse, non pas celle du domicile que sa sœur venait de quitter, mais celle d'un appartement qu'elle avait habité il y a longtemps,

(1) Le mot *Tod* signifie « mort ».

(2) L'anonyme a écrit « *ihren* Sohn » (son fils), au lieu de « *Ihren* Sohn » (votre fils). Le lapsus avait donc consisté dans la substitution d'un *i* minuscule à un *I* majuscule. (N. d. T.)

alors qu'elle venait de se marier. « Vous avez raison, convient la dame, mais comment ai-je pu commettre cette erreur? » L'amie : « Il est possible que, jalouse du grand et bel appartement que votre sœur occupe maintenant, alors que vous vous croyez vous-même logée étroitement, vous la replaciez dans son premier appartement, dans lequel elle n'était pas mieux logée que vous ne l'êtes actuellement. » « Certes, je suis jalouse de son appartement actuel », avoue l'autre franchement. Mais elle ajoute aussitôt : « Quel dommage qu'on soit si mesquin dans ces choses-là! »

l) M. E. Jones communique l'exemple suivant de *lapsus calami*, qu'il tient lui-même de M. A. A. Brill : un patient adresse à ce dernier une lettre dans laquelle il s'efforce d'expliquer sa nervosité par les soucis et les préoccupations que lui causent ses affaires, en raison d'une crise cotonnière. Dans cette lettre figurait la phrase suivante : « my trouble is all to that damned frigid *wave*; there is'nt even any seed » (tous mes troubles sont dus à cette mauvaise *vague* froide...). Par *wave* il voulait dire naturellement *vague*, courant des affaires; mais, en réalité, ce n'est pas *wave* qu'il a écrit, mais *wife* (femme). Il en voulait, dans son for intérieur, à sa femme, à cause de sa frigidité sexuelle et de sa stérilité, et il n'était pas loin de reconnaître que l'abstinence qui lui était imposée jouait un grand rôle dans l'apparition de ses troubles.

m) Le Dr R. Wagner rapporte (dans *Zentralbl. f. Psychoanal.*, I, 12) ce cas personnel :

« En relisant un vieux cahier de cours, je constate que la vitesse avec laquelle j'avais dû écrire pour suivre le professeur m'avait fait commettre un *lapsus calami* : voulant écrire *EPithel* (épithélium), j'avais mis *EDithel*. En mettant l'accent sur la première syllabe de ce dernier mot, on obtient le diminutif d'un nom de jeune fille. L'analyse rétrospective est assez simple. A l'époque du lapsus, il n'existait entre la jeune fille, porteuse de ce nom, et moi que des relations tout à fait superficielles. Elles ne sont devenues intimes que beaucoup plus tard. Mon lapsus apparaît ainsi comme un beau témoignage d'une inclination inconsciente, et cela à une époque où je ne pensais même pas à la possibilité de relations intimes entre Édith et moi. La forme du diminutif choisie caractérise en même temps les sentiments qui accompagnaient ma tendance inconsciente ».

n) Dans ses « Contributions au chapitre des erreurs d'écriture et de lecture » (*Zentralbl. f. Psychoanalyse*, II, 5) Madame la doctoresse von Hug-Hellmuth écrit :

« Un médecin prescrit à une malade de l' « eau de *Leviticо* », au lieu d'écrire : « eau de *Levico.* » Ce lapsus, qui fournit au pharmacien un prétexte à des remarques désobligeantes, peut s'expliquer facilement, si l'on veut bien en chercher les raisons possibles dans l'inconscient et ne pas refuser par avance à ces raisons toute vraisemblance, alors qu'elles apparaîtraient comme exprimant l'opinion subjective d'une personne étrangère à ce médecin. Celui-ci, bien qu'il reprochât à ses malades, dans des termes assez durs, leur alimentation peu rationnelle, c'est-à-dire malgré l'habitude qu'il avait de les chapitrer et réprimander (*Leviten lesen;* littéralement : « lire le *Lévitique* »), avait une très forte clientèle, de sorte que sa salle d'attente était remplie de monde aux heures de la consultation et qu'il était obligé de presser ses malades de se rhabiller une fois l'examen terminé. « *Vite, vite* », devait-il leur dire en français. Je crois pouvoir me rappeler que sa femme était française d'origine, ce qui justifie dans une certaine mesure ma supposition un peu osée que, dans son désir de voir les malades se succéder aussi rapidement que possible, il pouvait se servir de ce mot français. C'est d'ailleurs une habitude chez beaucoup de personnes d'exprimer des désirs de ce genre à l'aide de mots étrangers : c'est ainsi qu'au cours des promenades qu'il faisait avec nous, lorsque nous étions enfants, mon père nous adressait souvent ses commandements en italien (Avanti gioventù) ou en français (marchez au pas!); et alors que, jeune fille, j'étais en traitement pour un mal de gorge, le médecin, déjà âgé, cherchait à calmer mes mouvements trop brusques par un apaisant « piano, piano! » Aussi me paraît-il tout à fait vraisemblable d'admettre la même habitude chez le médecin en question. Et ainsi se trouve expliquée sa prescription (son lapsus) (1) « eau de Levitico », au lieu de « eau de Levico ».

Le même auteur ajoute d'autres exemples empruntés à ses souvenirs de jeunesse.

o) Voici un *lapsus calami* qui pourrait être pris pour un jeu de mots d'un goût douteux, mais qui a été commis sans aucune intention de faire de l'esprit. Il m'a été communiqué par M. J. G. dont j'ai déjà mentionné une autre contribution à ces recherches.

« Hospitalisé dans un sanatorium (pour affection pulmonaire), j'apprends à mon grand regret qu'un de mes proches parents a été reconnu atteint de la même maladie que celle qui m'a obligé d'entrer dans ce sanatorium.

« J'écris donc à mon parent, pour l'engager à aller consulter un spécialiste, un professeur connu, dont je suis moi-même le traitement. J'ajoute que je suis convaincu de la compétence médicale de ce professeur, mais que je n'ai pas à me louer de sa courtoisie, car peu de temps auparavant il m'a refusé un certificat qui avait pour moi une grande importance.

« Dans la réponse qu'il écrivit à ma lettre, mon parent attira mon attention sur une erreur que j'avais commise. Comme j'ai instantanément trouvé la cause de cette erreur, l'incident m'a énormément amusé.

« Il y avait, en effet, dans ma lettre le passage suivant : « je te conseille d'ailleurs d'aller sans tarder INsulter le professeur X. » Il va sans dire que je voulais écrire : CONsulter.

« Je dois ajouter que je suis assez familiarisé avec le latin et le français pour qu'on ne puisse mettre mon erreur sur le compte de l'ignorance. »

Les omissions qu'on commet en écrivant sont naturellement justiciables des mêmes explications que les lapsus. Dans *Zentralbl. f. Psychoanalyse*, I, 12, M. B. Dattner, docteur en droit, communique en exemple remarquable d' « acte manqué historique ».

Dans un des articles de la loi sur les obligations financières des deux États, articles qui ont été convenus au

(1) *Verschreiben* signifie à la fois « prescrire » et « commettre un *lapsus calami* ».

cours du compromis de 1867 entre l'Autriche et la Hongrie, le mot *effectif* a été omis dans la traduction hongroise et, d'après M. Dattner, cette omission serait due très probablement à la tendance inconsciente des rédacteurs hongrois de la loi à accorder à l'Autriche le moins d'avantages possible.

Nous avons également toutes les raisons d'admettre que les cas si fréquents de répétition des mêmes mots qui se produisent lorsqu'on écrit ou copie, c'est-à-dire les cas dits de *persévération*, ne sont pas non plus dépourvus de signification. Lorsque l'écrivain répète un mot qu'il a déjà écrit, il montre par là-même qu'il lui est difficile de se séparer de ce mot, que dans la phrase où figure ce mot il aurait pu dire davantage, mais qu'il a omis de le faire, et ainsi de suite. Chez le copiste, la « persévération » semble remplacer l'expression : « et moi aussi ». J'ai eu l'occasion de lire de longues expertises médico-légales qui présentaient des « persévérations » aux passages les plus caractéristiques; et j'étais chaque fois tenté d'expliquer ces « persévérations » par la contrariété que devait éprouver le copiste du fait du rôle impersonnel qui lui était dévolu : on aurait dit qu'il voulait chaque fois ajouter ce commentaire : « c'est tout à fait mon cas » ou : « tout à fait comme chez nous ».

Rien ne nous empêche d'étendre notre explication et de considérer les erreurs typographiques commes des *lapsus calami* du compositeur, aussi bien motivés que les erreurs d'écriture proprement dites. Je ne me suis pas donné la peine d'établir une liste systématique de ces actes manqués; mais je suis certain qu'une telle liste, si elle existait, serait amusante et instructive. Dans son travail, déjà mentionné à plusieurs reprises ici, M. Jones a consacré un paragraphe spécial aux *Misprints* (erreurs typographiques). Les déformations des textes télégraphiques peuvent, elles aussi, n'être dans certains cas que des lapsus commis par le télégraphiste. Je reçois pendant les vacances un télégramme de mon éditeur dont le texte m'est incompréhensible. Il y est dit : « *Vor*RÄTE *erhalten, Ein*LADUNG *X. dringend.* » (Réserves reçues, Invitation X. urgente). C'est le nom X. qui m'a fourni la clef de l'énigme. X. était l'auteur pour le livre duquel je devais écrire une introduction

(*Ein*LEITUNG, et non *Ein*LADUNG). Il m'a fallu me rappeler ensuite que j'avais, quelques jours auparavant, expédié au même éditeur une préface (*Vor*REDE, et non *Vor*RÄTE) à un autre livre, préface dont on m'accusait ainsi réception. Voici donc quel devait très vraisemblablement être le texte exact du télégramme :

> « Vorrede erhalten, Einleitung X. dringend. »
> (Préface reçue, Introduction X. urgente).

Il est permis de supposer que la transformation du texte a été dictée au télégraphiste par le complexe « faim », et il a d'ailleurs établi entre les deux moitiés de la phrase une corrélation plus étroite que celle qui existait dans le texte authentique. Nous avons ici, en outre, un joli exemple de cette *élaboration secondaire* qui existe dans la plupart des rêves (1).

D'autres encore ont signalé des erreurs typographiques dont il est difficile de contester le caractère tendancieux. Je signale l'article de Storfer : « Der politische Druckfehlerteufel », paru dans *Zentralblatt f. Psychoanalyse*, II, 1914, et la notice parue dans la même revue (III, 1915) et que je transcris ici :

« *Une erreur typographique d'un caractère politique* se trouve dans le numéro du 25 avril du journal *März*. Une correspondance d'Argykastron fait connaître les opinions de Zographos, le chef des Épirotes insurgés de l'Albanie (ou, si l'on préfère, du gouvernement indépendant de l'Épire). Zographos aurait dit, entre autres : « Croyez-moi, le prince est plus intéressé que n'importe qui à l'autonomie de l'Épire, car c'est seulement sur une Épire autonome qu'il pourrait s'écrouler (*stürzen*)... » Que l'acception de l'appui (*Stütze*) que lui offrent les Épirotes ne pourrait que précipiter sa chute (*Sturz*) (2), c'est ce que le prince d'Albanie savait, sans avoir besoin pour autant de cette fatale erreur typographique. » (Communiqué par A. J. Storfer.)

(1) Cf. *Traumdeutung*, 5e édition, 1919. Section consacrée a travail de rêve, *I*.

(2) Cette erreur est donc fondée sur la confusion entre les mots *Stütze* (appui) et *Sturz* (chute); *stürzen* (s'écrouler). (N. d. T.)

J'ai lu moi-même récemment dans les journaux viennois un article dont le titre : « La Bukovine sous la domination *roumaine* » était tout au moins prématuré, car à l'époque où cet article fut publié, la Roumanie n'était pas encore en guerre avec nous. Étant donné le contenu de l'article il aurait dû avoir pour titre : « La Bukovine sous la domination *russe* », mais le censeur lui-même a trouvé sans doute le titre imprimé tellement naturel qu'il le laissa passer sans objection.

Wundt donne une explication très intéressante du fait facile à vérifier que nous commettons plus facilement des *lapsus calami* que des *lapsus linguae* (*l. c.*, p. 374) : « Pendant le discours normal, la fonction inhibitrice de la volonté tend constamment à maintenir l'accord entre la succession des représentations et les mouvements d'articulation. Lorsque le mouvement d'expression qui suit les représentations est ralenti par des causes mécaniques, comme c'est le cas lorsqu'on écrit..., les anticipations dans le genre de celles dont nous venons de parler se produisent facilement. »

L'observation des conditions dans lesquelles se produisent des erreurs de lecture fait naître un doute que je ne puis passer sous silence, car il peut devenir, à mon avis, le point de départ de fécondes recherches. Chacun sait combien souvent il arrive que, dans la lecture à haute voix, l'attention du lecteur abandonne le texte pour suivre ses propres idées. Il résulte de cette dérivation de l'attention que le lecteur est souvent incapable de dire ce qu'il a lu, lorsqu'on l'interrompt et le questionne à ce sujet. Il a donc fait sa lecture d'une façon automatique, bien que correctement. Je ne crois pas que ces conditions soient de nature à multiplier les erreurs de lecture. Nous savons, en effet, ou croyons savoir, que toute une série de fonctions s'accomplissent automatiquement, c'est-à-dire à peu près en dehors de l'attention consciente, et cependant avec la plus grande précision. Il semblerait donc que l'état de l'attention dans les erreurs de lecture, dans les *lapsus linguae* ou dans les *lapsus calami* soit autre que celui admis par Wundt (dérivation ou diminution de l'attention). Les exemples que nous avons analysés ne nous autorisent précisément pas à admettre une diminution quantitative de l'attention; nous avons trouvé, ce qui n'est pas la même chose, un *trouble* de l'attention produit par l'intervention d'une idée étrangère, extérieure (1).

(1) Entre le « lapsus calami » et l'oubli » se situe le cas où l'on oublie d'apposer sa signature. Un chèque non signé équivaut à un chèque oublié. Pour montrer la signification d'un pareil oubli, je citerai le passage suivant d'un roman, qui m'a été signalé par le Dr H. Sachs :

« On trouve dans le roman de John Galsworthy : *The Island Pharisees*, un exemple instructif et très net de la certitude avec laquelle les poètes savent utiliser dans un sens psychanalytique le mécanisme des actes symptomatiques et des actes manqués. Ce qui constitue le centre du roman, c'est la lutte qui s'accomplit dans l'âme d'un jeune homme appartenant à la classe moyenne aisée, entre son profond sentiment de solidarité sociale et les conventions de sa classe. Dans le chapitre XXVI, l'auteur nous raconte l'effet que produit sur lui une lettre d'un jeune vagabond auquel, entraîné par sa conception de la vie, il a une fois prêté son appui. La lettre ne contient aucune demande directe d'argent, mais décrit une situation excessivement misérable, ce qui n'invite guère à d'autre conclusion. Le destinataire commence par se dire qu'il est déraisonnable de gaspiller de l'argent pour venir en aide à un incorrigible, au lieu de soutenir des institutions de bienfaisance. « Tendre à autrui une main secourable, lui donner une partie de soi-même, lui faire un signe amical, et cela sans aucune prétention, pour la seule raison qu'il est dans le besoin : quelle absurdité sentimentale! Il faut savoir s'arrêter à un moment donné et se tracer une limite qui ne devra pas être dépassée! » Et pendant qu'il faisait à voix basse ces réflexions, il sentait sa loyauté se révolter contre sa conclusion : « Menteur, tu veux tout simplement garder ton argent, et voilà tout! »

« Il écrit aussitôt une lettre amicale qui se termine par les mots suivants : « Ci-joint un chèque. Votre dévoué Richard Shelton. »

« Avant même qu'il ait rédigé le chèque, un papillon qui tournoyait autour de la bougie avait détourné son attention; il se proposa de l'attraper et de le mettre en liberté; et tandis qu'il était occupé à cette besogne, il oublia de mettre le chèque dans la lettre. Celle-ci fut expédiée telle quelle. »

Mais cet oubli est motivé de manière encore plus précise que par la tendance à éviter une dépense, tendance que Shelton semblait avoir réussi à refouler.

Retiré à la campagne chez ses futurs beaux-parents, Shelton se sent seul dans la société de sa fiancée, de sa famille et de leurs invités. Par son acte manqué, il signifie qu'il serait heureux de revoir son protégé qui, par son passé et sa conception de la vie, se trouve en complète opposition avec le milieu irréprochable, dont tous les membres se soumettent uniformément aux mêmes conventions, dans lequel se trouve actuellement Shelton. Et effectivement, le protégé qui, dépourvu d'appui pécuniaire, ne peut se maintenir à sa place, arrive quelques jours plus tard pour obtenir l'explication de l'absence du chèque annoncé dans la lettre.

7 OUBLI D'IMPRESSIONS ET DE PROJETS

A celui qui serait tenté de surestimer l'état de nos connaissances actuelles concernant la vie psychique, il n'y aurait qu'à rappeler l'ignorance où nous sommes en ce qui concerne la fonction de la mémoire, pour lui donner une leçon de modestie. Aucune théorie psychologique n'a encore été capable de fournir une explication générale du phénomène fondamental du souvenir et de l'oubli; et même l'analyse complète de ce qui est effectivement observé n'est qu'à peine commencée. L'oubli nous est peut-être devenu plus énigmatique que le souvenir, depuis que l'étude du rêve et de phénomènes pathologiques nous a appris que même les choses que nous croyons avoir depuis longtemps oubliées, peuvent réapparaître subitement dans notre conscience.

Nous sommes toutefois en possession de quelques certitudes, peu nombreuses il est vrai, mais qui, nous l'espérons, ne tarderont pas à être universellement reconnues. Nous considérons que l'oubli est un processus spontané, au déroulement duquel nous pouvons attribuer une certaine durée. Nous faisons ressortir le fait que, dans l'oubli, il se produit une certaine sélection entre les diverses impressions qui se présentent, ainsi qu'entre les détails de chaque impression et de chaque événement vécu. Nous connaissons quelques-unes des conditions nécessaires pour que se maintienne dans la mémoire et pour que puisse être évoqué ce qui, en l'absence de ces conditions, serait oublié. Mais dans d'innombrables occasions de la vie quotidienne, nous pouvons constater à quel point nos connaissances sont incomplètes et peu satisfaisantes. Qu'on écoute seulement deux personnes ayant reçu les mêmes impressions extérieures (qui ont, par exemple, fait un voyage ensemble) échanger, au bout d'un certain temps, leurs souvenirs. Ce qui s'est fixé dans la mémoire de l'un est souvent oublié par l'autre comme si cela n'avait jamais existé, et sans qu'on puisse dire que l'impression dont il s'agit ait eu plus de signification pour l'un que pour l'autre. Il est évident qu'un grand nombre des facteurs qui président à la sélection des faits à retenir échappe à notre connaissance.

Désireux d'apporter une petite contribution à la connaissance des conditions de l'oubli, j'ai pris l'habitude de soumettre à une analyse psychologique tous les cas d'oublis qui me sont personnels. Je m'occupe généralement d'un certain groupe de ces cas, ceux notamment dans lesquels l'oubli me cause une surprise, parce que le fait oublié me semblait devoir être retenu. Je dois ajouter que je n'ai guère de tendance à oublier facilement ce qui fait partie de mon expérience personnelle, et non de ce que j'ai appris .) et que j'ai eu dans ma jeunesse une brève période pendant laquelle ma mémoire a fonctionné d'une façon extraordinaire. Quand j'étais écolier, c'était pour moi un jeu de répéter par cœur une page entière que je venais de lire, et peu de temps avant de devenir étudiant, j'étais capable de réciter presque mot pour mot une conférence populaire, au caractère scientifique, que je venais d'entendre. Dans la tension d'esprit imposée par ma préparation aux derniers examens de médecine, j'ai dû encore faire usage de ce qui me restait de cette faculté, car sur certaines matières j'ai donné aux examinateurs des réponses pour ainsi dire automatiques, exactement conformes au texte du manuel, que je n'avais parcouru qu'une fois, et à la hâte.

Depuis, ma mémoire n'a pas cessé de faiblir; mais j'ai pu m'assurer, et j'en suis encore convaincu, qu'en ayant recours à un petit artifice je puis retenir plus de choses que je ne l'aurais cru. C'est ainsi que lorsque qu'un malade se présente à ma consultation et me déclare que je l'ai déjà vu, alors que je ne me souviens ni du fait, ni de la date, je cherche à me tirer d'affaire en pensant à un certain nombre d'années, comptées à partir du moment présent. Et toutes les fois qu'un témoignage écrit ou des données certaines, fournies par le patient, ont permis de contrôler la date que j'ai cru avoir devinée, j'ai pu m'assurer que mon erreur dépassait rarement une durée de six mois sur un intervalle de plus de dix années (1). Il en est de même lorsque je rencontre quelqu'un que je ne connais que de loin et auquel je demande par politesse des nouvelles de ses enfants. S'il se met à me parler des progrès que font ces derniers, je cherche à deviner l'âge de l'enfant, je confronte le résultat que j'obtiens avec le renseignement fourni par le père, et je dois dire que je me trompe rarement de plus d'un mois et, quand il s'agit d'enfants plus âgés, de plus de trois mois, bien qu'il me soit impossible de dire quels points de repère ont servi à mon estimation. J'ai fini par devenir tellement hardi que je fais mon estimation de plus en plus spontanément, sans courir le danger de froisser le père par la révélation de l'ignorance dans laquelle je me trouve concernant sa progéniture. J'élargis ainsi ma mémoire consciente, en faisant appel à ma mémoire inconsciente, plus richement meublée d'ailleurs.

Je vais donc rapporter des exemples d'oublis *frappants* que j'ai observés sur moi-même. Je distingue entre l'oubli d'impressions et d'événements vécus (c'est-à-dire de choses qu'on sait ou qu'on savait) et l'oubli de projets (c'est-à-dire des omisions). Je puis indiquer d'avance le résultat uniforme que j'ai obtenu dans toute une série d'observations : j'ai trouvé notamment que *dans tous les cas l'oubli était motivé par un sentiment désagréable.*

A. Oubli d'impressions et de connaissances.

a) Dans le courant de l'été ma femme m'a causé une grande contrariété. Le prétexte, futile en lui-même, était

(1) Il arrive généralement que le cours de la conversation fasse surgir des détails se rapportant à la première visite.

le suivant : assis à la table d'hôte, nous avions, en face de nous, un monsieur de Vienne que je connaissais et qui avait des raisons de se souvenir de moi. J'avais cependant, quant à moi, des raisons de ne pas renouer connaissance avec lui. Ma femme, qui n'avait entendu que le nom bien sonnant de son vis-à-vis, montrait trop qu'elle suivait la conversation qu'il entretenait avec ses voisins de table et m'adressait de temps à autre des questions sur cette conversation. Je devenais impatient et finis par me fâcher. Quelques semaines plus tard, je me plaignis à une parente de cette attitude de ma femme. Mais il me fut impossible de me rappeler ne fût-ce qu'un seul mot de la conversation de ce monsieur. Comme je suis généralement rancunier et n'oublie pas un seul détail d'un incident qui a pu me contrarier, je suis bien obligé d'admettre que, dans le cas dont il s'agit, c'est par considération pour la personne de ma femme que je me suis trouvé tout d'un coup atteint d'amnésie. Un incident analogue m'est arrivé dernièrement. Voulant me moquer de ma femme devant quelqu'un, à cause d'une expression qu'elle avait employée quelques heures auparavant, je me suis trouvé incapable de donner suite à mon projet, car, chose étonnante, j'avais complètement oublié l'expression en question. J'ai été obligé de prier ma femme de me la rappeler. Il est facile de comprendre que cet oubli fait partie de la même catégorie que les troubles de jugement que nous éprouvons lorsque nous avons à nous prononcer sur nos parents.

b) Je me suis chargé de procurer, à une dame nouvellement arrivée à Vienne, une petite cassette en fer pour conserver ses documents et son argent. Lorsque je lui ai offert mes services, j'avais devant mes yeux l'image, d'une extraordinaire netteté visuelle, d'une vitrine dans le centre de la ville où j'avais dû voir des cassettes de ce genre. Il est vrai que je ne pouvais me rappeler le nom de la rue, mais j'étais certain de retrouver le magasin au cours d'une promenade en ville, car je me souvenais fort bien être passé devant ce magasin un nombre incalculable de fois. Mais à mon grand dépit, il m'a été impossible de retrouver la vitrine aux cassettes, malgré les multiples recherches dans toutes les directions. Il ne restait, pensai-je, d'autre ressource que de consulter un livre d'adresses, d'y relever les noms de fabricants de cassettes et de faire ensuite un nouveau tour en ville pour identifier la vitrine cherchée. Mais je n'avais pas besoin de tant de complications : parmi les adresses qui figuraient dans l'annuaire, je suis tombé sur une qui s'est aussitôt révélée à moi comme étant celle que j'avais oubliée. Il était vrai que j'étais passé devant la vitrine un nombre incalculable de fois, notamment chaque fois où j'allais voir la famille M. qui habite depuis des années la maison même où se trouve le magasin. Depuis qu'une rupture complète a succédé à mon ancienne intimité avec cette famille. j'ai pris l'habitude, sans me rendre compte des raisons qui m'y poussaient, d'éviter et le quartier et la maison. Au cours de ma promenade à travers la ville, alors que je cherchais la vitrine à cassettes, j'ai longé toutes les rues avoisinantes, en évitant seulement celle-ci, comme si elle avait été frappée d'interdit. Le sentiment désagréable, qui avait motivé dans ce cas l'impossibilité de m'orienter, est facile à concevoir. Mais le mécanisme de l'oubli n'est plus aussi simple que dans le cas précédent. Mon antipathie était naturellement dirigée, non contre le fabricant de cassettes, mais contre une autre personne, dont je ne voulais rien savoir, et se déplaça de cette autre personne pour profiter d'une occasion où elle put se transformer en oubli. C'est ainsi que dans le cas Burkhard la colère dirigée contre une personne se manifeste par la déformation du nom d'une autre. Ici l'identité de nom a réussi à établir un lien entre deux ensembles d'idées substantiellement différents; et dans le cas précis, ce lien a été le résultat de la contiguïté dans l'espace, d'un étroit voisinage. Dans ce cas, d'ailleurs, le lien était encore plus solide, car parmi les raisons qui ont amené ma rupture avec la famille demeurant dans cette maison, l'argent a joué un rôle important.

c) Le bureau B. et R. me prie de faire une visite médicale à l'un de ses employés. Alors que je me rendais au domicile de ce dernier, j'étais préoccupé par l'idée que j'étais déjà venu à plusieurs reprises dans la maison où se trouve B. et R. J'avais le vague souvenir d'avoir déjà vu la plaque de ce bureau un étage au-dessous de celui où j'avais eu à voir un malade dans cette même maison. Mais je ne puis me souvenir ni de la maison, ni du malade que j'ai eu à voir. Bien qu'il s'agisse d'une chose indifférente et sans signification aucune, elle ne m'en préoccupe pas moins et je finis par me rappeler, en recourant à mon artifice habituel et en réunissant toutes les idées qui me sont venues à l'esprit à propos de ce cas, qu'un étage au-dessus des locaux de la firme B. et R. se trouve la pension *Fischer*, où j'ai souvent été appelé comme médecin. Je connais maintenant la maison qui abrite la firme et la pension. Mais ce qui reste encore énigmatique, c'est le motif qui a déterminé mon oubli. Rien de désagréable ne se trouve associé au souvenir soit de la firme, soit de la pension ou des malades que j'ai eu à y soigner. Il ne peut d'ailleurs s'agir de rien de très pénible, car s'il en était ainsi, je n'aurais pas réussi à surmonter l'oubli par un détour, sans l'aide de moyens extérieurs. Je me souviens enfin que tout à l'heure, pendant que je me rendais chez mon nouveau malade, j'ai été salué dans la rue par un monsieur que j'ai eu de la peine à reconnaître. Il y a quelques mois, j'ai vu cet homme dans un état apparemment grave et j'ai posé, à son sujet, un diagnostic de paralysie progressive; mais j'ai appris plus tard que son état s'était considérablement amélioré, ce qui prouverait que mon diagnostic était inexact. Ne s'agissait-il pas d'une de ces rémissions qu'on constate également dans la démence paralytique, supposition qui laisserait mon diagnostic intact? C'est cette rencontre qui m'a fait oublier le nom des co-locataires du bureau B. et R., et c'est elle également qui a orienté mon intérêt vers la solution du problème consistant à retrouver le nom oublié. Mais étant donné la lâche connexion interne qui existait entre les deux cas (l'homme qui était guéri contre mon attente était également employé dans une grande administration qui m'adressait de temps à autre des malades), c'est l'identité de noms qui assurait leur lien associatif. Le médecin qui m'avait appelé en consultation pour examiner le paralytique en question s'appelait

Fischer, c'est-à-dire du nom (oublié) de la pension installée dans la maison du bureau B. et R.

d) Ne pas arrriver à « mettre la main sur un objet », c'est tout simplement avoir oublié où on l'a mis, et comme la plupart de ceux qui ont affaire à des livres et à des manuscrits, je sais très bien m'orienter sur mon bureau et retrouver sans difficulté, du premier coup, le livre ou le papier que je cherche. Ce qui peut paraître un désordre aux yeux d'un autre, a pris pour moi avec le temps la forme d'un ordre. Mais comment se fait-il que je n'aie pu retrouver récemment un catalogue que j'avais reçu? J'avais cependant l'intention de commander un des livres qui y figurait. Ce livre avait pour titre : « Du langage », et son auteur est un de ceux dont j'aime le style spirituel et vivant, dont j'apprécie les idées sur la psychologie et les connaissances sur l'histoire de la civilisation. J'incline à penser que c'est précisément là une des causes pour lesquelles je ne peux retrouver le catalogue. J'avais en effet l'habitude de prêter à mes amis et connaissances les livres de cet auteur, et il y a quelques jours une personne me dit en me rendant un de ces livres que lui avais prêté : « Le style ressemble tout à fait au vôtre, et la manière de penser aussi. » Celui qui me disait cela ne se doutait pas à quelle corde il touchait. Il y a plusieurs années, alors que j'étais encore jeune et avais besoin d'appuis, un de mes collègues âgés auquel je faisais les éloges d'un auteur-médecin bien connu, m'a répondu à peu près dans les mêmes termes : « Il a tout à fait votre style et votre manière. » Encouragé par cette remarque, j'ai écrit à l'auteur en question que je serais heureux de nouer avec lui des relations suivies, mais la réponse que j'ai reçue était plutôt froide. Il est possible que derrière ce souvenir s'en cachent d'autres, tout aussi décourageants; quoi qu'il en soit, il m'a été impossible de retrouver le catalogue, et cette impossibilité a pris à mes yeux la valeur d'un présage, puisque j'ai pris le parti de ne pas commander le livre, alors que la disparition du catalogue n'était pas un obstacle insurmontable m'empêchant de faire cette commande, d'autant moins insurmontable que j'avais dans ma mémoire et le titre du livre et le nom de l'auteur (1).

e) Un autre cas de ce genre mérite tout notre intérêt, à cause des conditions dans lesquelles l'objet a été retrouvé. Un homme encore jeune me raconte : « Il y a quelques années, des malentendus se sont élevés dans mon ménage. Je trouvais ma femme trop froide, et nous vivions côte à côte, sans tendresse, ce qui ne m'empêchait d'ailleurs pas de reconnaître ses excellentes qualités. Un jour, revenant d'une promenade, elle m'apporta un livre qu'elle avait acheté, parce qu'elle croyait qu'il m'intéresserait. Je la remerciai de son « attention » et lui promis de lire le livre, que je mis de côté. Mais il arriva que j'oubliai aussitôt l'endroit où je l'avais rangé. Des mois se passèrent pendant lesquels, me souvenant à plusieurs reprises du livre disparu, j'essayai de découvrir sa place, sans jamais y parvenir. Environ six mois plus tard, ma mère que j'aimais beaucoup tomba malade, et ma femme quitta aussitôt la maison pour aller la soigner. L'état de la malade s'aggravant, ce fut pour ma femme l'occasion de révéler ses meilleures qualités. Un jour, je rentre à la maison, enchanté de ma femme et plein de reconnaissance envers elle pour tout ce qu'elle avait fait. Je m'approchai de mon bureau, j'ouvris un tiroir sans aucune intention précise, mais avec une assurance toute somnambulique, et le premier objet qui me tomba sous les yeux fut le livre égaré, resté si longtemps introuvable. »

M. J. Stärcke (*l. c.*) rapporte un autre cas qui se rapproche de ce dernier par la remarquable assurance avec laquelle l'objet a été retrouvé, une fois que le motif de l'oubli a disparu.

« Une jeune fille a gâché, en le coupant, un morceau d'étoffe dont elle voulait faire un col. Elle est obligée de faire venir une couturière. pour tenter de réparer le mal. La couturière arrivée, la jeune fille ouvre le tiroir dans lequel elle a mis l'étoffe, mais ne peut la retrouver.

(1) Je proposerais la même explication pour un grand nombre de ces faits accidentels auxquels Th. Vischer a donné le nom de « malices des choses ».

Elle met tout sens dessus dessous, mais en vain. En colère contre elle-même, elle se demande comment son étoffe a pu disparaître si brusquement et si elle ne reste pas introuvable, parce qu'elle *ne veut pas* la retrouver; en effet, le calme revenu, elle finit par se rendre compte qu'elle avait honte de montrer à la couturière qu'elle était incapable de faire une chose aussi simple qu'un col. Ayant trouvé cette explication, elle se lève, s'approche d'une autre armoire et en retire sans aucune hésitation le fameux col mal coupé. »

f) L'exemple suivant correspond à un type que connaissent aujourd'hui tous les psychanalystes. Je tiens à dire, avant d'exposer le cas, que la personne à laquelle il est arrivé en a trouvé elle même l'explication :

« Un patient, dont le traitement analytique doit subir une interruption, en un moment où il se trouve dans une phase de résistance et de mauvais état général, dépose un soir, en se déshabillant, son trousseau de clefs à la place où, croyait-il, il avait l'habitude de le déposer. Il se rappelle aussitôt après qu'il doit partir le lendemain, après une dernière séance d'analyse. Il veut donc préparer quelques papiers et l'argent nécessaire pour régler les honoraires du médecin. Mais papiers et argent étant enfermés dans le tiroir de son bureau, il a besoin de ses clefs pour l'ouvrir. Or il s'aperçoit que ses clefs ont... disparu.. Il commence à chercher et, de plus en plus énervé, il fait le tour de son petit appartement, fouillant dans tous les coins, mais sans aucun résultat. Comprenant que l'impossibilité où il est de retrouver ses clefs est un acte symptomatique, donc intentionnel, il réveille son domestique, dans l'espoir qu'une personne impartiale et désintéressée dans l'affaire aura plus de succès que lui. Après une nouvelle heure de recherches, il renonce à tout espoir et finit par penser que ses clefs sont perdues. Le lendemain matin, il commande de nouvelles clefs qui sont fabriquées d'urgence. Deux messieurs qui l'ont accompagné chez lui la veille en voiture, croient se souvenir qu'ils ont entendu quelque chose tomber à terre, au moment où il descendait de voiture. Aussi est-il convaincu que les clefs ont glissé de sa poche.

Le soir, le domestique, tout joyeux, lui présente ses clefs. Il les a trouvées entre un gros livre et une petite brochure (le travail d'un de mes élèves), que mon malade voulait emporter pour les lire pendant ses vacances. Elles y étaient si bien cachées que personne n'aurait pu soupçonner leur présence; il a d'ailleurs été impossible à mon patient de les replacer de la même manière, au point de les rendre absolument invisibles. L'habileté inconsciente avec laquelle des motifs inconscients, mais puissants, nous font égarer un objet, ressemble tout à fait à l' « assurance somnambulique ». Dans le cas présent, il s'agissait d'une contrariété que le patient devait éprouver devant l'interruption forcée de son traitement, et la nécessité où il se trouvait de payer des honoraires élevés, malgré son mauvais état de santé. »

g) Pour faire plaisir à sa femme, raconte M. A. A. Brill, un homme consent à se rendre à une réunion mondaine qui lui était au fond fort indifférente. Il commence donc par retirer de l'armoire son habit de cérémonie, mais se ravise et décide de se raser d'abord. Une fois rasé, il revient vers l'armoire, la trouve fermée et commence à chercher la clef. Ses recherches étant restées sans résultat, et devant l'impossibilité de trouver un serrurier, car c'était un dimanche, mari et femme sont obligés de rester chez eux et d'envoyer une lettre dans laquelle ils prient d'excuser leur absence. Lorsque l'armoire fut ouverte le lendemain matin par un serrurier, on trouva la clef à l'intérieur. Par distraction, le mari l'avait laissée tomber dans l'armoire et l'avait refermée (l'armoire était à fermeture automatique). Il m'affirma qu'il l'avait fait sans s'en rendre compte et sans aucune intention, mais nous savons bien qu'il n'avait aucune envie d'aller à cette réunion. Il y avait donc une bonne raison pour égarer la clef.

M. E. Jones a observé sur lui-même qu'après avoir beaucoup fumé, au point de se sentir mal à l'aise, il n'arrivait pas à retrouver sa pipe. Celle-ci se trouvait alors dans tous les endroits où elle ne devait pas être et où Jones n'avait pas l'habitude de la déposer.

h) Madame Dora Müller communique ce cas inoffensif dont la motivation a d'ailleurs été reconnue par la personne ntéressée (*Internat. Zeitschr. f. Psychoanal.*, III, 1915) :

Mademoiselle Erna A. raconte, deux jours avant Noël : « Hier soir, j'ouvre mon paquet de pains d'épices et je commence à en manger un; tout en mangeant, je pense que Mlle F. (la dame de compagnie de ma mère) viendra dans un instant me souhaiter bonne nuit et que je serai obligée de lui offrir un de mes pains d'épices; la perspective ne me sourit guère, mais je suis décidée à m'exécuter. Voyant entrer Mlle F., j'étends mon bras vers la table sur laquelle je croyais avoir déposé mon paquet, et m'aperçois que celui-ci n'y est pas. Je commence à le chercher et finis par le trouver enfermé dans mon armoire où je l'avais mis sans m'en rendre compte. » L'analyse de ce cas était superflue, Mlle Erna A. en ayant compris elle-même la signification. Le désir réprimé de garder pour elle-même les gâteaux s'est manifesté par un acte quasi-automatique, mais a subi une nouvelle répression à la suite de l'acte conscient consécutif.

i) M. H. Sachs nous raconte comment il s'est un jour soustrait à l'obligation de travailler, grâce à un acte de ce genre.

« Dimanche dernier, au début de l'après-midi, je me suis demandé si j'allais me mettre au travail ou si j'irais me promener et faire ensuite une visite que je projetais. Après quelque hésitation, je me suis décidé pour le travail. Au bout d'une heure, je m'aperçois que ma réserve de papier est épuisée. Je savais bien que je devais avoir dans quelque tiroir un peu de papier acheté depuis longtemps, mais je l'ai cherché en vain dans mon bureau et dans tous les autres endroits où je pouvais soupçonner sa présence, dans les livres, les brochures, parmi les lettres, etc. Je me suis donc vu obligé d'interrompre mon travail et, faute de mieux, de sortir. Rentré le soir à la maison, je me suis assis sur un canapé et me suis plongé dans des réflexions, les yeux fixés sur la bibliothèque qui était en face de moi. Tout à coup j'y aperçois une boîte et me souviens n'avoir pas vérifié son contenu depuis un certain temps. Je m'approche et je l'ouvre. Tout à fait au-dessus je trouve un portefeuille en cuir et, dans ce portefeuille, du papier blanc. Mais c'est seulement après avoir retiré ce papier, pour le ranger dans un tiroir de mon bureau, que je me suis rendu compte que c'était précisément le papier que j'avais en vain cherché au cours de l'après-midi. Je dois ajouter que, sans être très économe, je ménage beaucoup mon papier et en utilise le moindre reste. C'est sans doute à cette habitude que je dois d'avoir corrigé mon oubli dès que son mobile a disparu. »

En examinant attentivement les cas où il s'agit de l'impossibilité de retrouver un objet rangé, on est obligé d'admettre que cette impossiblité ne peut avoir d'autre cause qu'une intention inconsciente.

j) En été 1901 j'ai déclaré à un ami, avec lequel j'avais alors des discussions très vives sur des questions scientifiques : « ces problèmes concernant les névroses ne peuvent être résolus que si l'on admet sans réserves l'hypothèse de la bisexualité originelle de l'individu. » Et mon ami de répondre : « C'est ce que que je t'ai déjà dit à Br., il y a plus de deux ans, au cours d'une promenade que nous faisions le soir. Mais alors tu ne voulais pas en entendre parler. » Il est douloureux de se voir ainsi dépouiller de ce qu'on considère comme son apport original. Je ne pus me souvenir ni de cette conversation datant de plus de deux ans, ni de cette opinion de mon ami. L'un de nous deux devait se tromper; d'après le principe *cui prodest* ?, ce devait être moi. Et en effet, au cours de la semaine suivante, j'ai pu me rappeler que tout s'était passé exactement comme l'avait dit mon ami; je me rappelle même ma réponse d'alors : « Je n'en suis pas encore là et ne veux pas discuter cette question. » Je suis depuis lors devenu plus tolérant, lorsque je trouve exprimée dans la littérature médicale une des idées auxquelles on peut rattacher mon nom, sans que celui-ci soit mentionné par l'auteur.

Reproches à l'adresse de sa femme; amitié se transformant en son contraire; erreur de diagnostic; élimination par des concurrents; appropriation d'idées d'autrui : ce n'est pas par hasard que dans tout un groupe d'exemples d'oubli, réunis sans choix, on est obligé de remonter, si l'on veut en trouver l'explication, à des mobiles et à des sujets souvent pénibles. Je pense que tous ceux qui voudront rechercher les mobiles de tel ou tel de leurs oublis seront obligés de s'arrêter en fin de compte à des explications du même genre, c'est-à-dire tout aussi désagréables. La tendance à oublier ce qui est pénible et désagréable me semble générale, bien que la faculté d'oubli soit plus ou moins bien développée selon les individus. Plus d'une de ces *négations* auxquelles nous nous heurtons dans notre pratique médicale ne constitue probablement qu'un simple *oubli* (1).

(1) Lorsqu'on demande à quelqu'un s'il n'a pas eu la syphilis dix ou quinze ans auparavant, on oublie facilement qu'au point de vue psychique ce quelqu'un envisage la syphilis tout autrement que, par exemple, une crise de rhumatisme aigu. — Dans les renseignements fournis par les mères concernant les antécédents de leurs filles névrosées, il est difficile de faire avec certitude la part de l'oubli et celle du manque de sincérité, car les parents écartent ou refoulent systématiquement tout ce qui peut servir d'obstacle éventuel au futur mariage de la jeune fille. — Un homme qui vient de perdre, à la suite d'une affection pulmonaire, sa femme qu'il aimait beaucoup, me communique le cas suivant de faux renseignements fournis au médecin, sans qu'on puisse expliquer le mensonge commis envers ce dernier autrement que par l'oubli : « La pleurésie de ma femme n'ayant subi aucune amélioration depuis plusieurs semaines, le Dr P. fut appelé en consultation. En recherchant les antécédents, il posa les questions habituelles, entre autres celle de savoir s'il y avait eu d'autres cas d'affections pulmonaires dans la famille de ma femme. Celle-ci répondit négativement et, quant à moi, je ne me souvenais de rien de pareil. Au moment où le Dr P. allait prendre congé, la conversation tomba comme par hasard sur les excursions, et à cette occasion me femme dit : « Même pour aller à Langersdorf, *où est enterré mon pauvre frère*, le voyage est trop long. » Ce frère est mort, il y a une quinzaine d'années, à la suite de multiples lésions tuberculeuses. Ma femme l'aimait beaucoup et m'a souvent parlé de lui. Je me suis même rappelé qu'à l'époque où fut établi le diagnostic de pleurésie, ma femme était très préoccupée et disait tristement : « *Mon frère est mort, lui aussi, d'une maladie des poumons.* » Or, le souvenir de cette maladie du frère était tellement refoulé chez elle que même après avoir émis son avis sur une excursion à L., elle ne trouva pas l'occasion de corriger les renseignements qu'elle avait donnés précédemment sur les antécédents maladifs de sa famille. J'ai moi-même succombé de nouveau à cet oubli, au moment où elle parla de Langersdorf. — Dans son travail déjà mentionné à plusieurs reprises, M. E. Jones raconte un cas tout à fait analogue : Un médecin dont la femme était atteinte d'une affection abdominale d'un diagnostic incertain, lui dit un jour à titre de consolation : « Quel bonheur du moins qu'il n'y ait pas eu de cas de tuberculose dans ta famille. » A quoi la femme répond, très surprise : « As-tu donc oublié que ma mère est morte de tuberculose, que ma sœur ne s'est rétablie de sa tuberculose que pour être de nouveau abandonnée des médecins ? »

Notre conception des oublis de ce genre nous permet de réduire la différence entre les deux attitudes à des conditions purement psychologiques et de voir dans les deux modes de réaction l'expression d'un seul et même motif. De tous les nombreux exemples de négation de souvenirs désagréables que j'ai eu l'occasion d'observer dans l'entourage de malades, il en est un dont je me souviens d'une façon toute particulière. Une mère me renseigna sur l'enfance de son fils adolescent, atteint d'une maladie nerveuse, et me raconta à ce propos que lui et ses frères et sœurs avaient, jusqu'à un âge relativement avancé, présenté de l'incontinence nocturne, ce qui n'est pas sans importance comme antécédent dans une maladie nerveuse. Quelques semaines plus tard, lorsqu'elle vint me demander des renseignements sur la marche du traitement, je profitai de l'occasion pour attirer son attention sur les signes de prédisposition morbide existant chez le jeune homme et j'évoquai à ce propos l'incontinence nocturne dont elle m'avait elle-même parlé précédemment. A mon grand étonnement, elle contesta le fait, en ce qui concerne mon malade aussi bien que ses autres enfants. Elle me demanda d'où je le savais, et je dus lui apprendre qu'elle m'avait mis elle-même au courant de ce détail, chose qu'elle avait totalement oubliée (1).

(1) Alors que j'écrivais ces pages, il m'est arrivé d'observer sur moi-même un cas d'oubli presque incroyable : en consultant le 1er janvier mon livre de comptes pour faire les relevés d'honoraires, je tombe sur le nom M...l inscrit sur une page du mois de juin et ne puis me rappeler la personne à laquelle ce nom appartient. Mon étonnement grandit, lorsqu'en continuant de feuilleter mon livre, je constate que j'ai traité ce malade dans un sanatorium où je l'ai vu tous les jours pendant des semanies. Or, un médecin n'oublie pas au bout de six mois à peine un malade qu'il a traité dans de telles conditions. Était-ce un homme, un paralytique, un cas sans intérêt? Telles sont les questions que je me pose. Enfin, en lisant la note concernant les honoraires reçus, je retrouve tous les détails qui voulaient se soustraire à mon souvenir. M....l était une fillette de 14 ans qui présentait le cas le plus remarquable de tous ceux que j'ai vus au cours de ces dernières années; ce cas m'a laissé une impression que je n'oublierai jamais, et son issue m'a causé des instants excessivement pénibles. L'enfant souffrait d'une hystérie évidente et éprouva, sous l'influence de mon traitement, une amélioration rapide et considérable Après cette amélioration, les parents me retirèrent leur enfant; elle se plaignait toujours de douleurs

Même chez les personnes bien portantes, exemptes de toute névrose, on constate l'existence d'une résistance qui s'oppose au souvenir d'impressions pénibles, à la représentation d'idées pénibles (1). Mais ce fait n'apparaît dans toute sa signification que lorsqu'on examine la psychologie de personnes névrosées. On est alors obligé de reconnaître dans cet élémentaire instinct de défense contre des représentations susceptibles d'éveiller des sensations désagréables, dans cet instinct qui ne peut être comparé qu'au réflexe qui provoque la fuite dans les excitations douloureuses, un des piliers du mécanisme qui supporte les symptômes hystériques. Qu'on n'oppose pas à la supposition que nous faisons concernant l'existence de cet instinct de défense, le fait que nous sommes assez souvent dans l'impossibilité de nous débarrasser de souvenirs pénibles qui nous obsèdent, de chasser des sentiments pénibles tels que le remords, le repentir, etc. C'est que nous ne prétendons pas que cet instinct de défense soit capable de s'affirmer dans tous les cas, qu'il ne puisse pas, dans le jeu des forces psychiques, se heurter à des facteurs qui, en rapport avec d'autres buts, cherchent à réaliser le contraire et le réalisent à l'encontre de l'instinct en question. *Le principe architectonique de l'appareil psychique doit être reconnu comme consistant dans la superposition, la stratification de*

abdominales, qui jouèrent d'ailleurs le rôle principal dans le tableau symptomatique de son hystérie. Deux mois après, elle mourut d'un sarcome des ganglions abdominaux. L'hystérie à laquelle l'enfant était incontestablement prédisposée avait été provoquée par la tumeur ganglionnaire et alors que j'étais impressionné surtout par les phénomènes bruyants, mais anodins, de l'hystérie, je n'avais prêté aucune attention à la maladie insidieuse, mais incurable, qui devait l'emporter.

(1) M. A. Pick a récemment cité (« Zur Psychologie des Vergessens bei Geistes-und Nervenkrankheiten », *Archiv für Kriminal-Anthropologie und Kriminalistik*, édité par Gros) toute une série d'auteurs qui admettent l'influence de facteurs affectifs sur la mémoire et reconnaissent plus ou moins ce que l'oubli doit à la tendance à se défendre contre ce qui est pénible. Mais personne n'a décrit ce phénomène et ses raisons psychologiques d'une manière aussi complète et aussi frappante que Nietzsche dans un de ses aphorismes (*Au-delà du bien et du mal*, II) : « C'est moi qui ai fait cela », dit ma « mémoire ». « Il est impossible que je l'aie fait », dit mon orgueil et il reste impitoyable. Finalement — c'est la mémoire qui cède.

plusieurs instances différentes, et il est fort possible que l'instinct de défense fasse partie d'une instance inférieure et soit entravé dans son action par des instances supérieures. Ce qui prouve toutefois l'existence et la puissance de l'instinct de défense, ce sont les processus qui, comme ceux décrits dans nos exemples, peuvent y être ramenés. Nous voyons que beaucoup de choses sont oubliées pour elles-mêmes; mais dans les cas où cela n'est pas possible, l'instinct de défense déplace son but et plonge dans l'oubli autre chose, une chose moins importante, mais qui, pour une raison ou une autre, est reliée à la chose principale par une quelconque association.

Cette manière de voir, d'après laquelle les souvenirs succombent particulièrement facilement à l'oubli motivé, mériterait d'être étendue à beaucoup d'autres domaines dans lesquels on n'en tient pas encore suffisamment compte, sans parler des cas où elle n'est pas du tout prise en considération. C'est ainsi qu'à mon avis on n'y attache pas encore l'importance qu'elle mérite dans l'utilisation des témoignages en justice (1) et qu'on attribue aux témoignages faits sous la foi du serment une action trop purificatrice sur le jeu des forces psychiques du témoin. Tout le monde admet qu'en ce qui concerne les traditions et l'histoire légendaire d'un peuple, il faut tenir compte, si l'on veut bien les comprendre, d'un motif semblable, c'est-à-dire le désir de faire disparaître du souvenir du peuple tout ce qui blesse ou choque son sentiment national. Une étude plus approfondie permettra peut-être un jour d'établir une analogie complète entre la manière dont se forment les traditions populaires et celle dont se forment les souvenirs d'enfance de l'individu. Le grand Darwin, qui a très bien compris que l'oubli ne constitue le plus souvent qu'une réaction contre le sentiment pénible ou désagréable lié à certains souvenirs, a tiré de cette conception ce qu'il a appelé la « règle d'or » de la probité scientifique (2).

(1) Cf. Hans Gros, *Kriminalpsychologie,* 1988.

(2) *Darwin sur l'oubli*. Dans l'autobiographie de Darwin, on trouve le passage suivant dans lequel se reflètent admirablement et sa probité scientifique et sa perspicacité psychologique : « J'ai, pendant

De même que l'oubli de noms, l'oubli d'impressions peut s'accompagner de faux souvenirs qui, dans les cas où le sujet les considère comme des expressions de la vérité, sont désignés sous le nom d'illusions de la mémoire. Ces illusions de la mémoire, de nature pathologique — et dans la paranoïa elles jouent précisément le rôle d'un élément constitutif de la folie — ont provoqué une littérature dans laquelle je ne trouve aucune allusion à une motivation quelconque. Comme cette question ressortit également à la psychologie des névroses, je n'ai pas à m'en occuper ici. Je citerai, en revanche, un exemple singulier et personnel d'illusion de la mémoire; on y reconnaît très nettement et sa motivation par des matériaux inconscients refoulés et la manière dont elle se rattache à ces matériaux.

Alors que j'écrivais les derniers chapitres de mon livre sur la *Science des rêves*, je me trouvais en villégiature, sans avoir à ma disposition ni bibliothèques, ni livres de référence, de sorte que j'ai été obligé, sous la réserve de corrections ultérieures, d'écrire de mémoire beaucoup de de citations et de références. En écrivant le chapitre sur les « rêves éveillés », je me suis souvenu de l'excellente figure du pauvre comptable, de ce personnage du *Nabab*, auquel Alphonse Daudet attribue des traits qui peuvent bien avoir un caractère autobiographique. Je croyais me souvenir très nettement de l'un des rêves que cet homme (qui, d'après mes souvenirs, devait s'appeler M. Jocelyn) forgeait au cours de ses promenades à travers les rues de Paris et je commençai à le reproduire de mémoire. Or, comme M. Jocelyn se jette à la tête d'un cheval emballé pour l'arrêter, la portière de la voiture s'ouvre, un haut personnage descend du coupé, serre la main de M. Jocelyn et lui dit : « Vous êtes mon sauveur, je vous dois la vie. Que puis-je pour vous? »

de nombreuses années, suivi une règle d'or : chaque fois notamment que je me trouvais en présence d'un fait publié, d'une observation ou d'une idée nouvelle, qui étaient en opposition avec les résultats généraux obtenus par moi-même, je prenais soin de le noter fidèlement et immédiatement, car je savais par expérience que les idées et les faits de ce genre disparaissent plus facilement de la mémoire que ceux qui vous sont favorables. »

Les quelques inexactitudes que j'ai pu commettre en reproduisant ce rêve seront faciles à corriger, pensais-je, quand je serai rentré à la maison et que j'aurai le livre sous la main. Mais lorsque, rentré de vancances, je me suis mis à feuilleter le *Nabab*, pour confronter le texte avec mon manuscrit, je fus tout honteux et étonné de n'y rien trouver qui ressemblât à la rêverie que j'avais attribuée à M. Jocelyn et même de constater que le pauvre comptable s'appelait, non M. Jocelyn, mais M. *Joyeuse*. Cette deuxième erreur m'a fourni aussitôt la clef pour l'explication de la première, c'est-à-dire de l'illusion de la mémoire. *Joyeux* (dont le nom *Joyeuse* représente la forme féninine) : telle est la traduction française de mon propre nom (*Freud*). Mais d'où provenait la rêverie que j'avais faussement attribuée à Daudet? Elle ne pouvait être que mon produit personnel, un rêve éveillé que j'ai fait moi-même et qui n'a pas pénétré dans ma conscience ou qui, si jamais j'en ai eu conscience, a été depuis complètement oublié. Il est possible que j'aie fait ce rêve à Paris même, au cours d'une de mes nombreuses promenades tristes et solitaires, alors que j'avais tant besoin d'aide et de protection, avant que le maître Charcot m'eût introduit dans son cercle. J'ai eu plusieurs fois l'occasion de rencontrer l'auteur du *Nabab* dans la maison de Charcot. Ce qui me contrariait seulement dans cette affaire, c'est qu'il n'y a rien qui me répugne autant que la situation d'un protégé. Ce qu'on en voit dans notre pays est fait pour vous ôter toute envie de chercher des protections, et mon caractère ne s'accommoderait d'ailleurs pas de l'attitude que comportent les obligations d'un protégé. J'ai toujours tendu tous mes efforts à être libre et indépendant, un homme qui ne doive rien à autrui. Et c'est moi qui devais me rendre coupable d'un rêve pareil (qui n'a d'ailleurs jamais reçu même un commencement de réalisation !). Ce cas fournit encore un excellent exemple de la manière dont nos rapports avec notre propre moi (rapports réprimés à l'état normal, mais se manifestant victorieusement dans la paranoïa) nous troublent et embrouillent notre considération objective des choses.

Un autre cas d'illusion de la mémoire, qui se laisse, lui

aussi, expliquer d'une façon satisfaisante, se rapproche de la « fausse reconnaissance » dont nous nous occuperons plus tard. Le voici : Je raconte à l'un de mes malades, homme ambitieux et très doué, qu'un jeune étudiant vient de s'affirmer comme un des mes élèves par un intéressant travail intitulé : *L'artiste. Essai d'une psychologie sexuelle.* Lorsque ce travail eut paru en librairie quinze mois plus tard, mon malade m'affirma qu'il se souvenait avoir déjà lu quelque part (dans un catalogue de librairie peut-être) l'annonce de ce travail, avant même que je lui en aie parlé la première fois (peut-être un mois, peut-être six mois avant cette époque). Il aurait alors déjà pensé à cette notice et constaté, en outre, que l'auteur a modifié le titre de son travail, qui s'intitule maintenant *Contribution à une psychologie sexuelle*, au lieu de *Essai d'une psychologie sexuelle.* M'étant renseigné auprès de l'auteur et ayant comparé toutes les dates, j'ai bien été obligé de conclure que mon malade voulait se rappeler une chose impossible. Aucune notice annonçant ce travail n'avait paru avant son impression; en tous cas, il n'en a été question nulle part quinze mois à l'avance. J'allais renoncer à l'interprétation de cette illusion de la mémoire, lorsque le malade vint me faire part d'une autre illusion du même genre. Il croyait avoir aperçu tout récemment, dans la vitrine d'une librairie, un ouvrage sur l'*Agoraphobie* qu'il voulait acheter, mais qu'il ne trouvait dans aucun catalogue. Je pus alors lui expliquer pourquoi ses recherches devaient rester vaines. L'ouvrage sur l'Agoraphobie était né dans son imagination, à titre de projet inconscient, et c'est lui-même qui devait l'écrire. Son ambition de rivaliser avec le jeune homme dont j'ai parlé plus haut et d'écrire un travail scientifique susceptible de l'introduire dans le cercle de mes élèves, l'avait conduit à la première comme à la seconde de ces illusions de la mémoire. Il se rappela alors que la notice de librairie qui l'avait conduit à cette erreur se rapportait à un ouvrage intitulé : « Genèse, loi de la reproduction. » Quant à la modification du titre dont il avait parlé, c'est moi qui lui en avais suggéré l'idée, car je me suis rappelé avoir commis une inexactitude dans l'intitulé du travail de mon élève : j'ai dit notamment *Essai*, au lieu de *Contribution*.

B. Oubli de projets.

Aucun autre groupe de phénomènes ne se prête mieux que l'oubli de projets à la démonstration de la thèse que la faiblesse de l'attention ne suffit pas, à elle seule, à expliquer un acte manqué. Un projet est une impulsion à l'action qui a déjà reçu le consentement du sujet, mais dont l'exécution est fixée à une époque déterminée. Or, dans l'intervalle qui sépare la conception d'un projet de son exécution, il peut survenir dans les motifs une modification telle que le projet ne soit pas exécuté, sans pour autant être oublié : il est tout simplement modifié ou supprimé. En ce qui concerne l'oubli de projets, qui se produit journellement et dans toutes les situations possibles, loin de l'expliquer par un changement dans l'équilibre des motifs, nous le laissons tout simplement inexpliqué ou bien nous nous contentons de dire qu'à l'époque de l'exécution l'attention qu'exige l'action a fait défaut, cette même attention qui était une condition indispensable de la conception du projet et qui, à ce moment-là, aurait suffi à assurer sa réalisation. L'observation de notre attitude normale à l'égard de nos projets montre tout ce que cet essai d'explication a d'arbitraire. Si je conçois le matin un projet qui doit être réalisé le soir, il peut arriver que certaines circonstances m'y fassent songer plusieurs fois au cours de la journée. Mais il n'est pas du tout nécessaire que ce projet reste dans ma conscience toute la journée. Lorsque le moment de la réalisation approche, il me revient subitement à la mémoire et m'incite à faire les préparatifs que nécessite l'action projetée. Lorsqu'en sortant de chez moi j'emporte une lettre que je me propose de mettre dans une boîte. je n'ai nullement besoin, si je suis un individu normal et non névrosé, de tenir la lettre à la main tout le long du chemin et de chercher tout le temps à droite et à gauche une boîte aux lettres pour exécuter mon projet à la première occasion qui pourra se présenter : je mets ma lettre dans ma poche, je suis tranquillement mon chemin, je laisse mes idées se succéder, librement, comptant bien que la première boîte que j'apercevrai éveillera mon attention et m'incitera à plonger la main dans ma poche pour en retirer la lettre. L'attitude normale à l'égard d'un projet conçu se rapproche tout à fait de celle que l'on détermine chez des personnes auxquelles on a suggéré sous l'hypnose une « idée post-hypnotique à longue échéance (1) ». On décrit généralement le phénomène de la manière suivante : le projet suggéré sommeille chez la personne en question jusqu'à l'approche du moment de l'exécution. Il s'éveille ensuite et pousse à l'action.

Il est deux situations dans la vie où le profane lui-même se rend compte que l'oubli de projets n'est nullement un phénomène élémentaire irréductible, mais autorise à conclure à l'existence de motifs inavoués. Je veux parler de l'amour et du service militaire. Un amoureux qui se présente à un rendez-vous avec un certain retard aura beau s'excuser auprès de sa dame en disant qu'il avait malheureusement oublié ce rendez-vous. Elle ne tardera pas à lui répondre : « Il y a un an, tu n'aurais pas oublié. C'est que tu ne m'aimes plus. » Et si, ayant recours à l'explication psychologique mentionnée plus haut, il cherche à excuser son oubli par des affaires urgentes, la dame, devenue aussi perspicace en psychanalyse qu'un médecin spécialiste, lui répondra : « Il est bizarre que tu n'aies jamais été troublé par tes affaires. » Certes, la dame n'exclura pas toute possibilité d'oubli; elle pensera seulement, et non sans raison, que l'oubli non intentionnel est un indice presque aussi sûr d'un certain non-vouloir qu'un prétexte conscient.

De même, dans la vie militaire on n'admet aucune différence de principe entre une négligence par oubli et une négligence intentionnelle. Le soldat *doit* ne rien oublier de ce qu'exige de lui le service militaire. Si, cependant, il se rend coupable d'un oubli, alors qu'il sait très bien ce qui est exigé, c'est qu'il existe chez lui des motifs qui s'opposent à ceux qui doivent l'inciter à l'accomplissement des

(1) Cf. Bernheim. *Neue Studien über Hypnotismus, Suggestion und Psychotherapie* (trad. allemande, 1892).

exigences militaires. Le soldat d'un an qui voudrait s'excuser au rapport, en disant qu'il a *oublié* d'astiquer ses boutons, serait sûr d'encourir une punition. Punition qu'on peut considérer comme insignifiante, si l'on songe à celle qu'il encourrait s'il s'avouait à lui-même et s'il avouait à ses supérieurs que toutes ces chinoiseries du service lui répugnent. C'est pour s'épargner cette punition plus sévère, c'est pour des raisons pour ainsi dire économiques qu'il se sert de l'oubli comme d'une excuse, à moins que l'oubli ne soit réel et ne vienne s'offrir à titre de compromis.

Les femmes, comme les autorités militaires, prétendent que tout ce qui se rattache à elles doit être soustrait à l'oubli et professent ainsi l'opinion que l'oubli n'est permis que dans les choses sans importance, tandis que dans les choses importantes il est une preuve qu'on veut traiter ces choses comme insignifiantes, c'est-à-dire leur refuser toute valeur (1). Il est certain que le point de vue de l'appréciation psychique ne peut pas être totalement écarté dans ces matières. Personne n'oublie d'accomplir des actions qui lui paraissent importantes, faute de quoi il s'expose à être soupçonné d'un trouble psychique. Aussi nos recherches ne peuvent-elles porter que sur l'oubli de projets plus ou moins secondaires; il n'existe pas, à notre avis, de projets tout à fait indifférents, car si de tels projets existaient, on ne voit pas pourquoi ils auraient été conçus.

Comme pour les troubles fonctionnels décrits précédemment, j'ai réuni et cherché à expliquer les cas de négligence par oubli que j'ai observés sur moi-même; et j'ai invariablement trouvé que l'oubli était dû dans tous les cas à l'intervention de motifs inconnus et inavoués, ou si je puis m'exprimer ainsi, à l'intervention d'une *contre-*

(1) Dans le drame de Shaw : *César et Cléopâtre*, César, sur le point de quitter l'Égypte, est pendant un certain temps tourmenté par l'idée d'avoir eu l'intention de faire quelque chose, mais ne peut se rappeler de quoi il s'agit. Nous apprenons finalement qu'il voulait faire ses adieux à Cléopâtre! Ce petit trait est destiné à montrer, en opposition d'ailleurs avec la vérité historique, le peu de cas que faisait César de la petite princesse égyptienne. (D'après E. Jones, *l. c.*, p. 488.)

volonté. Dans une série de ces cas, je me trouvais dans une situation qui rappelle les conditions du service militaire, je subissais une contrainte contre laquelle je n'avais jamais cessé de me révolter, ma révolte se manifestant par des oublis. A cela je dois ajouter que j'oublie très facilement de complimenter les gens à l'occasion d'anniversaires, de jubilés, de mariages et d'avancements. Plus je m'attache à le faire, et plus je constate que cela ne me réussit pas. Je finirai par me décider à y renoncer et à obéir consciemment et volontairement aux motifs qui s'y opposent. A un ami qui m'avait chargé, à l'occasion d'un certain événement, d'expédier à une date fixe un télégramme de félicitations (ce qui, pensait-il, me serait d'autant plus facile que j'avais, moi aussi, à télégraphier à l'occasion du même événement), j'avais prédit que j'oublierais certainement d'expédier aussi bien mon télégramme que le sien. Et je n'ai été nullement étonné de voir ma prophétie se réaliser. A la suite de douloureuses expériences que la vie m'avait réservées, je suis devenu incapable de manifester mon intérêt dans les cas où cette manifestation doit nécessairement revêtir une forme exagérée, hors de proportion avec le sentiment plutôt tiède que j'éprouve dans ces occasions. Depuis que je me suis rendu compte que j'ai souvent pris chez les autres une sympathie feinte pour une sympathie véritable, je me suis révolté contre les manifestations conventionnelles d'une sympathie de commande, manifestations dont je ne vois d'ailleurs pas l'utilité sociale. Seuls les décès trouvent grâce devant ma sévérité; et toutes les fois où je me suis proposé d'exprimer mes condoléances à l'occasion d'un décès, je n'ai pas manqué de le faire. Toutes les fois où mes manifestations affectives n'ont pas le caractère d'une obligation sociale, elles s'expriment librement, sans être entravées ou étouffées par l'oubli.

Le lieutenant T. rapporte un cas d'oubli de ce genre, survenu pendant sa captivité. Il s'agit également d'un projet qui, réprimé d'abord, n'en a pas moins réussi à se faire jour, créant ainsi une situation très pénible.

Un cas d'omission

« Le supérieur d'un camp d'officiers-prisonniers est offensé par un de ses camarades. Pour éviter des suites fâcheuses, il veut se servir du seul moyen radical dont il dispose, en éloignant ce dernier et en le faisant déplacer dans un autre camp. Cédant aux instances de plusieurs amis, il se décide cependant, bien à contre-cœur, à ne pas recourir à cette mesure et à se soumettre à une procédure d'honneur, malgré tous les inconvénients qui doivent en résulter.

» Ce même matin, le commandant en question devait, sous le contrôle d'un surveillant, faire l'appel de tous les officiers-prisonniers. Connaissant tous ses camarades depuis longtemps, il ne s'était jamais trompé en faisant l'appel. Mais cette fois il sauta le nom de son offenseur, de sorte que celui-ci dut rester à sa place après le départ de tous les autres, jusqu'à ce que le commandant se fût aperçu de l'erreur. Or, le nom omis était écrit très distinctement au milieu de la feuille.

» Cet incident a été interprété par celui qui en fut la victime comme un affront voulu; mais l'autre n'y a vu qu'un hasard malheureux, autorisant la supposition erronée du premier. Après avoir cependant lu la « Psychopathologie » de Freud, le commandant a pu se faire une idée exacte de ce qui était arrivé. »

C'est encore par un conflit entre un devoir conventionnel et un jugement intérieur non avoué que s'expliquent les cas où l'on oublie d'accomplir des actions qu'on avait promis d'accomplir au profit d'un autre. Le bienfaiteur est alors généralement le seul à voir dans l'oubli qu'il invoque une excuse suffisante, alors que le solliciteur pense sans doute, et non sans raison : « il n'avait aucun intérêt à faire ce qu'il m'avait promis, autrement il ne l'aurait pas oublié ». Il est des hommes qu'on considère généralement comme ayant l'oubli facile et qu'on excuse de la même manière dont on excuse les myopes, lorsqu'ils ne saluent pas dans la rue (1). Ces personnes oublient toutes les petites promesses qu'elles ont faites, ne s'acquittent d'aucune des commissions dont on les a chargées, se montrent peu sûres dans les petites choses et prétendent qu'on ne doit pas leur en vouloir de ces petits manquements qui s'expliqueraient, non par leur caractère, mais par une certaine particularité organique (2). Je ne fais pas partie moi-même de cette catégorie de gens et je n'ai pas eu l'occasion d'analyser les actes de personnes sujettes aux oublis de ce genre, de sorte que je ne puis rien affirmer avec certitude quant aux motifs qui président à ces oublis. Mais je crois pouvoir dire par analogie qu'il s'agit d'un degré très prononcé de mépris à l'égard d'autrui, mépris inavoué et inconscient, certes, et qui utlise le facteur constitutionnel pour s'exprimer et se manifester (3).

Dans d'autres cas, les motifs de l'oubli sont moins faciles à deviner et provoquent, lorsqu'ils sont découverts, une

(1) Les femmes, qui ont une intuition plus profonde des processus psychiques inconscients, sont généralement portées à se considérer comme offensées lorsqu'on ne les reconnaît pas dans la rue, c'est-à-dire lorsqu'on ne les salue pas. Elles ne pensent jamais en premier lieu que le coupable peut n'être que myope ou qu'il ne les a pas aperçues, parce qu'il était plongé dans ses réflexions. Elles se disent qu'on les aurait certainement aperçues, si on les estimait davantage.

(2) M. S. Ferenczi raconte qu'il a été autrefois très « distrait » et qu'il étonnait tous ceux qui le connaissaient par la fréquence et et l'étrangeté de ses actes manqués. Mais cette « distraction » a presque presque complètement disparu depuis qu'il s'est voué au traitement psychanalytique des malades, ce qui l'a obligé à prêter son attention également à l'analyse de son propre moi. Il pense qu'on renonce aux actes manqués, lorsqu'on se sent chargé d'une responsabilité plus grande. Aussi considère-t-il avec raison la distraction comme un état entretenu par des complexes inconscients et qui peut guérir par la psychanalyse. Un jour, cependant, il crut avoir à se reprocher une erreur technique qu'il aurait commise au cours de la psychanalyse d'un malade. Ce jour-là, il s'était trouvé subitement en butte à toutes ses « distractions » d'autrefois. Il fit plusieurs faux-pas dans la rue (représentation symbolique du faux-pas commis dans le traitement), oublia chez lui son portefeuille, voulut payer sa place de tramway un kreuzer de moins, quitta la maison ses habits mal boutonnés, etc.

(3) M. E. Jones dit à ce propos : « La résistance a souvent un caractère général. C'est ainsi qu'un homme affairé oublie d'expédier les lettres qui lui sont confiées par sa femme, ce qui l'ennuie quelque peu, de même qu'il peut oublier d'exécuter ses ordres d'achat dans les magasins. »

surprise plus grande. C'est ainsi que j'ai remarqué autrefois que sur un certain nombre de malades que j'avais à visiter, les seules visites que j'oubliais étaient celles que je devais faire à des malades gratuits ou à des confrères malades. Pour me mettre à l'abri de ces oublis, dont j'avais honte, j'avais pris l'habitude de noter dès le matin toutes les visites que j'avais à faire dans le courant de la journée. J'ignore si d'autres médecins ont eu recours au même moyen pour arriver au même résultat. Mais cette expérience nous fournit une indication quant aux mobiles qui poussent le neurasthénique à noter sur le fameux « bout de papier » tout ce qu'il se propose de dire au médecin. On dirait qu'il ne se fie pas à la force et à la fidélité de sa mémoire. C'est certainement exact, mais les choses se passent le plus souvent ainsi : Après avoir longuement exposé les troubles qu'il ressent et posé toutes les questions qui s'y rapportent, le malade fait une petite pause, après laquelle il tire de sa poche son bout de papier et dit en s'excusant : « J'ai noté sur ce papier certaines choses, sinon je ne me souviendrais de rien. » Dans la plupart des cas, rien ne se trouve noté sur ce papier qu'il n'ait déjà dit. Il répète donc tous les détails et se répond à lui-même : « cela, je l'ai déjà demandé ». Son bout de papier ne sert sans doute qu'à mettre en lumière un de ses symptômes, à savoir la fréquence avec laquelle ses projets sont troublés par des motifs étrangers.

Je vais avouer maintenant un défaut dont souffrent aussi la plupart des personnes saines que je connais; il m'arrive très facilement, peut-être moins facilement que lorsque j'étais plus jeune, d'oublier de rendre les livres empruntés ou de différer certains paiements en les oubliant. Il n'y a pas très longtemps, je suis sorti un matin du bureau de tabac où j'achète tous les jours mes cigares, en oubliant de payer. Ce fut une négligence tout à fait inoffensive étant donné que le tenancier du bureau me connaît et qu'il était sûr d'être payé le lendemain. Mais le petit retard, la tentative de faire des dettes n'étaient certainement pas étrangers aux considérations budgétaires qui m'avaient préoccupé la veille. Même chez les hommes dits tout à fait honnêtes, on découvre facilement les traces d'une double attitude à l'égard de l'argent et de la propriété. La convoitise primitive du nourrisson qui cherche à s'emparer de tous les objets (pour les porter à sa bouche) ne disparaît, d'une façon générale, qu'incomplètement sous l'influence de la culture et de l'éducation (1).

On trouvera peut-être qu'à force de citer des exemples de ce genre, j'ai fini par tomber dans la banalité. Mais mon but était précisément d'attirer l'attention sur des choses que tout le monde connaît et comprend de la même manière, autrement dit de réunir des faits de tous les jours et de les soumettre à un examen scientifique. Je ne vois pas pourquoi on refuserait à cette sorte de sagesse, qui est la cristallisation des expériences de la vie quotidienne, une place parmi les acquisitions de la science. Ce qui constitue le caractère

(1) Pour ne pas abandonner ce sujet, je m'écarte de la subdivision que j'ai adoptée et j'ajoute à ce que je viens de dire qu'en ce qui concerne les affaires d'argent, la mémoire des hommes manifeste une partialité particulière. Ainsi que j'ai pu m'en assurer sur moi-même, on croit souvent à tort avoir déjà payé ce qu'on doit, et les illusions de ce genre sont souvent très tenaces. Dans les cas où, comme dans le jeu de cartes, il ne s'agit pas d'intérêts considérables, mais où l'amour du gain a l'occasion de se manifester librement, les hommes même les plus honnêtes commettent facilement des erreurs de calcul, sont sujets à des défauts de mémoire et, sans s'en apercevoir, se rendent coupables de petites tricheries. Ce n'est pas en cela que consiste l'action psychiquement réconfortante du jeu. L'aphorisme d'après lequel le véritable caractère de l'homme se manifesterait dans le jeu est exact, à la condition d'admettre qu'il s'agit du caractère refoulé. — S'il est vrai qu'il y a encore des garçons de café et de restaurant capables de commettre des erreurs de calcul *involontaires*, ces erreurs comportent évidemment la même explication. — Chez les commerçants on peut souvent observer une certaine hésitation à effectuer des paiements : il ne faut pas voir là une preuve de mauvaise volonté, l'expression du désir de s'enrichir indûment, mais seulement l'expression psychologique d'une résistance qu'on éprouve toujours au moment de se défaire de son argent. — Brill remarque à ce sujet avec perspicacité : « Nous égarons plus facilement des lettres contenant des factures que des lettres contenant des chèques. » Si les femmes se montrent particulièrement peu disposées à payer leur médecin, cela tient à des mobiles très intimes et encore très peu élucidés. Généralement, elles ont oublié leur porte-monnaie, ce qui les met dans l'impossibilité d'acquitter les honoraires séance tenante; puis elles oublient, non moins généralement, d'envoyer les honoraires, une fois rentrées chez elles, et il se trouve finalement qu'on les a reçues « pour leurs beaux yeux », *gratis pro Deo*. On dirait qu'elles vous paient avec leur sourire.

essentiel du travail scientifique, ce n'est pas la nature des faits sur lesquels il porte, mais la rigueur de la méthode qui préside à la constatation de ces faits et la recherche d'une synthèse aussi vaste que possible.

En ce qui concerne les projets de quelque importance, nous avons trouvé en général qu'ils sont oubliés, lorsqu'ils sont contrariés par des motifs obscurs. Dans les projets de moindre importance, l'oubli peut encore être amené par un autre mécanisme, le projet subissant le contrecoup de la résistance intérieure qui s'oppose à un autre ensemble psychique quelconque, et cela en vertu d'une simple association *extérieure* entre cet ensemble et le projet en question. En voici un exemple : j'aime le bon buvard et me propose de profiter d'une course que je dois faire cet après-midi dans le centre de la ville, pour en acheter. Mais pendant quatre jours consécutifs j'oublie mon projet et je finis par me demander quelle peut être la cause de cet oubli. Je trouve cette cause, en me rappelant que j'ai l'habitude d'écrire *Lōschpapier* (1), mais de dire *Fliesspapier* (2). Or, « Fliess » est le nom d'un de mes amis de Berlin, au nom duquel se sont trouvées associées dans mon esprit, ces jours derniers, des idées et préoccupations pénibles. Je ne puis me défaire de ces idées et préoccupations, mais l'instinct de défense se manifeste (p. 158) en se déplaçant, à la faveur de la ressemblance phonétique, sur le projet indifférent et, de ce fait, moins résistant.

Une opposition directe et une motivation plus éloignée se sont manifestées simultanément dans le cas de retard suivant : J'ai écrit, pour la collection *Grenzfragen des Nerven und Seelenlebens*, une brève monographie, qui était un résumé de ma « Science des rêves ». Bergmann, de Wiesbaden, m'envoie des épreuves, me priant de les corriger au plus tôt, car il veut faire paraître le fascicule avant Noël. Je corrige les épreuves le soir même et les dépose sur mon bureau, pour les expédier le lendemain matin. Le lendemain, j'oublie totalement mon projet et ne m'en souviens que l'après-midi, en apercevant le paquet sur ma

(1) Les deux mots servent également à désigner le « papier buvard ». (N. d. T.)

table. J'oublie encore d'emporter les épreuves l'après-midi, le soir, et le matin suivant; enfin, dans l'après-midi du deuxième jour, je me lève brusquement, m'empare des épreuves et sors précipitamment pour mettre mon paquet dans la première boîte aux lettres. Chemin faisant, je me demande avec étonnement quelle peut bien être la cause de mon retard. Il est évident que je ne tiens pas à expédier les épreuves, mais je ne trouve pas le *pourquoi.* Au cours de la même promenade, j'entre chez mon éditeur de Vienne qui a publié mon livre sur les rêves et lui dis comme poussé par une inspiration subite : « Savez-vous que j'ai écrit une nouvelle variante du *Rêve?* — Ah, pardon! — Calmez-vous: il ne s'agit que d'une brève monographie pour la collection Löwenfeld-Kurella. » Il n'était pas rassuré; il craignait un préjudice pour la vente du livre. Je cherche à lui prouver le contraire et lui demande finalement : « Si je vous avais demandé l'autorisation, avant d'écrire cette monographie, me l'auriez-vous refusée ? — Certainement non ! » Je crois, en ce qui me concerne, que j'étais tout à fait dans mon droit et n'ai fait que me conformer à l'usage ; il me semble cependant que c'est la même appréhension que celle manifestée par l'éditeur qui a été la cause de mon hésitaiton à renvoyer les épreuves. Cette appréhension se rattache à une circonstance antérieure, et notamment aux objections qui m'ont été faites par un autre éditeur, lorsque, chargé d'écrire pour le « Manuel » de Nothnagel le chapitre sur la paralysie cérébrale infantile, j'ai reproduit dans ce travail quelques pages d'un mémoire sur la même question, paru antérieurement chez l'éditeur de ma *Science des rêves.* Dans ce dernier cas, le reproche n'était pas plus justifié, car j'ai alors loyalement prévenu l'éditeur du mémoire de mon intention d'y emprunter quelques pages pour mon travail destiné au « Manuel » de Nothnagel.

Mais en remontant la suite de mes souvenirs, j'évoque une circonstance encore plus ancienne où, à l'occasion d'une traduction d'un livre français, j'ai vraiment lésé certains droits de propriété littéraire. J'avais ajouté au texte traduit des notes, sans en avoir demandé l'autorisation à l'auteur, et j'ai eu quelques années plus tard l'occasion de m'assurer que celui-ci n'était pas du tout content de mon sans-gêne.

Il existe un proverbe témoignant que le bon sens populaire sait bien qu'il n'y a rien d'accidentel dans l'oubli de projets : « Ce qu'on a oublié de faire une fois, on l'oubliera encore bien d'autres fois. »

Sans doute, on ne peut pas ne pas reconnaître que tout ce qu'on pourrait dire sur l'oubli et sur les actes manqués est considéré par la plupart des hommes comme connu et comme allant de soi. Mais pourquoi est-il nécessaire de présenter chaque fois à leur conscience ce qu'ils connaissent si bien ? Que de fois ai-je entendu dire : « Ne me charge pas de cette commision, je l'oublierai certainement. » Dans cette prédiction il n'y avait sûrement rien de mystique. Celui qui parlait ainsi sentait en lui vaguement le projet de ne pas s'acquitter de la commission et hésitait seulement à l'avouer.

L'oubli de projets reçoit d'ailleurs une bonne illustration de ce qu'on pourrait appeler « la conception de faux projets ». J'avais promis à un jeune auteur de rendre compte d'un petit ouvrage qu'il avait écrit. Des résistances intérieures, dont je ne me rendais pas compte, m'ont fait différer ce projet, jusqu'à ce que, l'ayant rencontré un jour et cédant à ses instances, j'aie fini par lui promettre de lui donner satisfaction le soir même. J'étais tout à fait décidé à tenir ma promesse, mais j'avais oublié que j'avais ce même soir à rédiger d'urgence un rapport d'expertise médicale. Ayant fini par me rendre compte que j'avais conçu un faux projet, j'ai renoncé à lutter contre mes résistances et j'ai fait savoir à l'auteur que je retirais ma promesse.

8 MÉPRISES ET MALADRESSES

Au travail, déjà mentionné, de Meringer et Mayer j'emprunte encore le passage suivant (p. 98) :

« Les *lapsus* de la parole ne sont pas des phénomènes isolés. Ils correspondent aux erreurs auxquelles sont sujettes les autres activités des hommes et qui sont connues sous la dénomination absurde d'*oublis.* »

Je ne suis donc pas le premier à avoir attribué un sens et une intention aux petits troubles fonctionnels de la vie quotidienne (1).

Si les erreurs que nous commettons lorsque nous nous servons du langage, qui est une fonction motrice, admettent une telle conception, rien ne s'oppose à ce que nous étendions celle-ci aux erreurs dont nous nous rendons coupables en exécutant les autres fonctions motrices. Je divise ces dernières erreurs en deux groupes : le premier comprend les cas où l'effet manqué semble constituer l'élément essentiel; ce sont, pour ainsi dire, des cas de non-conformité à l'intention, donc des cas de *méprises*; dans le second groupe, je range les cas où l'action tout entière apparaît absurde, semble ne répondre à aucun but : *actions symptomatiques et accidentelles.* La séparation entre ces deux groupes n'est d'ailleurs pas nettement tranchée, et nous aurons l'occasion de nous convaincre, au cours de notre exposé, que toutes les divisions que nous

(1) Une publication ultérieure de Meringer m'a montré que j'ai eu tort d'attribuer à l'auteur cette manière de voir.

adoptons n'ont qu'une valeur descriptive et sont en contradiction avec l'unité interne des phénomènes qui nous intéressent.

Nous ne gagnons rien, au point de vue de la compréhension psychologique de la « méprise », en la concevant comme une ataxie, et plus spécialement comme une « ataxie corticale ». Essayons plutôt de ramener chacun des cas dont nous aurons à nous occuper aux conditions dans lesquelles il s'est produit. J'aurai de nouveau l'occasion d'utiliser à cet effet des observations que j'ai faites sur moi-même et qui, je tiens à le dire tout de suite, ne sont pas très nombreuses.

a) Autrefois, alors que je faisais plus souvent qu'aujourd'hui des visites à domicile, il m'arrivait fréquemment, une fois devant la porte à laquelle je devais sonner ou frapper, de tirer de ma poche la clef qui me servait à ouvrir la porte de mon propre domicile, pour, aussitôt, la remettre presque honteusement. En m'observant bien, j'ai fini par constater que cet acte manqué, consistant à sortir ma clef devant la porte du domicile d'un autre, signifiait un hommage à la maison dans laquelle je me rendais. C'était comme si j'avais voulu dire : « ici je suis comme chez moi », car la méprise ne se produisait que devant des maisons où j'avais des malades pour lesquels j'étais toujours le bienvenu. (Il va sans dire que je ne commettais jamais la méprise inverse, consistant à sonner à la porte de mon propre domicile.)

Mon acte manqué était donc la représentation symbolique d'une idée qui n'était pas faite pour être prise au sérieux par ma conscience, car en réalité le neurologue sait fort bien que le malade ne lui reste attaché qu'aussi longtemps qu'il attend de lui un avantage et que la chaude sympathie que le médecin lui-même témoigne au malade constitue le plus souvent un moyen psychique faisant partie du traitement en général.

De nombreuses observations faites par d'autres personnes sur elles-mêmes montrent que l'erreur dans laquelle les clefs jouent un rôle important ne m'est pas particulière.

Dans ses « Contributions à la psychopathologie de la

vie quotidienne » (*Arch. de Psychol.*, VI, 1906), M. A. Maeder décrit des expériences presque identiques aux miennes : « Il est arrivé à chacun de sortir son trousseau, en arrivant à la porte d'un ami particulièrement cher, de se surprendre, pour ainsi dire, en train d'ouvrir avec sa clef comme chez soi. C'est un retard, puisqu'il faut sonner magré tout, mais c'est une preuve qu'on se sent — ou qu'on voudrait se sentir — comme chez soi, auprès de cet ami. »

E. Jones (*l. c.*, p. 509) : « L'usage de clefs est une source féconde d'accidents de ce genre dont je citerai deux exemples. Lorsque je suis obligé d'interrompre un travail absorbant, pour me rendre à l'hôpital en vue de quelque besogne machinale, je me surprends facilement en train de vouloir ouvrir la porte de mon laboratoire avec la clef du bureau que j'ai à la maison, bien que les deux clefs ne se ressemblent nullement. Par cette erreur je témoigne, malgré moi, que j'aimerais mieux être chez moi qu'à l'hôpital. » — « Il y a quelques années, j'occupais une situation subordonnée dans une institution dont la porte était toujours fermée à clef, de sorte qu'il fallait sonner pour se faire ouvrir. A plusieurs reprises, je m'étais surpris en train de vouloir ouvrir cette porte avec la clef de mon propre domicile. Chacun des membres titulaires de cette institution (et c'était la qualité à laquelle j'aspirais moi-même à cette époque-là) était muni d'une clef avec laquelle il pouvait ouvrir lui-même la porte, sans être obligé d'attendre. Ma méprise n'était ainsi que l'expression de mon désir d'arriver à la même situation et d'être ici comme chez moi. »

Hanns Sachs (de Vienne) raconte de même : « Je porte toujours sur moi deux clefs, dont l'une ouvre la porte de mon bureau, l'autre celle de mon domicile particulier. Elles ne sont pas précisément faciles à confondre, étant donné que la clef du bureau est au moins trois fois plus grande que celle de mon domicile. En outre, je porte toujours la première dans la poche de mon pantalon, l'autre dans celle de mon veston. Malgré cela, il m'est souvent arrivé de constater, lorsque je me trouvais devant l'une des deux portes, que j'avais préparé, en montant les escaliers, la clef ouvrant l'autre. Je me suis décidé à faire une observation statistique : comme je me trouvais tous les jours devant les deux portes dans une disposition psychique à peu près identique, j'en ai conclu que la confusion entre les deux clefs, si elle était déterminée par des mobiles psychiques, devrait être, elle aussi, soumise à une certaine régularité. Or, en poursuivant mes observations, j'ai constaté que je voulais régulièrement ouvrir la porte du bureau avec la clef de mon domicile, l'inverse ne s'étant produit qu'une seule fois : ce fut un jour, où rentrant chez moi fatigué, je savais que j'étais attendu par un visiteur; je fis alors la tentative d'ouvrir la porte de mon domicile avec la clef du bureau, trop grande pour la serrure. »

b) Depuis six ans, j'ai l'habitude de sonner deux fois par jour, à des heures fixes, à la porte d'une maison. Pendant ces six années, il m'est arrivé deux fois (à un bref intervalle) de monter un étage plus haut. Une fois, j'étais absorbé par un rêve ambitieux, dans lequel je me voyais « monter indéfiniment ». Je n'ai pas entendu, lorsque j'ai mis les pieds sur les premières marches du troisième étage, s'ouvrir la porte de l'appartement du deuxième, qui était précisément celui où j'étais attendu. L'autre fois, il m'est également arrivé de dépasser mon but, parce que j'étais « plongé » dans mes idées. Lorsque, m'étant aperçu de mon erreur, j'ai rebroussé chemin et essayé de surprendre le rêve qui m'absorbait, j'ai constaté que j'étais en colère contre un critique (imaginaire) de mes ouvrages qui me reprochait soi-disant d'aller « trop loin », de vouloir « voler trop haut (1) ».

c) Sur mon bureau se trouvent déposés, toujours à la même place depuis des années et l'un à côté de l'autre, un marteau à réflexes et un diapason. Un jour je devais prendre, aussitôt la consultation terminée, un train de banlieue; très pressé de sortir, afin de ne pas manquer mon train, je glisse dans la poche de mon pardessus le diapason, à la place du marteau que je voulais emporter. Mis en éveil par le poids, je m'aperçois immédiatement

(1) *Versteigern :* monter trop haut, au sens propre et figuré (avoir trop de prétentions). (N. d. T.)

de mon erreur. Celui qui n'a pas l'habitude de réfléchir sur les petits incidents de ce genre, dira sans doute que la hâte avec laquelle je faisais mes préparatifs explique et excuse mon erreur. Quant à moi, j'ai vu dans cette confusion entre le diapason et le marteau un problème que je me suis appliqué à résoudre. Ma précipitation était une raison tout à fait suffisante pour m'épargner mon erreur et, avec elle, une perte de temps.

Quel est donc celui qui s'est le dernier saisi du diapason? Telle est la première question que je me pose. Ce fut, il y a quelques jours, un enfant *idiot*, dont j'examinais l'attention aux impressions sensorielles et qui fut tellement captivé par le diapason que je ne pus que difficilement le lui arracher des mains. S'ensuivrait-il que je sois, moi aussi, un idiot? Il semblerait, car la première idée qui me vient à l'esprit à propos de « marteau » (*Hammer*) est : *Chamer* (« âne » en hébreu).

Mais que signifie cette injure? Examinons un peu la situation. Je suis pressé d'aller voir une malade habitant la banlieue ouest et qui, d'après ce qui m'a été communiqué par lettre, a fait, il y a quelques mois, une chute de son balcon et se trouve depuis lors dans l'impossibilité de marcher. Le médecin qui m'appelle en consultation m'écrit qu'il hésite, en ce qui concerne le diagnostic, entre une lésion médullaire et une névrose traumatique (hystérie). Je suis donc invité à trancher la question. C'est le moment de se rappeler qu'il faut être très circonspect dans les cas de diagnostic difficile. De plus, les médecins ne manquent pas qui pensent qu'on pose trop à la légère le diagnostic d'hystérie là où il s'agit de choses bien plus sérieuses. Mais l'injure n'est toujours pas justifiée! Or, il se trouve que la petite station de chemin de fer où je dois descendre est la même que celle où je suis descendu il y a quelques années, pour aller voir un jeune homme qui, à la suite d'une émotion, avait présenté certains troubles ambulatoires. J'avais posé le diagnostic d'hystérie et soumis le malade au traitement psychique; mais je ne tardai pas à me rendre compte que si mon diagnostic n'était pas tout à fait inexact, il n'était pas non plus rigoureusement exact. Un grand nombre de symptômes de ce malade étaient de nature hystérique et n'ont pas tardé à disparaître sous l'influence du traitement. Mais derrière ces symptômes s'en sont révélés d'autres, réfractaires à mon traitement et qui ne pouvaient être rattachés qu'à une sclérose multiple. Ceux qui ont vu le malade après moi n'eurent aucune difficulté à reconnaître l'affection organique; j'aurais fait et jugé comme les médecins qui m'ont succédé; il n'en est pas moins vrai qu'il y avait là de ma part toutes les apparences d'une grave erreur; il va sans dire que la promesse de la guérison que j'ai cru devoir faire au malade n'a pu être tenue. La méprise qui m'a fait glisser dans la poche le diapason à la place du marteau pouvait donc recevoir la traduction suivante : « Imbécile, âne que tu es, fais bien attention cette fois et ne pose pas le diagnostic d'hystérie là où il s'agit d'une maladie incurable, comme cela t'est arrivé il y a quelques années dans la même localité chez ce pauvre homme! » Et heureusement pour ma petite analyse, mais malheureusement pour mon humeur, ce même homme, atteint de grave paralysie contractile, était venu à ma consultation quelques jours avant que j'aie vu l'enfant idiot, et le lendemain.

On le voit, cette fois c'est la voix de la critique à l'égard de soi-même qui s'exprime par la méprise. La méprise se prête d'ailleurs particulièrement bien à cet usage. La méprise actuelle en représente une autre, commise précédemment.

d) Il va sans dire que la méprise peut être utilisée par une foule d'autres intentions obscures. En voilà un premier exemple : il m'arrive rarement de casser quelque chose. Ce n'est pas que je sois particulièrement adroit, mais étant donnée l'intégrité de mon appareil neuromusculaire, il n'existe évidemment pas de raisons pour que j'exécute des mouvements maladroits ayant des effets non désirés. Je ne me rappelle donc pas avoir cassé ou brisé un objet quelconque dans ma maison. Vu l'exiguïté de mon cabinet de travail, j'ai souvent été obligé d'adopter les attitudes les plus incommodes pour manier les objets en terre glaise et en pierre dont je possède une petite collection, et ceux qui me regardaient faire ont souvent exprimé leurs craintes de voir un objet ou l'autre glisser de mes mains et se briser. Mais jamais pareil accident ne m'est arrivé. Pourquoi donc m'est-il arrivé un jour de laisser tomber à terre et se briser le couvercle en marbre de mon modeste encrier?

Mon encrier se compose d'une plaque de marbre creusée d'une cavité destinée à recevoir un godet en verre; il est surmonté d'un couvercle à bouton, également en marbre. Derrière cet encrier se trouve une guirlande de statuettes en bronze et de figures en terre cuite. Un jour je m'asseois devant ma table pour écrire, je fais, avec la main qui tient la plume, un mouvement extrêmement maladroit et large, et fais tomber à terre le couvercle qui était déposé à côté de l'encrier. L'explication n'est pas difficile à trouver. Quelques heures auparavant, ma sœur était entrée dans mon cabinet, pour voir quelques nouvelles acquisitions que j'avais faites. Elle les trouva très jolies et dit : « Maintenant ton bureau est très bien garni. Seul l'encrier ne va pas avec le reste. Il t'en faut un plus joli. » Je sors avec ma sœur pour l'accompagner et ne rentre qu'au bout de quelques heures. C'est alors, je crois, que j'ai exécuté l'encrier condamné. Aurais-je conclu des paroles de ma sœur qu'elle avait l'intention de m'offrir à la première occasion un nouvel encrier et, pour l'obliger à réaliser l'intention que je lui attribuais, me serais-je empressé de la mettre devant un fait accompli, en brisant l'ancien encrier qu'elle avait trouvé laid? S'il en est ainsi, mon mouvement brusque n'était maladroit qu'en apparence; en réalité, il était très adroit, très conforme au but, puisqu'il a su épargner tous les autres objets qui se trouvaient dans le voisinage.

Je crois que ce jugement s'applique à toute une série de mouvements en apparence maladroits. Il est vrai que ces mouvements apparaissent violents, brutaux, à la fois spasmodiques et ataxiques, mais ils sont dominés, guidés par une intention et atteignent leur but avec une certitude que beaucoup de nos mouvements conscients et voulus pourraient leur envier. Ces deux caractères, la violence et la certitude, leur sont d'ailleurs communs avec les manifestations motrices de la névrose hystérique et avec celles du somnambulisme, ce qui prouve qu'il s'agit dans tous les cas des mêmes modifications, encore inconnues, du processus d'innervation.

L'observation suivante de Mme Lou Andreas-Salomé montre fort bien qu'une « maladresse » tenace peut fort habilement servir des intentions inavouées : « A l'époque où le lait avait commencé à être une denrée rare et précieuse, il m'est arrivé, à mon grand effroi et à ma grande contrariété, de le laisser déborder, chaque fois que je le faisais bouillir. J'avais essayé de lutter contre ce fâcheux accident, mais ce fut en vain, bien que je ne sois généralement pas distraite et inattentive dans les circonstances ordinaires de la vie. Si encore cet accident avait commencé à se produire après la mort de mon beau terrier blanc que j'adorais (et qui s'appelait « Ami » — « Droujok » en russe —, nom qu'il méritait mieux que tant d'hommes)! Mais non, c'est précisément depuis sa mort que j'ai cessé de laisser le lait déborder. Ma première idée fut la suivante : « Le lait ne déborde plus; tant mieux, car ce qui s'en répandrait par terre ou sur la cuisinière ne trouverait plus maintenant aucun emploi. » Et en même temps je voyais mon « Ami », assis devant moi, tout yeux et oreilles, observant avec la plus grave attention toute la procédure, la tête penchée un peu obliquement et remuant le bout de sa queue, dans l'attente certaine du magnifique malheur qui allait se produire. Tout devint alors clair pour moi, et ceci entre autres : je l'avais aimé encore *plus* que je ne croyais. »

Au cours de ces dernières années, depuis que je réunis ces observations, il m'est encore arrivé à plusieurs reprises de casser ou de briser des objets d'une certaine valeur, mais l'examen de ces cas m'a toujours montré qu'il ne s'agissait ni d'un hasard ni d'une maladresse non voulue. C'est ainsi qu'alors que je traversais un matin une pièce, revêtu de mon costume de bain et les pieds chaussés de pantoufles, j'ai, comme obéissant à une subite impulsion, lancé du pied une des pantoufles contre le mur. Le résultat en fut qu'une jolie petite Vénus de marbre fut séparée de sa console et projetée à terre. Pendant qu'elle se brisait en morceaux, je récitais, impassible, ces vers de Busch :

Ach! die Venus ist perdü —
Klickeradoms! — von Medici!

Mon geste inconsidéré et mon impassibilité en présence du dommage subi trouvent leur explication dans la situation d'alors. Une de nos proches parentes était gravement malade et je commençais à désespérer de son état. Ce matin-là j'avais appris que son état s'était sensiblement amélioré. Je me rappelle avoir pensé : « donc, elle vivra ». L'accès de rage de destruction que je subis alors fut pour moi comme un moyen d'exprimer ma reconnaissance au sort et d'accomplir une sorte de « sacrifice », comme si j'avais fait un vœu dont l'exécution fût subordonnée à la bonne nouvelle que j'avais reçue. Quant au fait que j'aie choisi pour objet de sacrifice la Vénus de Médicis, il faut sans doute y voir une sorte d'hommage galant à la convalescente; cette fois encore, j'ai été étonné par ma rapide décision, par l'habileté de l'exécution, puisqu'aucun des objets qui se trouvaient dans le voisinage de la statuette n'a été effleuré par ma pantoufle.

Une autre fois, je me rendis coupable de la destruction d'un objet pour le même motif, à cette différence près que le sacrifice m'était dicté non par la reconnaissance envers le sort, mais par le désir de détourner un malheur. Je m'étais laissé aller un jour à adresser à un ami fidèle et dévoué un reproche fondé uniquement sur l'interprétation de certaines manifestations de son inconscient. Il prit mal la chose et m'écrivit une lettre dans laquelle il me recommandait d'épargner aux amis le traitement psychanalytique. Je dus reconnaître qu'il avait raison et lui fis une réponse conciliante. Pendant que j'écrivais ma réponse, je fis à un moment donné un geste de ma main, au cours duquel le porte-plume me glissa d'entre les doigts et s'abattit sur une superbe figurine égyptienne émaillée, de toute récente acquisition, et l'endommagea très sérieusement. Aussitôt le malheur accompli, je compris que je l'avais provoqué, pour en éviter un autre, plus grand. Heureusement, l'amitié et la figurine ont pu être réparées, sans que les traces des fissures soient trop visibles.

Dans un troisième cas, la destruction de l'objet tenait à des raisons moins sérieuses. Il s'agissait, pour me servir d'une expression de Th. Vischer (*Auch einer*), d'une « exécution » masquée d'un objet qui avait cessé de me plaire. J'avais eu pendant longtemps une canne à manche d'argent; lorsque la mince plaque d'argent fut un jour endommagée, sans que j'eusse en quoi que ce soit contribué à cet incident, je la fis réparer, mais la réparation fut mal faite. Quelques jours après, jouant avec un de mes garçons, je me servis du manche de la canne pour accrocher sa jambe. Le manche se cassa naturellement en deux, et je fus débarrassé de ma canne.

Le calme et l'impassibilité avec lesquels on accepte dans tous ces cas le dommage subi indiquent bien qu'on a été guidé par une intention inconsciente dans l'exécution des actes ayant abouti à la destruction des objets.

Quelquefois, en recherchant les motifs d'un acte manqué aussi insignifiant que la destruction d'un objet, on trouve des raisons qui, tout en remontant à une époque éloignée de la vie d'un homme, se rattachent encore à sa situation présente. L'analyse suivante, publiée par M. L. Jekels (*Internat. Zeitschr. f. Psychoanal.*, I, 1913), nous en fournit un exemple :

« Un médecin se trouvait en possession d'un vase à fleurs en grès. Sans être précieux, ce vase n'en était pas moins très joli. Il l'avait reçu, il y a longtemps, en cadeau, avec beaucoup d'autres objets, dont quelques-uns de valeur, d'une de ses patientes (mariée). Lorsqu'il devint évident que celle-ci était atteinte de psychose, le médecin s'empressa de restituer à la famille de la malade tous les objets qu'il avait reçus, à l'exception d'un seul vase, de peu de valeur, dont il ne put se séparer, probablement à cause de sa beauté.

« Notre médecin, homme très scrupuleux, ne s'était pas décidé à cette appropriation sans une certaine lutte intérieure, car il se rendait parfaitement compte de l'indélicatesse de son acte; mais il cherchait à étouffer son remords, en invoquant le peu de valeur du vase, la difficulté de le faire emballer de façon à ce qu'il arrive intact à destination, etc.

« Lorsqu'il fut obligé, quelques mois plus tard, de s'adresser à un avocat pour faire réclamer et recouvrer un reliquat d'honoraires que la famille se refusait à acquitter bénévolement, il fut pris à nouveau de remords; il craignit à un moment donné que la famille ne découvrît le détournement dont il s'était rendu coupable et ne répondît à sa réclamation par des poursuites pénales.

« Son remords avait pris à un moment donné une intensité telle qu'il se demandait s'il ne ferait pas bien de renoncer à sa réclamation, même si elle était cent fois plus élevée, à titre de dédommagement pour l'objet détourné; mais il finit par renoncer à cette idée qu'il trouva vraiment trop absurde.

« Alors qu'il était dans cette disposition d'esprit, il lui arriva, en renouvelant l'eau du vase, d'accomplir un mouvement particulièrement maladroit, sans aucun lien organique avec l'acte qu'il exécutait, et à la suite duquel le vase se trouva projeté à terre et brisé en cinq ou six grands morceaux. Et dire que c'était un homme qui savait dominer son appareil musculaire et pouvait compter sur les doigts les objets qu'il avait cassés dans sa vie! Le plus curieux est que cet accident était arrivé le lendemain d'un dîner qu'il avait offert à quelques amis et en vue duquel il s'était décidé, non sans beaucoup d'hésitations, à placer ce vase, rempli de fleurs, sur la table de la salle à manger; s'étant aperçu, quelques minutes avant l'accident, que le vase avait été laissé dans cette pièce, il était allé le chercher lui-même pour le transporter au salon où il restait habituellement.

« Le premier moment d'affolement passé, il se mit à ramasser les morceaux et, en les ajustant les uns aux autres, il constata qu'il serait possible de reconstituer le vase sans solution de continuité; mais il n'eut pas plus tôt fait cette constatation que les deux ou trois plus gros morceaux lui glissèrent des mains, retombèrent à terre et se trouvèrent réduits en miettes, ce qui lui enleva tout espoir de faire reconstituer le vase.

« Sans doute, cet acte manqué avait pour tendance actuelle de faciliter au médecin le recouvrement de son dû, puisqu'il supprimait ce qu'il s'était approprié et ce qui l'empêchait dans une certaine mesure de réclamer les honoraires contestés.

« Mais, en plus de ce déterminisme direct, l'acte manqué dont nous nous occupons en présente encore un autre, beaucoup plus profond et plus important aux yeux du psychanalyste. Il présente aussi un déterminisme *symbolique*, étant donné que le vase constitue un symbole incontestable de la femme.

« Le héros de cette petite histoire avait été marié; et sa femme, jeune, jolie et qu'il adorait, était morte dans des circonstances tragiques. A la suite de ce malheur, il tomba dans un état de profonde neurasthénie, aggravée par le fait qu'il se considérait comme coupable de la mort de sa femme (j'ai brisé un joli vase).

« A partir de ce moment, il se tint à l'écart des femmes, ne voulut entendre parler ni de remariage ni d'aventures amoureuses, que son inconscient lui faisait apparaître comme des actes d'infidélité à l'égard de celle qu'il avait tant aimée, mais que son conscient refusait, en alléguant qu'il portait malheur aux femmes, qu'il ne voulait pas qu'une autre femme se suicidât à cause de lui, etc. (On voit qu'il ne devait pas conserver longtemps le vase!)

« Étant donné, cependant, l'intensité de sa libido, il n'y a rien d'étonnant qu'il vît dans les relations avec des femmes mariées le moyen le plus adéquat, parce que nécessairement passager, de satisfaire cette libido (d'où appropriation du vase appartenant à une autre personne).

« Les deux faits suivants apportent une intéressante confirmation de cette interprétation symbolique :

« Voulant guérir de sa névrose, il s'était soumis au traitement psychanalytique. Au cours de la séance, alors qu'il racontait comment il avait brisé le vase en grès (terrestre), il en vint à parler de nouveau de son attitude à l'égard des femmes et prétendit qu'il était exigeant jusqu'à l'absurdité : c'est ainsi, par exemple, qu'il exigeait des femmes une beauté « n'ayant rien de terrestre ». Il avouait par là qu'il restait toujours attaché à sa femme (morte, donc ayant perdu toute nature terrestre) et ne voulait rien savoir de la « beauté terrestre »; d'où la destruction du vase en terre.

« Et à l'époque où, entré dans la phase du « transfert », il avait conçu le projet imaginaire d'épouser la fille de son médecin, il fit cadeau à celui-ci... d'un vase, comme pour montrer comment il entendait prendre sa revanche du malheur qui lui était arrivé.

« La signification symbolique de cet acte manqué est susceptible encore de plusieurs variantes, liées à certains détails, comme, par exemple, l'hésitation qu'il éprouvait à remplir le vase, etc. Mais ce qui me paraît le plus intéressant, c'est l'existence de plusieurs motifs, de deux tout au moins, qui, venant du préconscient et de l'inconscient et agissant, selon toute vraisemblance, séparément, se reflètent dans le dédoublement de l'acte manqué : le renversement du vase et sa chute à terre. »

e) Le fait de laisser tomber, de renverser, de détruire les objets semble souvent être utilisé comme l'expression de suites d'idées conscientes : c'est ce dont on peut quelquefois s'assurer à l'aide de l'analyse, mais plus souvent en tenant compte des interprétations populaires, superstitieuses ou moqueuses qui s'y rattachent. On sait les interprétations qui se rattachent au renversement d'une salière, d'un verre rempli de vin, à la chute d'un couteau dont la pointe vient se ficher dans le parquet, etc. Je montrerai plus loin jusqu'à quel point ces interprétations superstitieuses méritent d'être prises en considération. Je ferai seulement remarquer ici qu'un acte maladroit ne possède pas dans tous les cas la même signification, mais sert, selon les circonstances, à exprimer telle ou telle intention.

Il y eut récemment dans ma maison une période pendant laquelle les verres et la vaisselle de porcelaine subissaient un véritable massacre; j'y ai moi-même contribué dans une mesure considérable. Mais cette petite endémie psychique était facile à expliquer : on était à quelques jours du mariage de ma fille aînée. Dans cette circonstance solennelle on a toujours l'habitude de briser un objet en verre ou en porcelaine, en formulant des vœux de bonheur. Cette coutume peut avoir la signification d'un sacrifice et plusieurs autres sens symboliques.

Lorsque des domestiques détruisent des objets fragiles, en les laissant tomber, on ne pense pas tout de suite à chercher une explication psychologique de ces actes; il n'en est pas moins probable que ces derniers sont déterminés, en partie tout au moins, par des motifs obscurs. Rien n'est plus étranger à l'homme dépourvu de culture que l'amour de l'art et des œuvres d'art. Nos domestiques éprouvent une sourde hostilité à l'égard de ces derniers, surtout lorsque ces objets, dont ils ne comprennent pas la valeur, leur imposent un travail supplémentaire et minutieux. Au contraire, le personnel domestique des établissements scientifiques, qui possède cependant le même degré de culture et a les mêmes origines que nos domestiques de maisons bourgeoises, se distingue par l'habileté et l'assurance avec lesquelles il manie les objets délicats, habileté et assurance que ces serviteurs n'acquièrent qu'après s'être identifiés avec leur chef et avoir pris l'habitude de se considérer comme attachés d'une façon permanente à l'établissement dont ils font partie.

J'intercale ici la communication d'un jeune technicien, qui nous révèle le mécanisme ayant présidé à la détérioration d'un objet :

« Depuis quelque temps, j'étais occupé, avec plusieurs de mes collègues de l'École Supérieure, à une série d'expériences très compliquées sur l'élasticité, travail dont nous nous étions chargés bénévolement, mais qui commençait à nous prendre un temps exagéré. Un jour où je me rendais au laboratoire, avec mon collègue F..., celui-ci me dit qu'il était désolé de perdre tant de temps aujourd'hui, attendu qu'il avait beaucoup à faire chez lui. Je ne pus que l'approuver et j'ajoutai en plaisantant et en faisant allusion à un incident qui avait eu lieu la semaine précédente : « Espérons que la machine restera aujourd'hui en panne, comme l'autre fois, ce qui nous permettra de suspendre le travail et de partir de bonne heure! » Lors de la distribution du travail mon collègue F... se trouva chargé de régler la soupape de la presse, c'est-à-dire de laisser pénétrer lentement le liquide de pression de l'accumulateur dans le cylindre de la presse hydraulique, en ouvrant la soupape avec précaution; celui qui dirige l'expérience se tient près du manomètre et doit, lorsque la pression voulue est atteinte, s'écrier à haute voix : « Halte! » Ayant entendu cet appel, F... saisit la soupape et la tourna de toutes ses forces... à gauche (toutes les soupapes sans exception se ferment par rotation à droite!). Il en résulta que toute la pression de l'accumulateur s'exerça dans la presse, dépassant la résistance de la canalisation et ayant pour effet la rupture d'une soudure de tuyaux : accident sans gravité, mais qui nous obligea à interrompre le travail et à rentrer chez nous. Ce qui est curieux, c'est que mon collègue F..., auquel j'ai eu l'occasion, quelque temps après, de parler de cet incident, prétendait ne pas s'en souvenir, alors que j'en ai gardé, en ce qui me concerne, un souvenir certain. »

Tomber, faire un faux pas, glisser — autant d'accidents qui ne résultent pas toujours d'un fonctionnement momentanément et accidentellement défectueux de nos organes moteurs. Le double sens que le langage attribue à ces expressions montre d'ailleurs quelles sont les idées dissimulées que ces troubles de l'équilibre du corps sont susceptibles de révéler. Je me rappelle un grand nombre d'affections nerveuses légères qui se sont déclarées, chez des femmes et des jeunes filles, à la suite d'une chute sans lésion aucune et qui ont été interprétées comme des manifestations d'hystérie traumatique provoquées par la peur. Je soupçonnais alors qu'il n'en était pas tout à fait ainsi, que la succession des faits devait être différente, que la chute pouvait bien être elle-même une manifestation de la névrose et une expresison de ces idées inconscientes à contenu sexuel auxquelles on doit accorder, parmi les symptômes, le rôle de forces motrices. N'en avons-nous pas une confirmation dans le proverbe qui dit : « lorsqu'une jeune fille tombe, c'est toujours sur le dos »?

C'est encore une *méprise* que commet celui qui donne à un mendiant une pièce en or au lieu d'une pièce en bronze ou d'une petite petite pièce en argent. L'explication des méprises de ce genre est facile : ce sont des sacrifices qu'on fait pour se concilier le sort, détourner un malheur, etc. Lorsqu'on a entendu, immédiatement avant la promenade, au cours de laquelle elle s'est montrée si involontairement généreuse, la mère ou la tante exprimer ses soucis au sujet de la santé d'un enfant, on est fixé avec certitude sur le sens de la fâcheuse méprise dont elle a été victime. C'est ainsi que nos actes manqués nous fournissent un moyen de rester attachés à toutes les coutumes pieuses et superstitieuses que la lumière de notre raison, devenue incrédule, a chassées dans l'inconscient.

f) Plus que tout autre domaine, celui de l'activité sexuelle nous fournit des preuves certaines du caractère intentionnel de nos actes accidentels. C'est qu'en effet dans ce dernier domaine la limite qui, dans les autres, peut exister entre ce qui est intentionnel et ce qui est accidentel, s'efface complètement. Je puis citer un joli exemple personnel de la manière dont un mouvement, en apparence maladroit, peut répondre à des intentions sexuelles. Il y a quelques années, j'ai rencontré dans une maison amie une jeune fille qui a réveillé en moi une sympathie que je croyais depuis longtemps éteinte. Je me suis montré avec elle gai, bavard, prévenant. Et, cependant, cette même jeune fille m'avait laissé froid une année auparavant. D'où m'est donc venue la sympathie dont je me suis senti pris à son égard? C'est que l'année précédente, alors que j'étais avec elle en tête à tête, son oncle, un très vieux monsieur, entra dans la pièce où nous tenions et, le voyant arriver, nous nous précipitâmes tous les deux vers un fauteuil qui se trouvait dans un coin, pour le lui offrir. La jeune fille fut plus adroite que moi, et d'ailleurs aussi plus proche du fauteuil; aussi réussit-t-elle à s'en emparer la première et à le soulever par les bras, le dossier du fauteuil tourné en arrière. Voulant l'aider, je m'approchai d'elle et, sans comprendre comment les choses s'étaient passées, je me trouvai à un moment donné derrière son dos, mes bras autour de son buste. Il va sans dire que je n'ai pas laissé se prolonger cette situation. Mais personne n'a remarqué combien adroitement j'avais utilisé ce mouvement maladroit.

Il arrive souvent dans la rue que deux passants se dirigeant en sens inverse et voulant chacun éviter l'autre, et céder la place à l'autre, s'attardent pendant quelques secondes à dévier de quelques pas, tantôt à droite, tantôt à gauche, mais tous les deux dans le même sens, jusqu'à ce qu'ils se trouvent arrêtés l'un en face de l'autre. Il en résulte une situation désagréable et agaçante, et dans laquelle on ne voit généralement que l'effet d'une maladresse accidentelle. Or, il est possible de prouver que dans beaucoup de cas cette maladresse cache des intentions sexuelles et reproduit une attitude indécente et provocante d'un âge plus jeune. Je sais, d'après les analyses que j'ai pratiquées sur des névrosés, que la soi-disant naïveté des jeunes gens et des enfants ne constitue qu'un masque de ce genre, qui leur sert à exprimer ou à accomplir, sans se sentir gênés, beaucoup de choses indécentes.

M. W. Stekel a rapporté des observations tout à fait analogues qu'il a faites sur lui-même. « J'entre dans une maison et tends à la maîtresse de maison ma main droite. Sans m'en rendre compte, je défais en même temps le nœud de la ceinture de son peignoir. Je suis certain de n'avoir eu aucune intention indécente; et, cependant, j'ai exécuté ce mouvement maladroit avec l'adresse d'un véritable escamoteur. »

J'ai déjà cité de nombreux exemples d'où il ressort que des poètes et des romanciers attribuent aux actes manqués un sens et des motifs, comme nous le faisons nous-mêmes. Aussi ne serons-nous pas étonnés de voir une fois de plus un romancier comme Theodor Fontane attribuer à un mouvement maladroit un sens profond et en faire le présage d'événements ultérieurs. Voici notamment un passage emprunté à *L'Adultera* (1) : « ... et Mélanie se leva brusquement et lança à son mari, en guise de salut, une des grosses balles. Mais elle n'avait pas visé juste : la balle dévia, et ce fut Rubehn qui l'attrapa. » Au retour de l'excursion, au cours de laquelle s'est passé ce petit incident, il y eut entre Mélanie et Rubehn une conversation dans laquelle on saisit le premier indice d'une inclination croissante. Peu

(1) *Gesamte Werke*, II, p. 64. Verlag S. Fischer.

à peu, cette inclination se transforme en passion, au point que Mélanie finit par quitter son mari, pour aller vivre définitivement avec l'homme qu'elle aime. (Communiqué par H. Sachs.)

g) Les effets consécutifs aux actes manqués des individus normaux sont généralement anodins. D'autant plus intéressante est la question de savoir si des actes manqués d'une importance plus ou moins grande et pouvant avoir des effets graves, comme par exemple ceux commis par des médecins ou des pharmaciens, peuvent, sous un rapport quelconque, être envisagés à notre point de vue.

N'ayant que très rarement l'occasion de faire des interventions médicales, je ne puis citer qu'un seul exemple de méprise médicale tiré de mon expérience personnelle. Je vois depuis des années deux fois par jour une vieille dame et, au cours de ma visite du matin, mon intervention se borne à deux actes : je lui instille dans les yeux quelques gouttes d'un collyre et je lui fais une injection de morphine. Les deux flacons, un bleu contenant le collyre et un blanc contenant la solution de morphine, sont régulièrement préparés en vue de ma visite. Pendant que j'accomplis ces deux actes, je pense presque toujours à autre chose; j'ai en effet accompli ces actes tant de fois que je crois pouvoir donner momentanément congé à mon attention. Mais un matin je m'aperçois que mon automate a mal travaillé : j'ai en effet plongé le compte-gouttes dans le flacon blanc et instillé dans les yeux de la morphine. Après un moment de peur, je me calme en me disant qu'après tout quelques gouttes d'une solution de morphine à 2 pour cent instillées dans le sac conjonctival ne peuvent pas faire grand mal. Mon sentiment de peur devait certainement provenir d'une autre source.

En essayant d'analyser ce petit acte manqué, je retrouve tout de suite la phrase : « profaner la vieille (1) », qui était de nature à m'indiquer le chemin le plus court pour arriver à la solution. J'étais encore sous l'impression d'un

(1) « Profaner » — sens figuré du verbe *sich vergreifen* (*an*), dont le sens propre et courant est : « se tromper », « se méprendre ». (N. d. T.)

rêve que m'avait raconté la veille un jeune homme et que j'avais cru pouvoir interpréter comme se rapportant à des relations sexuelles de ce jeune homme avec sa propre mère (1). Le fait assez bizarre que la légende grecque ne tient aucun compte de l'âge de Jocaste me semblait s'accorder très bien avec ma propre conclusion que dans l'amour que la mère inspire à son fils, il s'agit non de la personne actuelle de la mère, mais de l'image que le fils a conservée d'elle et qui date de ses propres années d'enfance. Des inconséquences de ce genre se manifestent toutes les fois qu'une imagination hésitant entre deux époques s'attache définitivement, une fois devenue consciente, à l'une d'elles. Absorbé par ces idées, je suis arrivé chez ma patiente nonagénaire et j'étais sans doute sur le point de concevoir le caractère généralement humain de la légende d'Œdipe, comme étant en corrélation avec la fatalité qui s'exprime dans les oracles, puisque j'ai aussitôt après commis une méprise dont « la vieille fut victime ». Cependant cette méprise fut encore inoffensive : des deux erreurs possibles, l'une consistant à instiller de la morphine dans les yeux, l'autre à injecter sous la peau du collyre, j'ai choisi la moins dangereuse. Il reste à savoir si, dans les erreurs pouvant avoir des conséquences graves, il est possible de découvrir par l'analyse une intention inconsciente.

Sur ce point les matériaux me font défaut, et j'en suis réduit à des hypothèses et à des rapprochements. On sait que dans les psychonévroses graves on observe souvent, à titre de symptômes morbides, des mutilations que les malades s'infligent eux-mêmes, et l'on peut toujours s'attendre à ce que le conflit psychique aboutisse chez eux au suicide. Or, j'ai pu constater et j'en fournirai un jour la preuve, en publiant des exemples bien élucidés, que beaucoup de lésions en apparence accidentelles qui affectent ces malades, ne sont que des mutilations volontaires; c'est qu'il existe chez ces malades une tendance à s'infliger

(1) C'est ce que j'appelle le *rêve d'Œdipe*, car ce rêve nous permet de comprendre la légende du roi Œdipe. Dans le texte de Sophocle, nous entendons de la bouche de Jocaste une allusion à un rêve de ce genre. (Cf. « Traumdeutung », p. 182; 5e édit., p. 183.)

des souffrances, comme s'ils avaient des fautes à expier, et cette tendance, qui tantôt affecte la forme de reproches adressés à soi-même, tantôt contribue à la formation de symptômes, sait utiliser habilement une situation extérieure accidentelle ou l'aider à produire l'effet mutilant voulu. Ces faits ne sont pas rares, même dans les cas de gravité moyenne et ils révèlent l'intervention d'une intention inconsciente par un certain nombre de traits particuliers, comme, par exemple, l'étonnant sang-froid que ces malades gardent en présence des prétendus accidents malheureux (1).

Je ne citerai en détail qu'un seul exemple provenant de mon expérience personnelle : une jeune femme tombe de voiture et se casse l'os d'une jambe. La voilà alitée pendant plusieurs semaines, mais elle étonne tout le monde par l'absence de toute manifestation douloureuse et par le calme imperturbable qu'elle garde. Cet accident a servi de prélude à une longue et grave névrose dont elle a été guérie par la psychanalyse. Au cours du traitement, je me suis informé aussi bien des circonstances ayant accompagné l'accident que de certaines impressions qui l'ont précédé. La jeune femme se trouvait avec son mari, très jaloux, dans la propriété d'une de ses sœurs, mariée elle-même, et en compagnie de plusieurs autres sœurs et frères, avec leurs maris et leurs femmes. Un soir, elle offrit à ce cercle intime une représentation, en se produisant dans l'un des arts où elle excellait : elle dansa le « cancan » en véritable virtuose, à la grande satisfaction de sa famille, mais au grand mécontentement de son mari qui lui chuchota, lorsqu'elle eut fini : « Tu t'es de nouveau conduite comme une fille. » Le mot porta. Fut-ce à cause de cette séance de danse, ou pour d'autres raisons encore, peu importe, mais la jeune femme passa une nuit agitée, et se leva décidée

(1) La mutilation volontaire, qui ne vise pas à la destruction complète, n'a, dans l'état actuel de notre civilisation, pas d'autre choix que de se dissimuler derrière un accident ou de s'affirmer en simulant une maladie spontanée. Autrefois l'auto-mutilation était une expression de la douleur universellement adoptée, à d'autres époques elle pouvait servir d'expression aux idées de piété et de renoncement au monde.

à partir le matin même. Mais elle voulut choisir elle-même les chevaux, en refusa une paire, en accepta une autre. Sa plus jeune sœur voulait faire monter dans la voiture son bébé accompagnée de la nourrice; ce à quoi elle s'opposa énergiquement. Pendant le trajet, elle se montra nerveuse, dit à plusieurs reprises au cocher que les chevaux lui semblaient avoir peur et lorsque les animaux, inquiets, refusèrent réellement, à un moment donné, de se laisser maîtriser, elle sauta effrayée de la voiture et se cassa une jambe, alors que ceux qui étaient restés dans la voiture n'eurent aucun mal. Si, en présence de tels détails, on peut encore douter que cet accident ait été arrangé d'avance, on n'en doit pas moins admirer l'à-propos avec lequel l'accident s'est produit, comme s'il s'était agi vraiment d'une punition pour une faute commise, car à partir de ce jour la malade fut pour de longues semaines dans l'impossibilité de danser le « cancan ».

Je ne me rappelle pas m'être infligé de mutilations dans les circonstances ordinaires de la vie, mais il n'en est pas de même dans des situations compliquées et agitées. Lorsqu'un membre de ma famille se plaint de s'être mordu la langue, écrasé un doigt, etc., je ne manque jamais de lui demander : « Pourquoi l'as-tu fait? » Mais je me suis moi-même écrasé un pouce, un jour où l'un de mes jeunes patients m'a fait part, au cours de la consultation, de son intention (qui n'était d'ailleurs pas à prendre au sérieux) d'épouser ma fille aînée, alors qu'elle se trouvait précisément dans un sanatorium et que son état de santé m'inspirait les plus graves inquiétudes.

Un de mes garçons, dont le tempérament vif était réfractaire aux soins médicaux, eut un accès de colère, parce qu'on lui avait annoncé qu'il passerait la matinée au lit; il menaça même de se suicider, pour faire comme ceux dont il avait lu le suicide dans les journaux. Le soir, il me montra une bosse qui s'était formée sur sa poitrine à la suite d'une chute contre un bouton de porte. A ma question ironique lui demandant pourquoi il avait fait cela et où il voulait en venir, ce garçon de 11 ans me répondit comme subitement illuminé : « C'était ma tentative de suicide dont je vous avais menacé ce matin. » Je dois ajouter que je ne crois pas avoir parlé devant mes enfants de mes idées sur la mutilation volontaire.

Ceux qui croient à la réalité de mutilations volontaires mi-intentionnelles, s'il est permis d'employer cette expression quelque peu paradoxale, sont tout préparés à admettre qu'il existe, à côté du suicide conscient et intentionnel, un suicide mi-intentionnel, provoqué par une intention inconsciente, qui sait habilement utiliser une menace contre la vie et se présenter sous le masque d'un malheur accidentel. Ce cas ne doit d'ailleurs pas être extrêmement rare, car les hommes chez lesquels la tendance à se détruire existe, avec une intensiét plus ou moins grande, à l'état latent, sont beaucoup plus nombreux que ceux chez lesquels cette tendance se réalise. Les mutilations volontaires représentent, en général, un compromis entre cette tendance et les forces qui s'y opposent et, dans les cas qui se terminent par le suicide, le penchant à cet acte a dû exister depuis longtemps avec une intensité atténuée ou à l'état de tendance inconsciente et réprimée.

Ceux qui ont l'intention consciente de se suicider choisissent, eux aussi, leur moment, leurs moyens et leur occasion : de son côté, l'intention inconsciente attend un prétexte qui se substituera à une partie des causes réelles et véritables et qui, détournant les forces de conservation de la personne, la débarrassera de la pression qu'exercent sur elle ces causes (1). Les considérations que je développe

(1) En dernière analyse, ce cas ressemble tout à fait à celui de l'agression sexuelle contre une femme, agression contre laquelle la femme est incapable de se défendre par sa force musculaire, car cette force est neutralisée en partie par les instincts inconscients de la victime. Ne dit-on pas que, dans ces situations, les forces de la femme se trouvent *paralysées*? Mais on devrait ajouter encore les raisons pour lesquelles elles sont paralysées. A ce point de vue, le jugement spirituel, prononcé par Sancho Pansa en sa qualité de gouverneur de son île, n'est pas psychologiquement exact (*Don Quichotte*, IIe partie, chap. XLV). Une femme traîne devant le juge un homme qui, prétend-elle, lui aurait ravi son honneur. Sancho la dédommage, en lui remettant une bourse pleine d'or qu'il enlève au prévenu et permet à celui-ci, après le départ de la femme, de courir après elle pour tenter de lui enlever cette bourse. L'homme et la femme reviennent en luttant, et celle-ci affirme en se vantant que le forcené n'a pas été capable de la dépouiller de la bourse. A quoi Sancho d'observer : « Si tu avais mis à défendre ton honneur la moitié de l'acharnement que tu mets à défendre ta bourse, tu serais encore une honnête femme. »

ici sont bien loin d'être oiseuses. Je connais plus d'un soi-disant « accident » malheureux (chute de cheval ou de voiture) qui, analysé de près et par les circonstances dans lesquelles il s'est produit, autorise l'hypothèse d'un suicide inconsciemment consenti. C'est ainsi, par exemple, que pendant une course de chevaux, un officier tombe de sa monture et se blesse si gravement qu'il meurt quelques jours après. Son attitude, après qu'il fût revenu à lui, était tout à fait bizarre. Mais encore plus bizarre était son attitude avant la chute. Il était profondément déprimé à la suite de la mort de sa mère qu'il adorait, était pris brusquement de crises de larmes, même lorsqu'il se trouvait dans la société de ses camarades, voulait quitter le service pour s'en aller en Afrique prendre part à une guerre qui, au fond, ne l'intéressait pas du tout (1). Cavalier accompli, il évitait depuis quelque temps de monter à cheval. Enfin, la veille des courses, auxquelles il ne pouvait se soustraire, il avait un triste pressentiment; étant donné notre manière d'envisager ces cas, nous ne sommes pas étonné que ce pressentiment se soit réalisé. On me dira qu'il était naturel qu'un homme atteint d'une aussi profonde dépression nerveuse se soit trouvé incapable de maîtriser son cheval, comme il le faisait à l'état normal. Sans doute; je cherche seulement dans l'intention de suicide le mécanisme de cette inhibition motrice par la « nervosité ».

M. S. Ferenczi m'autorise à publier l'analyse suivante d'un cas de blessure en apparence accidentelle par une balle de revolver, cas dans lequel il voit, et je suis parfaitement d'accord avec lui, une tentative de suicide inconsciente :

J. Ad., ouvrier menuisier, âgé de 22 ans, vint me consulter le 18 janvier 1908. Il voulait savoir s'il était possible ou nécessaire d'extraire la balle qui était logée dans sa tempe gauche depuis le 20 mars 1907. Abstraction faite de quel-

(1) On comprend fort bien que le champ de bataille offre à la volonté de suicide consciente, mais qui redoute la voie directe, les conditions qui se prêtent le mieux à sa réalisation. Rappelez-vous ce que le chef suédois dit dans *Wallenstein* au sujet de la mort de Max Piccolomini : « On dit qu'il voulait mourir. »

ques rares maux de tête, peu violents, il n'éprouvait jamais aucun malaise et l'exament objectif ne révélait rien d'anormal, sauf, bien entendu, la présence, au niveau de la région temporale gauche, de la cicatrice noircie, caractéristique d'une balle de revolver. Je déconseillai donc l'opération. Interrogé sur les circonstances dans lesquelles s'était produit l'accident, le malade déclara qu'il s'agissait d'un simple accident. Il jouait avec le revolver de son frère et *croyant qu'il n'était pas chargé*, il l'avait appuyé avec la main gauche contre la tempe *gauche* (il n'est pas gaucher), avait mis le doigt sur la gâchette, et le coup était parti. Le revolver, qui était à six cartouches, en contenait trois. Je lui demandai comment il lui était venu à l'esprit de prendre le revolver. Il répondit que c'était à l'époque où il devait se présenter devant le conseil de révision; la veille au soir, craignant une rixe, il avait emporté l'arme, en se rendant à l'auberge. Au conseil de révision il avait été déclaré inapte à cause de ses varices, ce dont il était très honteux. Il rentra chez lui, joua avec le revolver, sans avoir la moindre intention de se faire du mal; le malheur était arrivé accidentellement. Je lui demandai s'il était en général content de son sort, à quoi il me répondit avec un soupir et me raconta une histoire amoureuse : il aimait une jeune fille qui l'aimait à son tour, ce qui ne l'avait pas empêchée de le quitter; elle partit pour l'Amérique uniquement pour gagner de l'argent. Il voulut la suivre, mais ses parents s'y opposèrent. Son amie était partie le 20 janvier 1907, donc deux mois avant l'accident. Malgré tous ces détails, qui étaient cependant de nature à le mettre en éveil, le malade persista à parler d'« accident ». Mais je suis, quant à moi, fermement convaincu que son oubli de s'assurer si l'arme était chargée, ainsi que la mutilation qu'il s'est infligée involontairement, ont été déterminés par des causes psychiques. Il était encore sous l'influence déprimante de sa malheureuse aventure amoureuse et espérait sans doute « oublier », au régiment. Ayant été obligé de renoncer à ce dernier espoir, il en vint à jouer avec le revolver, autrement dit à la tentative de suicide inconsciente. Le fait qu'il tenait le revolver, non de la main droite, mais de la main gauche, prouve qu'il ne faisait réellement que « jouer », c'est-à-dire n'avait aucune intention consciente de se suicider. »

Voici une autre analyse, mise également à ma disposition par l'observateur. Cette fois encore il s'agit d'une mutilation volontaire, accidentelle en apparence, et le cas faisant l'objet de cette analyse rappelle le proverbe : « celui qui creuse un fossé pour autrui, finit par y tomber lui-même ».

« Madame X., faisant partie d'un bon milieu bourgeois, est mariée et a trois enfants. Bien que nerveuse, elle n'a jamais eu besoin de suivre un traitement quelconque, son adaptation à la vie étant suffisante. Un jour elle fut victime d'un accident qui eut pour conséquence une mutilation grave, mais heureusement momentanée, de la face. Dans une rue en réfection, elle trébucha contre un tas de pierres et se trouva projetée la face contre un mur. Elle rentra chez elle, la face couverte de plaies, les paupières bleues et œdématiées. Inquiète pour ses yeux, elle fit venir le médecin. Après l'avoir rassurée, je lui demandai : « Mais pourquoi êtes-vous donc tombée ainsi? » Elle me répondit qu'il n'y a pas longtemps elle avait prévenu son mari, qui (souffrant d'une affection articulaire) n'était pas solide sur ses jambes, de faire attention en passant dans cette rue, et elle avait déjà eu l'occasion de constater plus d'une fois ce fait bizarre qu'elle était toujours elle-même victime des accidents contre lesquels elle mettait en garde les autres.

« Cette explication de son accident ne m'ayant pas satisfait, je lui demandai si elle n'avait rien de plus à me raconter. Elle se rappella alors qu'immédiatement avant l'accident elle avait vu dans une boutique, en face, un joli tableau; s'étant dit que ce tableau ornerait bien la chambre de ses enfants, elle s'était décidée à l'acheter; elle sortit donc de chez elle et se dirigea droit vers la boutique, sans faire attention à la rue, trébucha contre le tas de pierres et tomba la face contre le mur, sans faire la moindre tentative pour parer le coup en étendant les bras. Son projet d'acheter le tableau fut aussitôt oublié, et elle rentra en hâte chez elle.

— Mais pourquoi n'avez-vous pas fait davantage attention? — lui ai-je demandé.

— Il s'agissait peut-être d'un *châtiment*, répondit-elle; un châtiment pour ce que je vous ai déjà raconté confidentiellement.

— Alors, cette histoire n'a jamais cessé de vous tourmenter?

— Après cette histoire, j'avais des remords, je me considérais comme une femme méchante, criminelle et immorale; mais avant j'étais d'une nervosité qui touchait à la folie.

« Il s'agissait d'un avortement. Devenue enceinte pour la quatrième fois, alors que la situatiòn pécuniaire du ménage était assez précaire, elle s'était adressée, avec le consentement du mari, à une faiseuse d'anges qui avait fait le nécessaire. Il y eut des suites qui nécessitèrent les soins d'un spécialiste.

— Je me faisais, dit-elle, souvent le reproche d'avoir laissé tuer mon enfant, et j'étais angoissée par l'idée qu'un crime pareil ne pouvait rester impuni. Mais puisque vous m'assurez que je n'ai rien à craindre pour mes yeux, je suis tranquille : je suis déjà suffisamment punie.

« Cet accident n'était donc qu'un châtiment que la malade s'était pour ainsi dire infligé elle-même, en expiation du péché qu'elle avait commis, et, peut-être en même temps, un moyen d'échapper à un châtiment inconnu et plus grave qu'elle redoutait depuis des mois.

« Au moment où elle se dirigeait précipitamment vers la boutique pour acheter le tableau, toute cette histoire — avec toutes les appréhensions qui s'y rattachaient et qui devaient être très actives dans son inconscient, puisqu'elle ne manquait pas une seule occasion de recommander à son mari la plus grande prudence dans sa traversée de la rue en réfection — avait surgi dans ses souvenirs avec une intensité particulière, et son expression pourrait être formulée à peu près ainsi : « Quel besoin as-tu d'un ornement pour la chambre de tes enfants, toi qui as laissé tuer un de tes enfants? Tu es une meurtrière! Et le grand châtiment est certainement proche! »

« Sans que cette idée fût devenue consciente, elle la prit comme prétexte, dans ce moment que j'appellerais psychologique, pour utiliser en vue de son propre châtiment, et sans que personne pût jamais deviner son intention, ce tas de pierres qui lui semblait se prêter on ne peut mieux au but qu'elle se proposait. C'est ce qui explique qu'elle n'ait pas songé à étendre ses bras pendant la chute et que l'accident lui-même ne l'ait pas impressionnée outre mesure. On peut voir une autre cause, peut-être moins importante, de son accident, dans la recherche d'un châtiment pour son désir *inconscient* de voir disparaître son mari — qui n'était d'ailleurs que complice dans l'affaire de l'avortement. Ce désir s'est exprimé dans la recommandation qu'elle lui faisait de traverser la rue avec prudence, recommandation complètement inutile, étant donné que le mari, à cause précisément de la faiblesse de ses jambes, marchait avec les plus grandes précautions (1). »

En examinant de près les circonstances dans lesquelles s'est produit le cas suivant, on sera enclin à donner raison à M. J. Stärcke (*l. c.*), qui voit un « sacrifice » dans la mutilation en apparence accidentelle par brûlure.

« Une dame, dont le gendre devait partir pour l'Allemagne où il était appelé par son service militaire, se brûla le pied dans les circonstances suivantes : Sa fille était sur le point d'accoucher, et les préoccupations causées par les dangers de guerre n'étaient pas de nature à faire régner la gaieté dans la maison. La veille du départ de son gendre, elle invita celui-ci et sa fille à dîner. Elle se rendit à la cuisine pour préparer le repas, après avoir mis (chose qui ne lui arrivait jamais) à la place de ses brodequins à semelles dans lesquels elle se sentait très à l'aise et qu'elle avait l'habitude de porter à la maison, les grandes pantoufles, larges et ouvertes, de son mari. En retirant du feu une

(1) Un correspondant écrit à propos de cette question du « châtiment qu'on s'inflige soi-même à l'aide d'un acte manqué » : lorsqu'on observe la manière dont les gens se comportent dans la rue, on constate la fréquence avec laquelle de petits accidents arrivent aux hommes qui, selon la coutume, se retournent pour regarder les femmes: Tel fait un faux pas en terrain plat, tel autre se cogne contre un lampadère, tel autre se blesse d'une autre manière.

grande marmite pleine de soupe bouillante, elle la laissa tomber et se brûla sérieusement un pied, plus particulièrement le dessus du pied qui n'était pas protégé par la pantoufle ouverte. Il va sans dire que tout le monde a vu dans cet accident un effet de sa « nervosité ». Pendant les premiers jours qui suivirent ce « sacrifice » elle mania avec beaucoup de précautions les objets chauds, ce qui ne l'empêcha pas de se brûler de nouveau, cette fois une main, avec une sauce chaude. »

Si une maladresse accidentelle et une insuffisance motrice peuvent ainsi servir à certaines personnes de paravents derrière lesquels se dissimule la rage contre leur propre intégrité et leur propre vie, nous n'avons qu'un petit pas à faire pour admettre la possibilité de l'extension de cette même conception à des actes manqués susceptibles de menacer gravement la vie et la santé de tierces personnes. Les exemples que je puis citer à l'appui de cette manière de voir sont empruntés à l'expérience que j'ai acquise auprès de névrosés et ne répondent donc pas tout à fait à notre cadre, qui est celui de la vie quotidienne. Je rapporterai un cas où je fus conduit à la solution du conflit chez le malade, non d'après un acte manqué, mais d'après ce qu'on peut appeler plutôt un acte symptomatique ou accidentel. J'ai entrepris un jour de rétablir la vie conjugale d'un homme très intelligent, dont les malentendus avec sa femme, qui l'aimait tendrement, pouvaient sans doute reposer sur des raisons réelles, mais qui (il en convenait lui-même) ne suffisaient pas à les expliquer entièrement. Il était sans cesse préoccupé par l'idée du divorce, sans pouvoir s'y décider définitivement, à cause de ses deux enfants en bas âge qu'il adorait. Et pourtant, il revenait constamment à ce projet, sans chercher un moyen de rendre la situation supportable. Cette impuissance à résoudre un conflit est pour moi une preuve que des motifs inconscients et refoulés servaient chez lui à renforcer les motifs conscients en lutte entre eux, et dans les cas de ce genre je cherche à mettre fin au conflit par une analyse. L'homme me fit part un jour d'un petit incident qui l'avait profondément effrayé. Il jouait avec l'aîné des enfants, celui qu'il aimait le plus, en le soulevant et en le baissant alternativement; à un moment donné, il le souleva si haut, et juste au-dessous d'un lourd lustre à gaz, que la tête de l'enfant vint *presque* se cogner contre ce dernier. *Presque*, mais pas tout à fait... Il n'arriva rien à l'enfant, mais la peur lui donna le vertige. Le père resta immobilisé par la frayeur, tenant l'enfant dans les bras; la mère eut une crise d'hystérie. L'adresse particulière de ce mouvement imprudent, la violence de la réaction que celui-ci a provoquée chez les parents m'ont incité à chercher dans cet accident un acte symptomatique exprimant une mauvaise intention à l'égard de l'enfant aimé. Quant à l'opposition entre cette manière de voir et la tendresse actuelle du père pour son enfant, j'ai réussi à la supprimer, en faisant remonter l'impulsion malfaisante à une époque où l'enfant était encore unique et tellement petit qu'il ne pouvait encore inspirer au père aucune tendresse. Il me fut alors facile de supposer que cet homme, peu satisfait de sa femme, pouvait à cette époque-là avoir l'idée ou concevoir le projet suivant : si ce petit être, qui ne m'intéresse en aucune façon, venait à mourir, je deviendrais libre et pourrais me séparer de ma femme. Ce désir de voir mourir le jeune être, si aimé aujourd'hui, a pu persister dans l'inconscient depuis cette époque. A partir de là, il est facile de trouver la voie de la fixation inconsciente du désir. J'ai en effet réussi à retrouver dans les souvenirs d'enfance du patient celui de la mort d'un de ses petits frères, mort que la mère attribuait à la négligence du père et qui avait donné lieu à des explications orageuses entre les époux, avec menaces de séparation. L'évolution ultérieure de la vie conjugale de mon malade n'a fait que confirmer mon schéma, puisque le traitement que j'avais entrepris a été couronné de succès.

J. Stärcke (*l. c.*) a cité un exemple montrant que les poètes n'hésitent pas à remplacer un acte intentionnel par une méprise susceptible de devenir une source de très graves conséquences.

« Dans une de ses esquisses, Heyermans raconte une méprise, ou plutôt un acte manqué, sur lequel il construit tout un drame. Il s'agit d'une esquisse intitulée *Tom et Teddie.* Tom et Teddie, le mari et la femme, sont des plongeurs qui s'exhibent dans un théâtre d'attractions. Un de leurs numéros consiste à exécuter toutes sortes de tours de force sous l'eau, dans un bassin, à parois de verre. La femme flirte avec un autre homme, le dompteur. Le mari-plongeur les a précisément surpris tous deux dans le vestiaire, avant la représentation. Scène muette, regards menaçants. Le plongeur dit : « A plus tard! » La représentation commence. Le plongeur va exécuter son tour de force le plus difficile; il va séjourner pendant deux minutes et demie sous l'eau, dans une caisse hermétiquement fermée. Ils ont déjà plus d'une fois accompli cette prouesse! La caisse fermée, Teddie montrait aux spectateurs qui contrôlaient le temps sur leurs montres, la clef qui servait à fermer et à rouvrir la caisse. Une fois ou deux, elle laissait intentionnellement tomber la clef dans le bassin, plongeant ensuite rapidement pour l'en retirer à temps, avant le moment où la caisse devait être ouverte.

Ce soir du 31 janvier Tom fut, comme d'habitude, enfermé dans la caisse par les mains agiles de la petite femme. Lui souriait derrière le judas; elle jouait avec la clef, en attendant le signe convenu pour la réouverture de la caisse. Derrière les coulisses se tenait le dompteur en habit irréprochable, cravaté de blanc, la cravache à la main. Pour attirer sur lui l'attention de Teddie, il siffla très doucement. Elle le regarda, sourit et, du geste maladroit de quelqu'un dont l'attention est distraite, elle lança la clef tellement haut qu'elle retomba dans les plis de la toile qui recouvrait les tréteaux. Il y avait deux minutes vingt secondes bien comptées que Tom était enfermé dans sa caisse. Personne ne le remarqua. Personne ne pouvait le remarquer. De la salle, l'illusion d'optique était telle que chacun pouvait croire que la clef était tombée dans l'eau, et le personnel du théâtre pouvait partager la même illusion, l'étoffe ayant amorti le bruit de la clef tombant sur le plancher.

« Riant, et sans perdre une seconde, Teddie enjamba le bord du bassin. Elle descendit l'échelle en riant, persuadée que Tom supporterait ce petit retard. C'est encore en riant qu'elle disparut sous les tréteaux pour y chercher la clef; ne l'ayant pas trouvée tout de suite, elle se pencha vers le devant de l'étoffe avec une mimique inimitable, avec une expression sur son visage qui voulait dire : « Oh, Jésus, quel incident fâcheux! »

« Pendant ce temps, Tom faisait des grimaces derrière le judas, et il était visible qu'il commençait, lui aussi, à devenir inquiet. On voyait le blanc de son dentier; on le voyait se mordre les lèvres sous sa moustache blonde; on voyait les bulles qui se formaient autour de lui dans l'eau déplacée par sa respiration. C'était d'un effet comique. On avait déjà vu les mêmes bulles se former, lorsqu'il avait mangé une pomme. On voyait s'agiter et se contracter ses doigts osseux, et on riait, comme on avait déjà plus d'une fois ri, au cours de cette soirée.

Deux minutes, cinquante-huit secondes...

Trois minutes, sept secondes... douze secondes..

Bravo! Bravo! Bravo!...

« Tout à coup, il y eut un mouvement de stupéfaction dans la salle et un bruit de pieds, car les domestiques et le dompteur se mirent, eux aussi, à chercher, et le rideau tomba avant que le couvercle de la caisse fût enlevé.

« Six danseuses anglaises firent leur apparition, puis vint l'homme avec les poneys, les chiens, les singes. Et ainsi de suite.

« C'est seulement le lendemain matin que le public apprit qu'un malheur était arrivé et que Teddie était devenue veuve... »

« On voit, d'après cette citation, quelle compréhension l'artiste devait avoir de la nature des actes accidentels, pour remonter ainsi jusqu'à la cause profonde de la maladresse homicide. »

9 ACTES SYMPTOMATIQUES ET ACCIDENTELS

Les actes que nous venons de décrire et dans lesquels nous avons reconnu la réalisation d'une intention inconsciente, se présentaient comme des formes troublées d'autres actes intentionnels et se dissimulaient sous le masque de la maladresse. Les actes accidentels, dont il sera question dans ce chapitre, ne se distinguent des méprises que par le fait qu'ils ne recherchent pas l'appui d'une intention consciente et n'ont pas besoin d'un prétexte. Ils se produisent pour eux-mêmes et sont admis, car on ne leur soupçonne ni but ni intention. On les accomplit, « sans penser à rien à leur propos », « d'une façon purement accidentelle », « comme si l'on voulait seulement occuper ses mains », et l'on considère que cette explication doit mettre fin à tout examen ultérieur quant à la signification de l'acte. Pour pouvoir bénéficier de cette situation exceptionnelle, les actes en question, qui n'invoquent pas l'excuse de la maladresse, doivent remplir certaines conditions déterminées : ils ne doivent pas être étranges et leurs effets doivent être insignifiants.

J'ai réuni un grand nombre de ces actes accidentels, accomplis par d'autres et par moi-même et, après avoir soumis chaque cas à un examen approfondi, j'ai cru pouvoir conclure que ces actes méritent plutôt le nom de *symptomatiques.* Ils expriment quelque chose que l'auteur de l'acte lui-même ne soupçonne pas et qu'il a généralement l'intention de garder pour lui, au lieu d'en faire part aux autres.

La moisson la plus abondante de ces actes accidentels ou symptomatiques nous est d'ailleurs fournie par les résultats du traitement psychanalytique des névroses. Je ne puis résister à la tentation de montrer, sur deux exemples provenant de cette source, jusqu'à quel degré et avec quelle finesse ces incidents peu apparents sont déterminés par des idées inconscientes. La limite qui sépare les actes symptomatiques des méprises est si peu tranchée que j'aurais pu tout aussi bien citer ces exemples dans le chapitre précédent.

a) Au cours d'une séance de psychanalyse, une jeune femme fait part de cette idée qui lui vient à l'esprit : la veille en se coupant les ongles, « elle a entamé la chair alors qu'elle était occupée à enlever la petite peau de la matrice de l'ongle ». Ce détail est si peu intéressant qu'on peut se demander pourquoi la malade s'en est souvenue et en a fait part; on soupçonne en conséquence qu'il s'agit d'un acte symptomatique. C'est à l'annulaire qu'est arrivé ce petit malheur, l'annulaire auquel on porte l'alliance. Le jour de l'accident était, en outre, le jour anniversaire de son mariage, ce qui confère à la petite blessure un sens tout à fait net et facile à découvrir. Elle raconte, en outre, un rêve se rapportant à la maladresse de son mari et à sa propre anesthésie sexuelle. Mais pourquoi s'est-elle blessée à l'annulaire gauche, alors que c'est sur l'annulaire droit qu'on porte l'alliance? Son mari est avocat, « docteur en droit (1) » et étant jeune fille elle avait une secrète inclination pour un médecin (« docteur en gauche », disait-elle, en plaisantant). Un mariage de la main gauche avait aussi sa signification déterminée.

b) Une jeune femme non mariée raconte : « Hier j'ai déchiré par hasard en deux un billet de banque de 100 florins et j'en ai donné une moitié à une dame qui était en visite chez moi. Aurais-je commis, moi aussi, un acte symptomatique? » Une analyse un peu poussée révèle les détails suivants : Cette femme consacre une partie de son temps et de sa fortune à des œuvres de charité. En commun avec une autre dame, elle assure l'éducation d'un orphelin.

(1) Jeu de mots, fondé sur le double sens du mot *Recht*, qui est d'ailleurs le même que celui du mot français *droit*. (N. d. T.)

Les 100 florins lui ont été envoyés précisément par cette autre autre dame. Ayant reçu le billet, elle l'a mis dans une enveloppe et déposé provisoirement sur son bureau.

La dame qu'elle avait en visite était une personne notable, s'occupant d'une autre œuvre de charité. Elle était venue chercher une liste de personnes auxquelles elle puisse demander une contribution pour son œuvre. Ne trouvant pas de papier pour écrire les noms, ma patiente prit l'enveloppe qui était sur son bureau et la déchira en deux, sans penser à son contenu : elle voulait, en effet, garder pour elle un duplicata de la liste qu'elle allait donner à sa visiteuse. Qu'on remarque bien le caractère inoffensif de cet acte inutile. On sait qu'un billet de cent florins ne perd rien de sa valeur, lorsuu'il est déchiré, dès l'instant où il est possible de le reconstituer avec les fragments. Or, étant donné l'importance de l'usage auquel allait servir le morceau de papier, il était certain que la dame le garderait, et il était non moins certain que dès qu'elle se serait aperçue de son précieux contenu, elle s'empresserait de le renvoyer à sa propriétaire.

Mais quelle pensée inconsciente pouvait bien exprimer cet acte accidentel, facilité par un oubli? La dame en visite était un partisan résolu de notre méthode de traitement. C'est elle qui avait conseillé à ma malade de s'adresser à moi et, si je ne me trompe, cette malade lui était très reconnaissante de ce conseil. Le demi-billet de cent florins représenterait-il les honoraires pour cette aimable intervention? Ce serait bien étonnant.

Mais voici d'autres détails. La veille, une intermédiaire d'un autre genre, que ma malade avait rencontrée chez une parente, lui avait demandé si elle ne serait pas disposée à faire la connaissance d'un certain monsieur; et, quelques heures avant l'arrivée de la dame, ma malade avait reçu une lettre dans laquelle ce même monsieur demandait sa main, ce qui l'avait beaucoup amusée. Lorsque la dame eut préludé à la conversation, en demandant à ma malade des nouvelles de sa santé, celle-ci a pu penser : « Tu m'as bien indiqué le médecin qu'il me fallait; mais je te serais encore plus reconnaissante, si tu pouvais m'aider à trouver le mari qu'il me faut » (et en pensant au mari, elle pensait certainement aussi à un enfant). Partant de cette idée refoulée, elle a fondu ensemble les deux intermédiaires et a tendu à la visiteuse les honoraires que dans son imagination elle était disposée à offrir à l'autre. Ce qui rend cette explication tout à fait vraisemblable, c'est que pas plus tard que la veille au soir je l'avais entretenue des actes accidentels et symptomatiques. Elle profita de la première occasion pour produire quelque chose d'analogue.

On peut subdiviser les actes symptomatiques et accidentels très fréquents, en les classant dans diverses catégories, selon qu'ils sont habituels, se produisent généralement dans certaines conditions, ou sont isolés. Les premiers (habitude de jouer avec sa chaîne de montre, de se tirailler la barbe, etc.), qui peuvent presque servir à caractériser les personnes qui les accomplissent, se confondent avec les innombrables tics et doivent être traités avec ces derniers. Je range dans le deuxième groupe les mouvements qu'on accomplit avec la canne qu'on a à la main, le griffonage avec le crayon qu'on tient entre les doigts, le pétrissage de mie de pain et autres substances plastiques; font partie du même groupe les gens qui ont l'habitude de faire sonner la monnaie qu'ils ont dans leur poche, de tirer sur leurs habits, etc. A toutes ces occupations, qui apparaissent comme des jeux, le traitement psychique découvre un sens et une signification auxquels est refusé un autre mode d'expression. Généralement, la personne intéressée ne se doute ni de ce qu'elle fait, ni des modifications qu'elle fait subir à ses gestes habituels; elle reste sourde et aveugle aux effets produits par ces gestes. Elle n'entend, par exemple, par le bruit qu'elle produit en faisant remuer les pièces de monnaie qu'elle a dans sa poche et elle prend un air étonné et incrédule, lorsqu'on attire son attention sur ce détail. De même, toutes les manipulations que certaines personnes, sans s'en apercevoir, infligent à leurs habits, ont une signification et méritent de retenir l'attention du médecin. Tout changement dans la mise ordinaire, toute négligence, comme, par exemple, un bouton mal ajusté, toute velléité de laisser telle ou telle partie du corps découverte — tout cela signifie quelque chose que le porteur des habits ne veut pas dire directement et dont le plus souvent il ne se doute même pas. L'interprétation de ces petits actes accidentels, ainsi que les preuves à l'appui de cette interprétation, se dégagent chaque fois, avec une certitude suffisante, au cours de la séance, des circonstances dans lesquelles l'acte s'est produit, de la conversation qu'on vient d'avoir avec la personne, ainsi que des idées qui lui viennent à l'esprit, lorsqu'on attire son attention sur le caractère, en apparence seulement accidentel, de l'acte. Étant donné cependant que, dans ce que je viens de dire, j'avais principalement en vue des personnes anormales, je renonce à citer à l'appui de mes affirmations des exemples confirmés par l'analyse; mais si je mentionne toutes ces choses, c'est parce que je suis convaincu que les actes qui nous occupent possèdent chez l'homme normal la même signification que chez les anormaux.

Je citerai un seul exemple, fait pour montrer à quel point un acte symbolique, devenu une habitude, peut se rattacher à ce qu'il y a de plus intime et de plus important dans la vie (1).

« D'après ce que nous a enseigné le professeur Freud, le symbolisme joue dans la vie infantile de l'homme un rôle beaucoup plus important qu'on ne le croyait, d'après les expériences psychanalytiques les plus anciennes. Sous ce rapport, il n'est pas sans intérêt de rapporter l'analyse suivante, surtout à cause des perspectives médicales qu'elle laisse entrevoir.

« En installant son mobilier dans un nouvel appartement, un médecin retrouve un stéthoscope « simple » en bois. Après avoir cherché pendant un instant la place où il va le déposer, il se sent comme poussé à le placer sur son bureau, entre son propre siège et celui sur lequel il a l'habitude de faire asseoir ses malades. Cette acte était quelque peu bizarre, pour deux raisons. En premier lieu, ce médecin (qui est neurologue) se sert rarement du

(1) « Beitrag zur Symbolik des Alltags », par Ernst Jones. Traduit de l'anglais par Otto Rank (Vienne). *Zentralbl. f. Psychoanalyse,* I, 3, 1911.

stéthoscope, et dans les rares cas où il a besoin de cet appareil, il se sert d'un stéthoscope double (pour les deux oreilles). En second lieu, il gardait tous ses appareils et instruments médicaux dans des tiroirs; celui-ci s'est donc vu accorder un traitement de faveur. Quelques jours après, il ne pensait plus à la chose, lorsqu'une malade, venue en consultation et qui n'avait jamais vu un stéthoscope « simple », lui demanda ce que c'était. Ayant reçu l'explication, elle demanda encore pourquoi l'instrument était posé là et non pas ailleurs; à quoi le médecin répondit assez vivement que cette place en valait bien une autre. Ces questions ne l'en frappèrent pas moins, et il commença à se demander si son acte ne lui avait pas été dicté par des motifs inconscients. Familiarisé avec la méthode psychanalytique, il résolut de tirer la chose au clair.

« Il se rappela tout d'abord qu'alors qu'il était étudiant en médecine il avait un chef de service qui avait l'habitude, pendant ses visites dans les salles d'hôpital, de tenir à la main un stéthoscope simple dont il ne se servait jamais. Il admirait beaucoup ce médecin et lui était très dévoué. Plus tard, étant devenu lui-même médecin des hôpitaux, il avait pris la même habitude et se serait senti mal à l'aise si, par mégarde, il était sorti de chez lui sans balancer l'instrument à la main. Ce qui prouvait cependant l'inutilité de cette habitude, ce n'était pas seulement le fait que le seul stéthoscope dont il se servait réellement était un stéthoscope double qu'il portait dans sa poche, mais aussi cette particularité qu'il avait conservé son habitude, après avoir été nommé dans un service de chirurgie où le stéthoscope n'était d'aucune utilité. La signification de ces observations apparaît, si nous admettons la nature phallique de cet acte symbolique.

« Un autre fait dont il retrouva le souvenir était le suivant : jeune garçon, il avait été frappé par l'habitude du médecin de famille de garder son stéthoscope simple à l'intérieur de son chapeau. Il trouvait intéressant que le médecin ait toujours eu à sa portée son principal instrument, lorsqu'il allait voir des malades, et qu'il lui ait suffi d'enlever son chapeau (c'est-à-dire une partie de ses vêtements), pour l'en retirer. Jeune enfant, il avait beaucoup de sympathie pour ce médecin; et en s'analysant récemment, il se rappela qu'à l'âge de trois ans et demi il eut deux phantasmes au sujet de la naissance de sa plus jeune sœur : premièrement, qu'elle était née de lui-même et de sa mère, deuxièmement, de lui-même et du docteur. Dans ces phantasmes, il jouait aussi bien le rôle féminin que le rôle masculin. Il se rappela ensuite avoir été, à l'âge de six ans, examiné par ce même médecin, et il se souvenait nettement de la sensation voluptueuse qu'il avait éprouvée à sentir la tête du docteur appuyée sur sa poitrine par l'intermédiaire du stéthoscope, ainsi que le va-et-vient rythmique de ses mouvements respiratoires. A l'âge de trois ans il eut une maladie chronique des bronches qui nécessita des examens répétés, dont il ne se souvient d'ailleurs pas.

« A l'âge de huit ans, il fut fortement impressionné, en entendant un de ses camarades raconter que le médecin avait l'habitude de se mettre au lit avec ses patientes. Ce récit avait un fond de vérité, car le médecin en question jouissait de la sympathie de toutes les femmes du quartier (et de sa mère aussi). L'analysé lui-même avait éprouvé plus d'une fois le désir sexuel en présence de certaines de ses patientes; il en avait successivement aimé deux et avait fini par épouser une cliente. Il est à peu près certain que c'est son identification inconsciente avec le médecin qui le poussa à choisir la carrière médicale. Il résulte d'analyses faites sur d'autres médecins que telle est en effet la raison la plus fréquente (bien qu'il soit difficile de préciser cette fréquence) du choix de cette carrière. Dans le cas précis, il put y avoir deux moments décisifs : en premier lieu, la supériorité, qui s'est manifestée dans plusieurs occasions, du médecin sur le père, dont le fils était très jaloux; et en second lieu le fait que le médecin savait des choses défendues et avait de nombreuses occasions de satisfaction sexuelle.

« L'analysé retrouve ensuite le souvenir d'un rêve (qui a été publié ailleurs (1)) de nature nettement homo-

(1) « Freud's Theory of Dreams », *Americ. Journ. of Psychoanal.*, avril 1910, N 7, p. 301.

sexuelle et masochiste, dans lequel un homme, qui n'est qu'un avatar du médecin, menaçait le rêveur d'un glaive. Cela lui rappela une histoire qu'il avait lue dans le *Chant des Niebelungen* et où il est question d'une épée que Sigurd aurait placée entre lui et Brunhilde endormie. La même histoire figure dans la légende d'Arthur que notre homme connaît également.

« Le sens de l'acte symptomatique devient ainsi compréhensible. Le médecin avait placé son stéthoscope entre lui et ses patientes, tout comme Sigurd avait placé son épée entre lui et la femme à laquelle il ne devait pas toucher. C'était un acte de compromis qui devait servir à deux fins : éveiller, en présence d'une patiente séduisante, son désir refoulé d'avoir avec elle des rapports sexuels et lui rappeler en même temps que ce désir ne pouvait être satisfait. Il s'agissait, pour ainsi dire, d'un charme contre les assauts de la tentation.

« J'ajouterai encore que le garçon a été fortement impressionné par ces vers du *Richelieu* de Lord Lytton :

> Beneath the rule of men entirely great
> The pen is mightier than the sword (1).

qu'il est devenu un écrivain fécond et qu'il se sert d'un stylo extraordinairement grand. Comme je lui demandais : « Quel besoin avez-vous d'un porte-plume pareil? », il répondit : « J'ai tant de choses à exprimer. »

« Cette analyse montre une fois de plus quelles profondeurs de la vie psychique nous révèlent les actes soi-disant « inoffensifs, dépourvus de sens » et à quelle période précoce de la vie commence à se développer la tendance à la symbolisation ».

Je puis encore citer un cas de ma pratique psychothérapique où une main jouant avec une boule de mie de pain m'a fait des révélations intéressantes. Mon patient

(1) « Sous le gouvernement d'hommes véritablement grands, la plume est plus puissante que l'épée. » Cf. Oldhams : « I wear my pen as other do their sword » (Je porte ma plume comme d'autres portent leur épée).

était un jeune garçon à peine âgé de 13 ans, atteint depuis deux ans d'une hystérie grave et qui, après un long séjour infructueux dans un établissement hydrothérapique, m'avait été confié en vue d'un traitement psychanalytique. Il avait dû, à mon avis, se livrer à certaines expériences sexuelles et il était tourmenté, étant donné son âge, par des questions d'ordre sexuel. Je me suis cependant abstenu de lui venir en aide en lui apportant des explications, car je voulais une fois de plus éprouver la solidité de mes hypothèses. Je devais donc chercher la voie à suivre pour obtenir cette vérification. Or, un jour, je fus frappé par le fait suivant : il roulait quelque chose entre les doigts de sa main droite, plongeait la main dans sa poche où ses doigts continuaient à jouer, la retirait de nouveau, et ainsi de suite. Je lui demandai ce qu'il avait dans la main; pour toute réponse, il desserra ses doigts. C'était de la mie de pain, roulée en boule. A la séance suivante, il apporta un autre morceau de mie et, pendant que je conversais avec lui, il fit de cette mie, avec une rapidité extraordinaire et les yeux fermés, toutes sortes de figures qui m'ont vivement intéressé. C'étaient de petits bonshommes, semblables aux idoles préhistoriques les plus primitives, ayant une tête, deux bras, deux jambes et, entre les jambes, un appendice qui se terminait par une longue pointe. Cette figure n'était pas plus tôt achevée que mon malade roulait de nouveau sa mie de pain en boule. A d'autres moments, il laissait son œuvre intacte, mais multipliait les appendices, afin de dissimuler le sens de celui qu'il avait formé entre les jambes. Je voulais lui montrer que je l'avais compris, sans toutefois lui donner le prétexte d'affirmer qu'il n'avait pensé à rien en modelant ses bonshommes. Dans cette intention, je lui demandai brusquement s'il se rappelait l'histoire de ce roi romain qui, dans son jardin, avait répondu par une pantomime à l'envoyé de son fils. Le garçon prétendit qu'il ne se la rappelait pas, bien qu'il l'eût apprise beaucoup plus récemment que moi. Il me demanda si je faisais allusion à l'histoire où la réponse avait été écrite sur le crâne rasé d'un esclave. « Non, répondis-je, cette dernière anecdote se rattache à l'histoire grecque. »

Et je lui racontai ce dont il s'agissait : le roi Tarquin le Superbe avait ordonné à son fils de s'introduire dans une cité latine ennemie; le fils, qui avait réussi à se créer des intelligences dans la ville, envoya au roi un messager chargé de lui demander ce qu'il devait faire ensuite; le roi ne donna aucune réponse, mais s'étant rendu dans son jardin, se fit répéter la question et abattit sans mot dire les plus grandes et les plus belles têtes de pavots. Il ne resta au messager qu'à aller raconter à Sextus ce qu'il avait vu; Sextus comprit et veilla à supprimer par l'assassinat les citoyens les plus notables de la ville.

Pendant que je parlais, le garçon avait cessé de pétrir sa mie, et lorsque je fus arrivé au passage racontant ce que le roi fit dans son jardin, et notamment aux mots : « abattit sans mot dire », mon malade abattit, à son tour, la tête de son bonhomme avec la rapidité d'un éclair. Il m'avait donc compris et remarqué que je le comprenais moi aussi. Je pus commencer à l'interroger directement et lui donnai les renseignements qui l'intéressaient et au bout de peu de temps il fut guéri de sa névrose.

Les actes symptomatiques, dont on trouve une variété inépuisable aussi bien chez l'homme sain que chez l'homme malade, méritent notre intérêt pour plus d'une raison. Ils fournissent au médecin des indications précieuses qui lui permettent de s'orienter au milieu de circonstances nouvelles ou encore peu connues; elles révèlent à l'observateur profane tout ce qu'il désire savoir, et quelquefois même plus qu'il ne désire. Celui qui sait utiliser ces indications doit à l'occasion procéder comme le faisait le roi Salomon qui, d'après la légende, comprenait le langage des animaux. Un jour, je fus prié de venir examiner un jeune homme qui se trouvait chez sa mère. La première chose qui me frappa lorsqu'il vint au-devant de moi, ce fut une grande tache blanche sur son pantalon, tache qui, à en juger pas ses bords caractéristiques, devait provenir d'un blanc d'œuf. Après un bref moment d'embarras, le jeune homme s'excusa, en disant qu'étant un peu enroué il avait gobé un œuf cru dont un peu de blanc avait coulé sur son pantalon et, pour confirmer ses dires, il me montra une assiette sur laquelle il y avait encore de la coquille d'œuf. La provenance de la tache suspecte semblait donc expliquée de la manière la plus naturelle. Mais lorsque la mère nous eut laissés en tête-à-tête, je le remerciai de m'avoir ainsi facilité le diagnostic et pus sans difficulté obtenir de lui l'aveu qu'il se livrait à la masturbation. — Une autre fois, j'eus à examiner une dame aussi riche que vaniteuse et sotte et qui avait l'habitude de répondre aux questions du médecin par une avalanche de plaintes incohérentes, qui rendaient le diagnostic particulièrement difficile. En entrant, je la trouvai assise devant un petit guéridon en train de ranger en tas des florins d'argent, et en se levant elle fit tomber quelques pièces sur le parquet. Je l'aidai à les ramasser et ne tardai pas à interrompre la description de sa misère en lui demandant : « Votre distingué gendre vous a-t-il donc fait perdre tant d'argent que cela? » Elle me répondit par un *non* ! irrité, pour me raconter l'instant d'après l'état d'exaspération dans lequel la mettait la prodigalité de son gendre. Je dois ajouter que je ne l'ai plus jamais revue : c'est qu'on ne se fait pas toujours des amis parmi ceux à qui l'on révèle la signification de leurs actes symptomatiques.

Le Dr J. E. G. van Emden (de La Haye) relate un autre cas d'aveu « par acte symptomatique » : « Lors de l'addition, le garçon d'un petit restaurant de Berlin prétendit que le prix d'un certain plat avait été augmenté de 10 pfennigs. Comme je lui demandais pourquoi cette augmentation ne figurait pas sur la carte, il répondit qu'il s'agissait évidemment d'une omission, mais qu'il était sûr de ce qu'il avançait. En mettant l'argent dans sa poche, il fit tomber sur la table, juste devant moi, une pièce de dix pfennigs. — « Je sais maintenant que vous m'avez trop compté. Voulez-vous que je me renseigne à la caisse? » — « Pardon, permettez... un instant... » et il disparut.

Il va sans dire que je ne me suis pas opposé à sa retraite, et lorsqu'il revint deux minutes plus tard, en s'excusant d'avoir, par une erreur inconcevable, confondu le plat en question avec un autre, je lui ai remis les dix pfennigs en récompense de sa contribution à la psychopathologie de la vie quotidienne. »

C'est en observant les gens pendant qu'ils sont à table qu'on a l'occasion de surprendre les actes symptomatiques les plus beaux et les plus instructifs.

Voici ce que raconte le Dr Hanns Sachs :

« J'ai eu l'occasion d'assister au souper d'un couple un peu âgé auquel je suis apparenté. La femme a une maladie d'estomac et observe un régime rigoureux. Lorsqu'on apporta le rôti, le mari pria la femme, qui ne devait pas toucher à ce plat, de lui donner la moutarde. La femme ouvre le buffet, en retire un petit flacon contenant les gouttes dont elle fait usage et le dépose devant le mari. Entre le pot de moutarde en forme de tonneau et le petit flacon à gouttes, il n'y avait évidemment aucune ressemblance susceptible d'expliquer la confusion; et cependant la femme ne s'aperçut de son erreur que lorsque le mari eut en riant attiré son attention sur ce qu'elle avait fait.

Inutile d'insister sur la signification de cet acte symptomatique. Elle saute aux yeux. »

Je dois au docteur B. Dattner (de Vienne) la communication d'un précieux cas de ce genre, qui a été très habilement utilisé par l'observateur :

« Je suis en train de déjeuner au restaurant avec mon collègue de philosophie, le Dr H. Il me raconte ce qu'il y a de pénible dans la situation d'un stagiaire et ajoute à ce propos qu'avant la fin de ses études il était entré à titre de secrétaire chez le ministre plénipotentiaire du Chili. « Puis le ministre a été remplacé, et je ne me suis pas présenté au nouveau. » Et pendant qu'il prononce cette dernière phrase, il porte à la bouche un morceau de gâteau, mais le laisse tomber du couteau, comme par maladresse. Je saisis aussitôt le sens caché de cet acte symptomatique et je glisse, comme en passant, à mon collègue, peu familiarisé avec la psychanalyse : « Vous avez laissé tomber là un bon morceau. » Il ne s'aperçoit pas que mes paroles peuvent se rapporter tout aussi bien à son acte symptomatique, et il répète avec une vivacité surprenante les mots que je viens de prononcer : « Oui, c'était en effet un bon morceau, celui que j'ai laissé tomber. » Et il se soulage en me racontant, sans omettre un détail, sa maladresse qui l'a privé d'une place bien payée.

« La signification de son acte symptomatique apparaît lorsqu'on songe que mon collègue devait éprouver une certaine gêne à me parler, à moi qu'il connaissait très peu, de sa situation matérielle précaire : mais l'idée qu'il voulait refouler a déterminé un acte symptomatique qui a exprimé symboliquement ce qui devait rester caché et a fourni ainsi à mon interlocuteur un moyen de soulagement qui avait sa source dans l'inconscient. »

Les exemples suivants montrent quelle signification peut avoir le fait d'emporter involontairement un objet appartenant à une autre personne.

1) Dr B. Dattner : « Un de mes collègues fait une visite à une de ses amies d'enfance, la première visite après le mariage de celle-ci. Il me parle de ce petit événement, m'exprime à ce propos son étonnement d'avoir été obligé, contrairement à son intention, de prolonger un peu cette visite, et il me fait part en même temps d'un singulier acte manqué qu'il a commis dans cette maison.

Le mari de l'amie, qui avait, lui aussi, pris part à la conversation, se mit, à un moment donné, à chercher une boîte d'allumettes qui (mon collègue s'en souvient fort bien) se trouvait sur la table, lorsqu'il était entré dans la pièce. On cherche partout, mon collègue fouille dans ses poches, se disant qu'après tout, il a bien pu par mégarde se *l'approprier*, mais en vain. Ce n'est que longtemps après qu'il la retrouva réellement dans une poche, et à cette occasion il fut frappé par le fait que la boîte ne renfermait qu'une seule allumette.

Deux jours plus tard, le collègue fit un rêve dans lequel la boîte figurait à titre de symbole et son amie d'enfance à titre de personnage principal, ce qui ne fit que confirmer l'explication que je lui avais donnée, à savoir qu'il avait voulu par son acte manqué (appropriation involontaire de la boîte) affirmer son droit de priorité et de possession exclusive (il n'y avait qu'une seule allumette dans la boîte). »

2) Dr Hanns Sachs : « Notre bonne a un faible pour un certain gâteau. C'est là un fait incontestable, car c'est le

seul plat qu'elle ne rate jamais. Un dimanche, elle apporte ce gâteau, le dépose sur la crédence, enlève les assiettes du plat précédent et les range sur le plateau sur lequel elle a apporté le gâteau; mais, au lieu de nous servir celui-ci, elle le place sur le tas d'assiettes et emporte le tout à la cuisine. Nous avions cru tout d'abord qu'elle avait quelque chose à arranger au gâteau, mais, ne la voyant pas revenir, ma femme se décide à la rappeler et lui demande : « Betty, qu'avez-vous donc fait du gâteau? » Il fallut lui rappeler qu'elle l'avait emporté; elle l'avait donc chargé sur le plateau, emporté à la cuisine, déposé quelque part sur une table ou ailleurs, « sans remarquer ce qu'elle faisait ».

« Le lendemain, lorsque nous voulûmes manger ce qui restait du gâteau, ma femme constata que la bonne n'avait pas touché au morceau qui lui avait été réservé. Questionnée sur les raisons de son abstention, elle répondit, légèrement embarrassée, qu'elle n'avait pas envie d'en manger.

« L'attitude infantile de la jeune fille est visible dans toute cette affaire : d'abord, l'avidité infantile qui ne veut partager avec personne l'objet de ses désirs; ensuite, la réaction non moins infantile par le dépit : puisque je ne puis avoir le gâteau pour moi toute seule, je préfère n'en rien avoir; gardez-le pour vous. »

Les actes accidentels ou symptomatiques se rattachant à la vie conjugale ont souvent la plus grande signification et peuvent inspirer la croyance aux signes prémonitoires à ceux qui ne sont pas familiarisés avec la psychologie de l'inconscient. Ce n'est pas un bon début, lorsqu'une jeune femme perd son alliance au cours du voyage de noces; il est vrai que le plus souvent l'alliance, qui a été mise par distraction dans un endroit où on n'a pas l'habitude de la mettre, finit par être retrouvée. — Je connais une femme divorcée qui, longtemps avant le divorce, se trompait souvent, en signant de son nom de jeune fille les documents concernant l'administration de ses biens. — Un jour, me trouvant en visite chez un couple récemment marié, j'ai entendu la jeune femme me raconter en riant qu'étant allée, au retour du voyage de noces, voir sa sœur, celle-ci lui proposa de l'accompagner dans les magasins pour faire des achats, pendant que le mari irait à ses affaires. Une fois dans la rue, elle aperçut, sur le trottoir opposé, un monsieur dont la présence dans cette rue sembla l'étonner, et elle dit à sa sœur : « Regarde, on dirait que c'est M. L. » Elle avait oublié que ce M. L. était depuis plusieurs semaines son époux. Je me suis senti mal à l'aise en écoutant ce récit, mais m'abstins d'en tirer une conclusion. Je ne me suis souvenu de cette petite histoire qu'au bout de plusieurs années, lorsque ce mariage eut pris une tournure des plus malheureuses.

Aux travaux très intéressants de A. Maeder, publiés en français (1), j'emprunte l'observation suivante, qui d'ailleurs pourrait tout aussi bien figurer dans le chapitre sur les *Oublis* :

« Une dame nous racontait récemment qu'elle avait oublié d'essayer sa robe de mariage et s'en souvint la veille du mariage à huit heures du soir, alors que la couturière désespérait de voir sa cliente. Ce détail suffit à montrer que la fiancée ne se sentait pas très heureuse de porter une robe d'épousée, qu'elle cherchait à oublier cette idée pénible. Elle est aujourd'hui... divorcée. »

Un de mes amis, qui sait observer et interpréter les signes, m'a raconté que la grande tragédienne Eleonora Duse accomplit dans un de ses rôles un acte symptomatique qui montre bien toute la profondeur de son jeu. Il s'agit d'un drame d'adultère : elle vient d'avoir une explication avec son mari et se trouve plongée dans ses pensées, tandis que le séducteur s'approche d'elle. Pendant ce bref intervalle elle joue avec l'alliance qu'elle porte au doigt : elle l'enlève, la remet et l'enlève de nouveau. La voilà prête à tomber dans les bras de l'autre.

A cela se rattache ce que Th. Reik (*Internat. Zeitschr. f. Psychoanalyse*, III, 1915) raconte au sujet d'autres actes symptomatiques portant sur l'alliance :

« Nous connaissons les actes symptomatiques accomplis par des époux et qui consistent à enlever et à remettre machinalement leur alliance. Mon collègue K. a accompli

(1) Alph. Maeder, Contributions à la psychopathologie de la vie quotidienne. *Archives de Psychologie*, t. VI, 1906.

toute une série d'actes symptomatiques de ce genre. Une jeune fille qu'il aimait lui fit cadeau d'une bague, en lui recommandant de ne pas la perdre, car s'il la perdait, ce serait un signe qu'il ne l'aimerait plus. Par la suite il fut constamment obsédé par la crainte de perdre la bague. Lorsqu'il lui arrivait de l'enlever, pour se laver les mains, par exemple, il oubliait régulièrement la place où il l'avait mise et ne la retrouvait souvent qu'après de longues recherches. Lorsqu'il laissait tomber une lettre dans une boîte, il appréhendait toujours qu'un mouvement maladroit de la main contre le rebord de celle-ci ne fasse glisser la bague pour l'envoyer rejoindre la lettre au fond de la boîte. Un jour il manœuvra si bien que l'accident tant redouté arriva réellement. C'était un jour où il expédiait une lettre de rupture à une de ses anciennes maîtresses, devant laquelle il se sentait coupable. Au moment de laisser tomber la lettre dans la boîte, il fut pris du désir de revoir cette femme, désir qui entra en conflit avec son affection pour sa maîtresse actuelle. »

A propos de ces actes symptomatiques ayant pour objet la bague, l'anneau ou l'alliance, on constate une fois de plus que la psychanalyse ne découvre rien que les poètes n'aient pressenti depuis longtemps déjà. Dans le roman de Fontane *Avant l'orage*, le conseiller de justice Turgany dit pendant un jeu de gages : « Croyez-moi, mesdames, la remise d'un gage révèle parfois les mystères les plus profonds de la nature. » Parmi les exemples qu'il cite à l'appui de son affirmation, il en est un qui mérite un intérêt particulier. « Je me souviens, dit-il, d'une femme de professeur, à l'âge de l'embonpoint, qui, chaque fois, remettait en gage son alliance qu'elle tirait du doigt. Permettez-moi de ne pas vous décrire le bonheur conjugal de cette maison. » « Il se trouvait dans la même société, continua-t-il, un monsieur qui ne se lassait pas de déposer sur les genoux de cette dame son couteau de poche, muni de dix lames, d'un tire-bouchon et d'un briquet, jusqu'à ce que ce couteau-monstre, après avoir déchiré plusieurs jupes de soie, ait disparu à travers les déchirures, à la grande indignation du public. »

Il n'est pas étonnant qu'un objet comme une bague ait une signification aussi riche, alors même qu'aucun sens érotique ne s'y trouve attaché, c'est-à-dire alors même qu'il ne s'agit ni d'une bague de fiançailles, ni d'une alliance. Le Dr Kardos a mis à ma disposition l'exemple suivant d'un acte manqué de ce genre :

Acte manqué équivalant à un aveu.

Il y a quelques années, un homme beaucoup plus jeune que moi et partageant mes idées, a bien voulu s'associer à mes travaux et adopter à mon égard une attitude que je qualifierai comme celle d'un disciple. A une certaine occasion, je lui ai offert une bague qui a provoqué de sa part un grand nombre d'actes symptomatiques ou manqués, et cela toutes les fois où nos relations ont été troublées par un malentendu. Tout récemment, il me fit part du fait suivant, particulièrement intéressant et transparent : sous un prétexte quelconque, il manqua l'un de nos rendez-vous hebdomadaires, au cours desquels nous avions l'habitude d'échanger à loisir nos idées; en réalité, il avait préféré rencontrer une jeune dame, avec laquelle il avait rendez-vous à la même heure. Le lendemain matin il s'aperçoit, mais longtemps après avoir quitté sa maison, qu'il a oublié de mettre sa bague. Il ne s'en inquiète pas outre mesure, se disant qu'il l'a sans doute laissée sur sa table de nuit où il avait l'habitude de la déposer tous les soirs, et persuadé qu'il la retrouvera à son retour. Aussitôt rentré, il se met à chercher la bague, mais en vain : elle n'était pas plus sur la table de nuit qu'ailleurs. Il finit par se rappeler qu'il avait, selon une habitude remontant à plus d'une année, déposé sa bague sur la table de nuit, à côté d'un petit canif; aussi pensa-t-il avoir mis, par distraction, la bague dans cette poche, en même temps que le canif. Il plonge donc les doigts dans la poche du gilet et y retrouve effectivement la bague.

« L'alliance dans la poche du gilet », telle est la recommandation qu'un proverbe populaire adresse au mari qui se propose de tromper sa femme. La conscience de sa faute l'a donc poussé d'abord à s'infliger un châtiment : « Tu ne mérites plus de porter cette bague », et ensuite à avouer son infidélité, sous la forme d'un acte manqué qui, il est vrai, n'avait pas de témoins. Il n'est arrivé à avouer sa petite « infidélité » que par le détour (c'était d'ailleurs à prévoir) du récit qu'il en fit. »

Je connais aussi un monsieur âgé ayant épousé une très jeune fille et qui, au lieu de partir tout de suite en voyage, préféra passer avec sa jeune femme la première nuit dans un hôtel de la capitale. A peine arrivé à l'hôtel, il constata avec angoisse que son portefeuille contenant la somme destinée au voyage de noces avait disparu. Il eut encore le temps de téléphoner à son domestique, qui avait retrouvé le portefeuille dans une poche de l'habit que notre nouveau marié avait déposé chez lui en revenant de la cérémonie du mariage. Rentré en possession de son portefeuille, il put le lendemain partir en voyage avec sa jeune femme; mais, ainsi qu'il l'avait redouté, il n'avait pas été capable de remplir pendant la nuit ses devoirs conjugaux.

Il est consolant de penser que, dans l'immense majorité des cas, les hommes, lorsqu'ils perdent quelque chose, accomplissent un acte symptomatique et qu'ainsi la perte d'un objet répond à une intention secrète de celui qui est victime de cet accident. Très souvent, la perte de l'objet témoigne seulement du peu de prix qu'on attache à celui-ci ou du peu d'estime qu'on a pour la personne de qui on le tient; ou encore, la tendance à perdre un objet déterminé vient d'une association d'idées symbolique entre cet objet et d'autres, beaucoup plus importants, la tendance se trouvant transférée de ceux-ci à celui-là. La perte d'objets précieux sert à exprimer les sentiments les plus variés : elle peut constituer la représentation symbolique d'une idée refoulée, donc un avertissement auquel on ne prête pas volontiers l'oreille, ou bien (et avant tout) elle doit être considérée comme un sacrifice offert aux obscures puissances qui président à notre sort et dont le culte subsiste toujours parmi nous (1).

(1) Voici encore une petite collection de différents actes symptomatiques chez des personnes saines et chez des névrosés. — Un

Voici quelques exemples à l'appui de ces propositions concernant la perte d'objets :

Dr B. Dattner : « Un collègue me raconte qu'il a perdu par hasard son stylo qu'il avait depuis deux ans et auquel il tenait beaucoup, parce qu'il le trouvait très commode. L'analyse révéla la situation suivante. La veille, le collègue avait reçu de son beau-frère une lettre profondément

collègue un peu âgé, qui n'aime pas perdre aux cartes, s'acquitte un soir d'une dette de jeu assez importante, et cela sans aucune protestation, mais en faisant sur lui-même un effort visible. Après son départ, on découvrit qu'il avait laissé, à la place où il était assis, à peu près tout ce qu'il avait l'habitude de porter sur lui : lunettes, étui à cigares, mouchoir de poche. Cet oubli peut être traduit ainsi : « Vous êtes des brigands; vous m'avez joliment dépouillé. » — Un homme, qui souffre de temps en temps d'impuissance sexuelle (qui remonte à la profonde affection qu'étant enfant il a éprouvée pour sa mère), raconte qu'il a l'habitude d'orner manuscrits et dessins de la lettre S, qui est l'initiale du nom de sa mère. Il ne supporte pas que les lettres qu'il reçoit de chez lui voisinent sur son bureau avec d'autres lettres, d'un caractère profane; aussi conserve-t-il les premières à part. — Une jeune dame ouvre brusquement la porte de la salle de traitement dans laquelle se trouve déjà une autre malade. Elle invoque pour excuse son « étourderie »; l'analyse révèle qu'elle a été poussée à son acte par la même curiosité que celle qui lui faisait faire autrefois irruption dans la chambre de ses parents. — Des jeunes filles, fières de leur belle chevelure, savent tellement bien l'arranger à l'aide de peignes et d'épingles que leurs cheveux se défont au beau milieu de la conversation. — Certains hommes répandent à terre, pendant le traitement (dans la position couchée), de la petite monnaie qui tombe de la poche de leur pantalon et récompensent ainsi, selon leurs moyens, le travail qu'exige une heure de traitement. — Celui qui oublie chez le médecin son pince-nez, ses gants, sa pochette, montre par là-même qu'il ne s'en va qu'à regret et qu'il reviendra bientôt. E. Jones dit : « Un médecin peut presque mesurer le succès avec lequel il pratique la psychanalyse par l'importance de la collection de parapluies, ombrelles, mouchoirs, bourses, etc. qu'il réunit en l'espace d'un mois. » — Les actes les plus habituels, les plus insignifiants et accomplis avec le minimum d'attention, comme par exemple remonter une montre le soir, avant le coucher, éteindre la lumière au moment où l'on quitte une pièce, etc., sont, dans certaines occasions, sujets à des troubles qui prouvent d'une façon incontestable l'influence des complexes inconscients sur les « habitudes » les plus fortes. M. Maeder raconte, dans la revue *Cœnobium*, l'histoire d'un médecin d'hôpital qui avait décidé un soir de se rendre en ville pour une affaire importante, bien qu'il fût de service et n'eût pas le droit de quitter l'hôpital. En revenant, il fut tout étonné d'apercevoir de la lumière dans sa chambre. Il avait oublié, chose qui ne lui était jamais arrivée auparavant, d'éteindre la lumière en sortant. Mais il ne tarda pas à découvrir la raison de cet oubli : le directeur de l'hôpital, voyant de la lumière dans la chambre de son interne, ne pouvait pas se douter que celui-ci fût désagréable qui se terminait ainsi : « Je n'ai d'ailleurs ni le temps ni l'envie d'encourager ta légèreté et ta paresse. » L'émotion provoquée par cette lettre fut telle que le lendemain le collègue perdit son stylo, qu'il avait précisément reçu en cadeau de ce beau-frère : ce fut comme un sacrifice qu'il offrit, afin de ne rien devoir à ce dernier. »

Une dame de ma connaissance ayant perdu sa vieille mère s'abstient naturellement de fréquenter les théâtres.

absent. — Un homme accablé de soucis et sujet à des accès de profonde dépression m'assurait qu'il trouvait régulièrement sa montre arrêtée le matin, lorsqu'il lui arrivait de se coucher la veille avec un sentiment de lassitude qui lui faisait apparaître la vie sous les couleurs les plus sombres. En oubliant de remonter sa montre il exprime donc symboliquement qu'il lui est indifférent de se réveiller ou non le lendemain. — Un autre homme, que je ne connais pas personnellement, m'écrit : « A la suite d'un grand malheur, la vie m'avait paru tellement dure et hostile que j'en étais arrivé à me dire tous les jours que je n'aurais pas assez de force pour vivre un jour de plus; aussi avais-je fini par oublier de remonter ma montre, chose qui ne m'était jamais arrivée auparavant, car c'était là un acte que j'accomplissais presque machinalement tous les soirs, avant de me mettre au lit. Je ne me souvenais plus de cette habitude que très rarement, lorsque j'avais le lendemain une affaire importante ou qui m'intéressait particulièrement. Serait-ce également un acte symptomatique? Je ne pouvais pas m'expliquer cet oubli. » — Celui qui, comme Jung (*Ueber die Psychologie der Dementia praecox*, p. 62, 1907) ou comme Maeder (*Une voie nouvelle en psychologie : Freud et son école*, Cœnobium, Lugano, 1909), veut bien se donner la peine de prêter attention aux airs que, sans le vouloir et souvent sans s'en apercevoir, telle ou telle personne fredonne, trouvera presque toujours qu'il existe un rapport entre le texte de la chanson et un sujet qui préoccupe la personne en question.

Le déterminisme plus profond qui préside à l'expression de nos pensées par la parole ou par l'écriture mériterait également une étude sérieuse. On se croit en général libre de choisir les mots et les images pour exprimer ses idées. Mais une observation plus attentive montre que ce sont souvent des considérations étrangères aux idées qui décident de ce choix et que la forme dans laquelle nous coulons nos idées révèle souvent un sens plus profond, dont nous ne nous rendons pas compte nous-mêmes. Les images et les manières de parler dont une personne se sert de préférence sont loin d'être indifférentes, lorsqu'il s'agit de se former un jugement sur cette personne; certaines de ces images et manières de parler sont souvent des allusions à des sujets qui, tout en restant à l'arrière-plan, exercent une influence puissante sur celui qui parle. Je connais quelqu'un qui, à une certaine époque, se servait à chaque instant, même dans des conversations abstraites, de l'expression suivante : « Lorsque quelque chose traverse tout à coup la tête de quelqu'un. » Or, je savais que celui qui parlait ainsi avait reçu, peu de temps auparavant, la nouvelle qu'un projectile russe avait traversé d'avant en arrière le bonnet de campagne que son fils, soldat combattant, avait sur la tête.

L'anniversaire de la mort devant expirer dans quelques jours, elle se laisse entraîner par des amis à prendre un billet pour une représentation particulièrement intéressante. Arrivée devant le théâtre, elle constate qu'elle a perdu son billet. Elle croit l'avoir, par mégarde, jeté avec le billet de tramway, en descendant de voiture. Cette dame se vante précisément de n'avoir jamais rien perdu par inattention.

On peut admettre qu'une autre perte faite par elle eut également ses raisons.

Arrivée dans une station thermale, elle se décide à faire une visite dans une pension de famille où elle était logée lors d'un séjour antérieur. Elle y est reçue comme une vieille connaissance, invitée à dîner, et lorsqu'elle veut payer, on ne veut rien accepter d'elle, ce qui lui déplaît quelque peu. On lui accorde seulement la permission de laisser quelque chose à la servante, et elle ouvre sa bourse pour retirer un billet de 1 mark. Le soir, le domestique de la pension lui apporte un billet de 5 marks qu'il a trouvé sous la table et qui, d'après la maîtresse de la pension, ne peut appartenir qu'à elle. Elle l'a donc laissé tomber, pendant qu'elle cherchait dans son porte-monnaie le billet qu'elle voulait laisser en pourboire à la bonne. Il est probable qu'elle tenait quand même à payer son repas.

Dans une communication assez longue, publiée sous le titre: « La signification symptomatique de la perte d'objets » dans *Zentralblatt für Psychoanalyse* (I, 10/11), M. Otto Rank a eu recours à l'analyse de rêves pour faire ressortir le caractère de « sacrifice » inhérent à cet acte et dégager ses raisons profondes. (D'autres communications sur le même sujet ont paru dans *Zeitschr. f. Psychoanalyse*, II et *Internat. Zeitschr. f. Psychoanalyse*, I, 1913). Le plus intéressant, c'est que l'auteur montre que ce n'est pas seulement la perte d'objets qui est déterminée par des raisons cachées, mais qu'on peut souvent en dire autant de la *découverte* d'objets. L'observation suivante montre dans quel sens il faut entendre cette proposition. Il est évident que, lorsqu'il s'agit de perte, l'objet est déjà donné, tandis que dans le cas de *trouvaille* il doit encore être cherché (*Internat. Zeitschr. f. Psychoanal.*, III, 1915).

« Une jeune fille, encore à la charge de ses parents, veut s'acheter un bijou bon marché. Elle demande le prix de l'objet qui la tente, mais apprend, à son regret, que ce prix dépasse ses économies. Il ne lui manque que deux couronnes pour pouvoir s'offrir cette petite joie. Très triste, elle se dirige chez elle à travers les rues, très animées à cette heure-là. Sur une des places les plus fréquentées, et bien que, d'après ses dires, elle fût profondément plongée dans ses pensées, elle aperçoit à terre un bout de papier qu'elle allait dépasser sans y prêter attention. Mais elle se ravise, se baisse pour le ramasser et constate, à son grand étonnement, que c'est un billet de deux couronnes plié. Elle pense : « C'est un heureux hasard qui me l'envoie, pour que je puisse m'acheter le bijou », et elle se propose de rebrousser chemin pour réaliser son intention. Mais, au même moment, elle se dit qu'elle ne doit pas le faire, car l'argent trouvé porte bonheur et qu'il faut le garder.

L'analyse qui peut nous faire comprendre cet acte accidentel, se dégage toute seule de la situation donnée, sans que nous ayons besoin d'interroger la personne intéressée. Parmi les idées qui préoccupaient la jeune fille pendant qu'elle se rendait chez elle, figurait certainement, et en premier lieu, celle de sa pauvreté et de sa gêne matérielle, et nous pouvons supposer que cette idée était associée au désir de voir cette situation cesser au plus tôt. Il est plus que probable qu'en pensant à la satisfaction de son modeste désir de posséder le bijou qui la tentait, elle se demandait quel serait le moyen le plus facile de compléter la somme nécessaire, et il est tout naturel qu'elle se soit dit que la difficulté serait résolue le plus simplement du monde, si elle trouvait la somme de deux couronnes qui lui manquait. C'est ainsi que son inconscient (ou son préconscient) fut orienté vers la « trouvaille », à supposer même que, son attention étant absorbée par autre chose (elle était « profondément plongée » dans ses pensées), l'idée d'une pareille possibilité n'ait pas atteint sa conscience. Et même, nous rappelant d'autres cas analogues qui ont été analysés, nous pouvons affirmer que la « tendance à chercher », *inconsciente*, peut plus facilement aboutir à un résultat positif que l'attention consciemment orientée. Autrement il serait difficile d'expliquer pourquoi ce fut justement cette personne, parmi les centaines d'autres ayant suivi le même trajet, qui fit cette trouvaille, étonnante par elle-même, et cela malgré l'obscurité du crépuscule et malgré la bousculade de la foule pressée. Pour montrer toute la force de cette tendance inconsciente ou préconsciente, il suffit de citer ce fait singulier qu'après sa première trouvaille notre jeune fille en fit une autre : elle ramassa un mouchoir dans un endroit obscur et solitaire d'une rue de faubourg. Or, le fait d'avoir trouvé le billet de deux couronnes lui ayant procuré la satisfaction qu'elle cherchait, il est certain que le désir de trouver autre chose était devenu complètement étranger à sa conscience et ne pouvait plus, en tout cas, diriger et guider son attention. »

Il faut dire que ce sont justement les actes symptomatiques de ce genre qui nous ouvrent le meilleur accès à la connaissance de la vie psychologique intime de l'homme.

Sur le grand nombre d'actes symptomatiques isolés que je connais, j'en citerai un dont le sens profond se révèle sans qu'on ait besoin de recourir à l'analyse. Il révèle on ne peut mieux les conditions dans lesquelles ces actes se produisent, sans que la personne intéressée s'en aperçoive et il autorise, en outre, une remarque de grande importance pratique. Au cours d'un voyage de vacances, il m'arriva d'être obligé de rester plusieurs jours dans le même endroit, pour attendre l'arrivée de mon compagnon. Je fis entre temps la connaissance d'un jeune homme qui semblait également se sentir seul et se joignit volontiers à moi. Comme nous habitions le même hôtel, il arriva tout naturellement que nous prîmes nos repas et fîmes des promenades ensemble. L'après-midi du troisième jour il m'annonça subitement qu'il attendait le soir même sa femme qui devait arriver par l'express. Mon intérêt psychologique se trouva éveillé, car j'avais déjà été frappé dans la matinée par le fait qu'il avait repoussé mon projet d'une excursion plus importante et qu'au cours de notre petite promenade il avait refusé de prendre un certain chemin, parce qu'il le trouvait trop raide et dangereux. Pendant notre promenade de l'après-midi il me dit brusquement de ne pas retarder mon dîner à cause de lui, de manger sans lui, si j'avais faim, car, en ce qui le concerne, il ne dînerait pas avant l'arrivée de sa femme. Je compris l'allusion et me mis à table, tandis qu'il se rendait à la gare. Le lendemain matin nous nous rencontrâmes dans le hall de l'hôtel. Il me présenta sa femme et ajouta : « Vous allez bien déjeuner avec nous? » J'avais quelque chose à acheter dans la rue la plus proche et promis de revenir aussitôt. En entrant dans la salle à manger, je trouvai le couple installé, tous deux sur le même rang, devant une petite table à côté d'une fenêtre. En face d'eux il n'y avait qu'un fauteuil, dont le dossier et le siège étaient encombrés par le lourd imperméable du mari. J'ai très bien compris le sens de cette situation, qui n'était certainement pas intentionnelle, mais d'autant plus significative. Cela voulait dire : « Ici il n'y a pas place pour toi, tu es maintenant de trop. » Le mari ne remarqua pas que j'étais resté debout devant la table, sans m'asseoir, mais sa femme le poussa du coude et lui chuchota : « Tu as encombré le fauteuil de ce monsieur. »

A propos de ce fait, et d'autres analogues, je me suis dit plus d'une fois que les actes non-intentionnels de ce genre doivent nécessairement devenir une source de malentendus dans les relations humaines. Celui qui accomplit un acte pareil, sans y attacher aucune intention, ne se l'attribue pas et ne s'en estime pas responsable. Quant à celui qui est, pour ainsi dire, victime d'une telle action, qui en supporte les conséquences, il attribue à son partenaire des intentions et des pensées dont celui-ci se défend, et il prétend connaître de ses processus psychiques plus que celui-ci ne croit en avoir révélé. L'auteur d'un acte symptomatique est on ne peut plus contrarié, lorsqu'on le met en présence des conclusions que d'autres en ont tirées ; il déclare ces conclusions fausses et sans fondement : c'est qu'il n'a pas conscience de l'intention *qui a* présidé à son acte. Aussi finit-il par se plaindre d'être incompris ou mal compris par les autres. Au fond, les malentendus de ce genre tiennent au fait qu'on comprend trop et trop finement. Plus deux hommes sont « nerveux », et plus il y aura d'occasions de brouille entre eux, occasions dont chacun déclinera la responsabilité avec autant d'énergie qu'il l'attribuera à l'autre. C'est là le châtiment pour notre manque de sincérité intérieure : sous le masque de l'oubli et de la méprise, en invoquant pour leur justification l'absence de mauvaise intention, les hommes expriment des sentiments et des passions dont ils feraient bien mieux d'avouer la réalité, en ce qui les concerne aussi bien qu'en ce qui concerne les autres, dès l'instant où ils ne sont pas à même de les dominer. On peut, en effet, affirmer d'une façon générale que chacun se livre constamment à l'analyse de ses prochains, qu'il finit par connaître mieux qu'il ne se connaît lui-même. Pour se conformer au précepte γνωθι σεαυτον, il faut commencer par l'étude de ses propres actes et omissions, apparemment accidentels.

De tous les poètes qui se sont prononcés sur les petits actes symptomatiques ou actes manquées, ou ont eu à s'en servir, il en est peu qui aient aussi bien entrevu leur nature cachée et éclairé aussi crûment les situations qu'ils provoquent que le fit Strindberg (dont le génie fut d'ailleurs aidé dans ce travail par son propre état psychique, profondément pathologique).

Le Dr Karl Weiss (de Vienne) a attiré l'attention sur le passage suivant d'un de ses ouvrages (*Internat. Zeitschr. f. Psychoanal.*, I, 1913, p. 268) :

« Au bout d'un instant, le comte arriva en effet et s'approcha tranquillement d'Esther, comme s'il lui avait donné rendez-vous.

— Attends-tu depuis longtemps? demanda-t-il d'une voix sourde.

— Depuis six mois, tu le sais, répondit Esther. Mais m'as-tu vue aujourd'hui?

— Oui, tout à l'heure, dans le tramway; et je te regardais dans les yeux, au point que je croyais te parler.

— Beaucoup de choses se sont passées depuis la dernière fois.

— Oui, et je croyais que tout était fini entre nous.

— Comment cela?

— Tous les petits objets que j'ai reçus de toi se sont brisés et cassés, et cela d'une façon mystérieuse. Mais c'est connu depuis longtemps.

— Que dis-tu? Je me rappelle maintenant une foule de cas que je considérais comme de simples effets du hasard. Un jour j'ai reçu de ma grand-mère un pince-nez; c'était à l'époque où nous étions encore bonnes amies. Les verres étaient en cristal de roche taillé et m'étaient très utiles lorsque je pratiquais des autopsies; ce pince-nez était une véritable merveille que je gardais soigneusement. Un jour je rompis avec la vieille et elle fut en colère contre moi. Or, à la première autopsie qui suivit cette brouille, les verres tombèrent de leur monture, sans aucune cause. Je croyais qu'il s'agissait d'un accident des plus simples. Je fis donc réparer le pince-nez. Mais il continua de me refuser son service. Je l'ai fourré dans mon tiroir et ne sais plus ce qu'il est devenu.

— Bizarre! Ce sont les objets liés aux yeux qui sont les plus sensibles. J'avais reçu d'un ami une lorgnette de théâtre; elle était tellement bien adaptée à mes yeux que m'en servir était pour moi un véritable plaisir. Un jour, cet ami et moi sommes devenus ennemis. Tu sais, cela arrive, sans cause apparente; l'un trouve tout à coup qu'on a tort de rester unis. Voulant me servir, pour la première fois après cet événement, de ma lorgnette, je n'arrivai pas à voir clair. Je trouvais les deux verres trop rapprochés et je voyais deux images. Inutile de te dire qu'il n'en était rien : les verres n'étaient pas plus rapprochés et l'écartement de mes yeux n'avait pas augmenté. C'était un de ces miracles qui s'accomplissent tous les jours et qu'un mauvais observateur n'aperçoit pas. L'explication? *La force psychique de la haine est plus grande que nous ne le croyons.* A propos: la bague que tu m'as donnée a perdu sa pierre. Impossible de la réparer, impossible. Veux-tu maintenant te séparer de moi?... (*Die gotischen Zimmer*, pp. 258 et suiv.). »

C'est ainsi que, dans le domaine des actes symptomatiques, l'observation psychanalytique doit également accorder la priorité aux poètes. Elle ne peut que répéter ce que ceux-ci ont dit depuis longtemps. M. Wilh. Stross attire mon attention sur le passage du célèbre roman humoristique de Lawrence Sterne : *Tristram Shandy* (VIe partie, ch. v) :

« Et je ne suis nullement étonné que Grégoire de Nazianze, en observant les gestes brusques et agités de Julien, ait prédit qu'il deviendrait un jour renégat; ou que saint Ambroise ait chassé son Amanuen, à cause des mouvements inconvenants qu'il faisait avec sa tête, qu'il remuait comme un fléau à droite et à gauche; ou que Démocrite, voyant Protagoras faire un fagot de broutilles et mettre les branches les plus minces à l'intérieur du fagot, ait conclu que Protagoras était un savant. Il existe mille orifices invisibles, continue mon père, à travers lesquels un œil pénétrant peut voir d'un seul coup ce qui se passe dans une âme; et j'affirme ajouta-t-il, qu'un homme sensé ne mettra pas son chapeau sur la tête en entrant dans une pièce et ne se découvrira pas en sortant, ou, s'il fait l'un ou l'autre, il laisse échapper quelque chose qui le trahit. »

10 LES ERREURS

Les erreurs de mémoire ne se distinguent des oublis avec faux souvenir que par ce détail que les premières, loin d'être reconnues comme telles, trouvent créance. L'emploi du mot « erreur » semble se rattacher encore à une autre condition. Nous parlons d'*erreur*, au lieu de parler de *faux souvenir*, lorsque dans les matériaux psychiques qu'on veut reproduire on tient à mettre l'accent sur leur réalité objective, c'est-à-dire lorsqu'on veut se souvenir d'autre chose que d'un fait de la vie psychique de la personne qui cherche à se souvenir, d'une chose pouvant être confirmée ou réfutée par le souvenir d'autres personnes. D'après cette définition, c'est l'ignorance qui serait le contraire d'une erreur de mémoire.

Dans mon livre *Die Traumdeutung* (1900; 3e édit., 1919), je me suis rendu coupable d'une foule d'erreurs portant sur des faits historiques et autres, erreurs qui m'ont frappé et étonné lorsque j'ai relu le livre après sa publication. Un examen un peu approfondi n'a pas tardé à me montrer que ces erreurs ne tenaient nullement à mon ignorance, que c'étaient des erreurs de mémoire facilement explicables par l'analyse.

a) Page 266, je donne la ville de *Marburg*, dont le nom se retrouve en Styrie, comme étant la ville natale de *Schiller*. Je retrouve la cause de cette erreur dans l'analyse d'un rêve que j'ai fait au cours d'un voyage de nuit et dont j'ai été brusquement tiré par le conducteur annonçant la station

Marburg. Dans ce rêve, il était question d'un livre de *Schiller*. Or, Schiller est né, non dans la ville universitaire de *Marburg*, mais dans la ville souabe *Marbach*. Cela, je l'affirme, je l'ai toujours su.

b) Page 135, je donne au père d'*Hannibal* le nom d'*Hasdrubal*. Cette erreur, qui m'a été particulièrement désagréable, ne m'a d'ailleurs que confirmé dans la conception que je me suis faite des erreurs de ce genre. Peu de lecteurs de mon livre étaient mieux au courant de l'histoire des Barkides que moi qui ai commis cette erreur et l'ai laissée passer dans trois épreuves. Le père d'Hannibal s'appelait Hamilcar Barkas; quant à Hasdrubal, c'était le nom du frère d'Hannibal, ainsi d'ailleurs que celui de son beau-frère et prédécesseur au commandement.

c) Pages 177 et 370, j'affirme que Zeus a émasculé et renversé du trône son père Kronos. J'ai, par erreur, fait avancer cette horreur d'une génération : la mythologie grecque l'attribue à Kronos à l'égard de son père Ouranos(1).

Comment se fait-il que ma mémoire se soit trouvée en défaut sur ces points, alors que (et j'espère que mes lecteurs ne me démentiront pas) j'y retrouve habituellement sans difficulté les matériaux les plus éloignés et les moins usités? Et comment se fait-il encore que, malgré trois corrections d'épreuves, ces erreurs m'aient échappé, comme si j'avais été frappé de cécité?

Gœthe a dit de Lichtenberg : « dans chacun de ses traits d'esprit il y a un problème caché ». On peut en dire autant des passages cités de mon livre : derrière chaque erreur, il y a quelque chose de refoulé ou, plus exactement, une absence de sincérité, une déformation reposant sur des choses refoulées. En analysant les rêves rapportés dans ces passages, j'ai été obligé, par la nature même des sujets auxquels se rapportaient les idées du rêve, d'interrompre à un moment donné l'analyse avant qu'elle fût achevée, et aussi d'atténuer par une légère déformation le relief de tel ou tel autre détail indiscret. Je ne pouvais pas faire

(1) L'erreur est cependant douteuse : d'après la version orphique du mythe, l'émasculation de Kronos fut l'œuvre de son fils Zeus (Rocher, *Lexicon der Mythologie*).

autrement et n'avais pas d'autre choix, si je voulais en général citer des exemples et des preuves; je me trouvais dans une situation difficile, découlant de la nature même des rêves, qui consiste à exprimer ce qui est refoulé, c'est-à-dire inaccessible à la conscience. J'ai dû cependant laisser pas mal de choses susceptibles de choquer les âmes sensibles. Or, la déformation ou la suppression de certaines idées qui m'étaient connues et qui étaient en plein développement ne s'est pas effectuée sans qu'il restât des traces de ces idées. Ce que j'ai voulu supprimer s'est souvent glissé à mon insu dans ce que j'ai maintenu et s'y est manifesté sous la forme d'une erreur. Dans les trois exemples cités plus haut il s'agit d'ailleurs du même sujet : les erreurs sont des produits d'idées refoulées se rapportant à mon père décédé.

Reprenons ces erreurs :

a) Si vous relisez le rêve analysé page 266 de mon ouvrage *Die Traumdeutung*, vous constaterez soit directement, soit à travers certaines allusions, que j'ai interrompu mon exposé parce que j'allais aborder des idées qui auraient pu contenir une critique inamicale à l'égard de mon père. En poursuivant cette série d'idées et de souvenirs, je retrouve une histoire désagréable dans laquelle des livres jouent un certain rôle, et j'y retrouve un ami et associé de mon père qui s'appelait Marburg, c'est-à-dire du nom même de la station dont l'annonce par le conducteur du train avait interrompu mon sommeil. Au cours de mon analyse, j'ai voulu dissimuler ce M. Marburg à moi-même et à mes lecteurs; mais il s'est vengé, en se faufilant là où il n'était pas à sa place et il a transformé de Marbach en Marburg le nom de la vie natale de Schiller.

b) L'erreur qui m'a fait dire *Hasdrubal* au lieu de *Hamilcar*, c'est-à-dire qui m'a fait mettre le nom du frère à la place de celui du père, se rattache à un ensemble d'idées où il s'agit de l'enthousiasme pour Hannibal que j'avais éprouvé étant encore jeune lycéen et du mécontentement que m'inspirait l'attitude de mon père à l'égard des « ennemis de notre peuple ». J'aurais pu laisser se dérouler les idées et raconter comment mon attitude à l'égard de mon père s'est modifiée à la suite d'un voyage en Angleterre, où j'ai fait la connaissance de mon demi-frère, le fils que mon père avait eu d'un premier mariage. Mon demi-frère a un fils qui me ressemble; je pouvais donc, sans aucune invraisemblance, envisager les conséquences de l'éventualité où j'aurais été le fils, non de mon père, mais de mon frère. C'est à l'endroit même où j'ai interrompu mon analyse que ces fantaisies ont faussé mon texte, en me faisant mettre le nom du frère à la place de celui du père.

c) C'est encore sous l'influence de ce souvenir de mon frère que je pense avoir commis l'erreur consistant à faire avancer d'une génération l'horreur mythologique de l'Olympe grec. Des conseils que m'avait donnés mon frère, il en est un qui est resté très longtemps dans ma mémoire : « En ce qui concerne ta conduite dans la vie, me disait-il, il est une chose que tu ne dois pas oublier : tu appartiens, non à la deuxième, mais à la troisième génération, à partir de celle de notre père. » Notre père s'est d'ailleurs remarié plus tard pour la troisième fois, alors que ses enfants du deuxième mariage étaient déjà assez avancés en âge. Je commets l'erreur *c*) à l'endroit précis de mon livre où je parle du respect que les enfants doivent à leurs parents.

Il est aussi arrivé plus d'une fois que des amis et des patients dont je publiais les rêves ou auxquels je faisais allusion dans mes analyses de rêves, aient attiré mon attention sur les inexactitudes qui s'étaient glissées dans mon récit portant sur tel ou tel fait que nous avions discuté ensemble. Dans ces cas encore, il s'agissait d'erreurs historiques. Ayant, après rectification, examiné à nouveau tous les cas qui m'ont été signalés à ce point de vue, j'ai pu m'assurer que mes souvenirs portant sur des faits concrets ne se sont trouvés en défaut que là où j'ai cru devoir déformer ou dissimuler quelque chose au cours de l'analyse. Donc, ici encore il s'agissait d'une *erreur passée inaperçue et constituant comme une revanche pour un refoulement ou une suppression intentionnels.*

De ces erreurs issues du refoulement, il faut distinguer nettement celles qui reposent sur une ignorance réelle. Ce fut, par exemple, par ignorance que me trouvant un jour en excursion en Wachau, dans le village d'Emmersdorf, je croyais fouler le sol du pays natal du révolutionnaire Fischhof. Il n'y a entre les deux villages qu'une identité de nom; Emmersdorf, village natal de Fischhof, se trouve en Corinthie. Mais je l'ignorais.

Voici encore une erreur instructive et qui me fait honte, un exemple, pour ainsi dire, d'ignorance temporaire. Un patient me prie un jour de lui prêter les deux livres sur Venise que je lui avais promis et qu'il voulait consulter avant de partir en voyage pour les vacances de Pâques. « Je les ai préparés », lui répondis-je et je me rendis dans la pièce voisine où se trouvait ma bibliothèque. Mais, en réalité, j'avais totalement oublié de préparer ces livres, car je n'approuvais pas tout à fait le voyage de mon malade, dans lequel je voyais une interruption inutile du traitement et un préjudice matériel pour moi. Je jette un rapide coup d'œil sur ma bibliothèque, à la recherche des deux livres que j'avais promis à mon malade. L'un s'appelle *Venise centre artistique*. Le voici. Mais je dois avoir encore un ouvrage historique sur Venise, faisant partie de la même collection. En effet, le voici à son tour : *Les Médicis*. J'apporte les deux livres à mon malade, mais m'aperçois aussitôt, à ma honte, de mon erreur. Je n'ignorais pas que les Médicis n'avaient rien à voir avec Venise; mais au moment où j'enlevais ce dernier livre du rayon de la bibliothèque, je ne pensais pas du tout qu'un ouvrage sur les Médicis n'avait rien à apprendre à quelqu'un qui s'intéressait à Venise. Or, il fallait être franc; ayant si souvent reproché à mon malade ses propres actes symptomatiques, je ne pouvais sauver mon autorité qu'en usant de sincérité et en lui avouant sans ambages les motifs cachés de mes préventions contre son voyage.

On est étonné de constater que le penchant à la vérité est beaucoup plus fort qu'on n'est porté à le croire. Il faut peut-être voir une conséquence de mes recherches psychanalytiques dans le fait que je suis devenu presque incapable de mentir. Toutes les fois où j'essaie de déformer un fait, je commets une erreur ou un autre acte manqué qui, comme dans ce dernier exemple et dans les exemples précédents, révèle mon manque de sincérité.

Le mécanisme de l'erreur est beaucoup plus lâche que celui de tous les autres actes manqués; je veux dire par là que, d'une façon générale, une erreur se produit lorsque l'activité physique correspondante doit lutter contre une influence perturbatrice, sans que toutefois le genre de l'erreur soit déterminé par la qualité de l'idée perturbatrice dissimulée dans les profondeurs du domaine psychique. J'ajouterai cependant qu'on observe le même état de choses dans beaucoup de cas de *lapsus linguae* et de *lapsus calami*. Toutes les fois où nous commettons l'un ou l'autre de ces *lapsus*, nous devons conclure à un trouble produit par des processus psychiques qui échappent à nos intentions, mais nous devons aussi admettre que le *lapsus* de la parole ou de l'écriture obéit souvent aux lois de la ressemblance, ou correspond au désir de la commodité ou de la rapidité, sans que l'auteur du *lapsus* réussisse à trahir dans l'erreur commise tel ou tel trait de son caractère. C'est la plasticité du langage qui permet la détermination de l'erreur et impose des limites à celle-ci.

Pour ne pas parler uniquement de mes erreurs personnelles, je vais citer encore quelques exemples qui auraient pu tout aussi bien figurer sous la rubrique des *lapsus* de la parole ou des méprises (ce qui n'a d'ailleurs aucune importance, étant donné l'équivalence qui existe entre toutes ces variétés d'actes manqués).

a) J'avais interdit à l'un de mes malades, qui était décidé à rompre avec sa maîtresse, de communiquer téléphoniquement avec elle, toute conversation ne pouvant que rendre difficile la lutte contre l'habitude qu'il avait contractée à son égard. Je lui conseille de lui faire connaître sa dernière décision par lettre, malgré la difficulté de lui faire parvenir celle-ci. A une heure de l'après-midi, il vient me voir pour m'annoncer qu'il a trouvé un moyen de tourner cette difficulté, et il me demande en passant s'il peut invoquer mon autorité médicale. Vers deux heures, occupé à rédiger la lettre de rupture, il s'interrompt brusquement et dit à sa mère qui se trouvait à côté de lui : « Et dire que j'ai oublié de demander au professeur si je dois le nommer. » Il court aussitôt au téléphone, demande la communication et téléphone : « Puis-je voir M. le professeur après le dîner? » — « Es-tu fou, Adolphe? » lui répond, sur un ton d'étonnement, la voix même que, sur mon conseil, il ne devait plus entendre. Il s'était tout simplement « trompé » et avait demandé le numéro de téléphone de sa maîtresse, au lieu du mien.

b) Une jeune femme se propose de faire une visite à une de ses amies récemment mariée, habitant la *Habsburgerstrasse.* Elle parle de cette visite pendant le repas, mais dit par erreur qu'elle doit aller *Babenbergerstrasse.* D'autres personnes se trouvant à table attirent en riant son attention sur l'erreur (ou, si l'on préfère, sur le lapsus), qu'elle a commise sans s'en apercevoir. Deux jours auparavant, en effet, la République avait été proclamée à Vienne, le drapeau noir et jaune avait disparu, pour céder la place aux couleurs de la vieille Marche de l'Est : rouge-blanc-rouge; les Habsbourg étaient renversés. La dame en question n'a fait, à son tour, qu'éliminer les Habsbourg de la rue qui portait encore leur nom. Il existe d'ailleurs à Vienne une BabenbergerSTRASSE, très connue; mais c'est une « avenue », et non une « rue ».

c) Au cours d'un voyage de vacances, un instituteur, jeune homme très pauvre, mais présentant bien, fait la cour à la fille d'un propriétaire de villa habitant pendant l'hiver la capitale et finit par lui inspirer un amour tel qu'elle réussit à arracher à ses parents le consentement au mariage, malgré les différences de situation sociale et de race. Un jour, l'instituteur écrit à son frère une lettre dans laquelle il dit : « La jeune fille n'est pas jolie, mais très gentille, et sous ce rapport il n'y aurait rien à dire. Mais me déciderai-je à épouser une Juive? — c'est ce que je ne puis te dire encore. » Cette lettre tombe entre les mains de la fiancée et met fin à l'idylle, tandis que le frère reçoit en même temps une lettre dont le contenu ne manque pas de l'étonner, car c'était une véritable déclaration d'amour. Celui qui m'a raconté cette histoire m'assurait qu'il s'agissait bien d'une erreur, et non d'une ruse intentionnelle. — Je connais encore un autre cas où une dame, mécontente de son médecin et n'osant pas le lui dire directement, a cependant atteint son but, grâce à une interversion de lettres; ici, du moins, je puis garantir que c'est par erreur, et non par ruse consciente, que la dame a eu recours à ce procédé classique du vaudeville.

d) M. Brill raconte le cas d'une dame qui, voulant lui demander des nouvelles d'une amie commune, désigne celle-ci par erreur par son nom de jeune fille. Son attention ayant été attirée sur cette erreur, elle dut convenir qu'elle ne supportait pas le mari de son amie, dont elle n'avait jamais approuvé le mariage.

e) Voici un cas d'erreur qui représente en même temps un *lapsus linguae*. Un jeune père se rend à l'état civil pour déclarer la naissance de sa seconde fille. Prié de dire le nom de l'enfant, il répond : « Hanna », mais l'employé lui fait observer qu'il a déjà un enfant portant ce nom. Nous pouvons conclure de cette erreur que la seconde fille n'était pas autant désirée que la première au moment de la naissance.

f) J'ajoute encore quelques observations relatives à des confusions de noms; il va sans dire que ces observations pourraient également figurer dans d'autres sections de ce livre.

Une dame a trois filles, dont deux sont déjà mariées, tandis que la troisième attend encore son sort. Une amie avait offert à chacune des filles mariées le même cadeau de noces : un superbe service à thé en argent. Toutes les fois où il est question de ce service, la mère en attribue par erreur la possession à sa troisième fille. Il est évident qu'elle exprime par cette erreur le désir de voir sa troisième fille se marier à son tour; et elle suppose en même temps qu'elle recevra le même cadeau.

On peut interpréter tout aussi facilement les cas où une mère confond les noms de ses filles, fils ou gendres.

Voici un joli exemple de confusion de noms, d'une explication facile. Il concerne M. J. G., qui l'a d'ailleurs communiqué lui-même. La chose s'est passée dans un sanatorium.

« A la table d'hôte (du sanatorium), au cours d'une conversation qui m'intéresse peu et menée sur un ton tout à fait conventionnel, j'adresse à ma voisine de table, une phrase particulièrement aimable. La demoiselle, qui n'est pas de la première jeunesse, ne peut s'empêcher de me faire observer qu'il n'est pas dans mes habitudes d'être aimable et galant envers elle — observation qui exprime, d'une part, un certain regret et, d'autre part, une allusion transparente à une jeune fille que nous connaissons tous deux et à laquelle j'ai l'habitude de prêter une plus grande attention. — Je comprends sans peine. Au cours de notre conversation ultérieure, je me fais reprendre (chose pénible) à plusieurs à reprises par ma voisine, que je m'obstine à appeler du nom de la jeune fille qu'elle considère, non sans raison, comme son heureuse rivale. »

g) Je range encore parmi les « erreurs » l'événement suivant, d'un caractère plus sérieux, qui m'a été raconté par un témoin oculaire. Une dame passe la soirée à la campagne, avec son mari et en compagnie de deux étrangers. Un de ces étrangers est son ami intime, ce que tout le monde ignore et doit ignorer. Les deux amis accompagnent le couple presque devant la maison. En attendant que la porte s'ouvre, le mari et la femme prennent congé des amis. La dame se penche vers l'un des étrangers, lui tend la main et lui dit quelques mots aimables. Puis, elle prend le bras de l'autre (qui était son amant) et se tourne vers son mari, comme voulant prendre congé de lui. Le mari accepte la plaisanterie, enlève son chapeau et dit avec une politesse exagérée : « Je vous baise la main, chère Madame. » La femme effrayée, lâche le bras de son amant et a encore le temps de s'écrier, avant que le mari soit revenu : « Mon Dieu, quelle aventure ! » Le mari était de ceux qui considèrent l'infidélité de leur femme comme une chose absolument impossible. Il avait juré à plusieurs reprises que si jamais sa femme le trompait, plus d'une vie serait en danger. Il avait donc les plus fortes raisons de ne pas comprendre la provocation qu'impliquait l'erreur de sa femme.

h) Voici une erreur d'un de mes patients et qui, en se reproduisant, s'est transformée en une erreur opposée. Elle est particulièrement instructive. Un jeune homme exagérément indécis finit, après de longues luttes intérieures, par se décider à promettre le mariage à la jeune fille qu'il aime et qui l'aime depuis longtemps. Après avoir accompagné sa fiancée, il monte, tout rayonnant de bonheur, dans un tramway et demande à la receveuse... *deux* billets. Six mois plus tard, nous le retrouvons marié, mais son bonheur conjugal laisse encore à désirer. Il se demande s'il a bien fait de se marier, regrette les relations amicales de jadis, a toutes sortes de reproches à adresser à ses beaux-parents. Un soir, après avoir été chercher sa femme chez les beaux-parents, il monte avec elle dans un tramway et se contente de demander à la receveuse... *un* billet.

i) M. Maeder nous montre, par un joli exemple (« Nouvelles contributions, etc. », *Arch. de Psychol.*, VI, 1908), comment un désir réprimé à contre-cœur peut être satisfait à l'aide d'une « erreur ». Un collègue voulait profiter tranquillement d'un jour de congé; il lui *fallait* cependant faire une visite à Lucerne, qui ne l'enchantait pas outre mesure; il hésite longtemps et se décide enfin à partir. Pour se distraire, il lit les journaux pendant le trajet Zurich-Arth-Goldau, change de train à cette dernière station et continue sa lecture. En cours de route, le contrôleur lui apprend qu'il n'a pas pris le train qu'il fallait, qu'il est monté dans celui qui revenait de Goldau à Zurich, alors que son billet était pour Lucerne.

j) Le Dr V. Tausk publie, sous le titre « Fausse direction » (*Intern. Zeitchr. f. Psychoanal.*, IV, 1916-1917), le cas d'une tentative analogue, bien que moins réussie, de satisfaire un désir réprimé par le même mécanisme de l'erreur.

« J'arrivai à Vienne en permission, venant du front. Un ancien malade ayant appris ma présence me fit prier de venir le voir, car il était alité. Je fis droit à son désir et passai deux heures auprès de lui. Au moment de mon départ, le malade me demanda ce qu'il me devait. « Je suis en permission et n'exerce pas. Considérez ma visite comme un service d'ami. » Le malade fut étonné, car il se rendait compte qu'il n'avait pas le droit d'accepter un conseil professionnel comme un service d'ami gratuit. Il ne s'en inclina pas moins devant ma réponse, pensant (et cette opinion respectueuse lui était dictée par le désir qu'il éprouvait d'économiser le prix de la visite) qu'en tant que psychanalyste je savais ce que je faisais. — Je ne tardai pas à concevoir des doutes sur la sincérité de mon acte généreux et, en proie à un malaise dont le sens était évident, je montai dans le tramway de la ligne X. Après un court trajet, je devais prendre la ligne Y. Alors que j'attendais la correspondance, j'avais complètement oublié la question des honoraires et ne pensais qu'aux symptômes morbides de mon malade. Enfin, la voiture que j'attendais arriva et je montai dedans. Mais au premier arrêt je fus obbligé de descendre, car, au lieu de monter dans une voiture de la ligne Y, j'avais pris une voiture de la ligne X, c'est-à-dire une voiture allant dans la direction d'où je venais, comme si j'avais voulu retourner chez le malade dont j'avais refusé les honoraires. C'est que *mon inconscient tenait à percevoir les honoraires.* »

k) Il m'est arrivé à moi-même une aventure analogue à celle que je viens de raconter, d'après le Dr Maeder. J'avais promis à mon frère aîné, homme très susceptible, de venir lui faire une visite que je lui devais depuis longtemps. Il avait été convenu que je viendrais le rejoindre sur une plage anglaise et, comme le temps dont je disposais était limité, je devais prendre le chemin le plus court et ne m'arrêter nulle part. Je voulais seulement me réserver une journée pour la Hollande, mais je pensais le faire au retour. Je partis donc de Munich, par Cologne, pour Rotterdam-Hook en Hollande, d'où le bateau devait nous amener à minuit à Harwich. A Cologne, je dus changer de train, pour prendre le rapide de Rotterdam. Impossible de trouver ce rapide. Je m'adressai à plusieurs employés, qui me renvoyaient d'un quai à l'autre; je commençais à désespérer, d'autant plus qu'en consultant l'horaire je constatai que toutes ces recherches m'avaient fait manquer la correspondance. Devant cette réalité, je me demandai tout d'abord si je ne ferais pas bien de passer la nuit à Cologne; cette résolution me fut inspirée par un sentiment de piété, car, d'après une vieille tradition de famille, mes ancêtres avaient jadis fui cette ville, pour échapper aux persécutions qui s'y étaient déchaînées contre les Juifs. Mais au bout de quelque temps je changeai d'avis et me décidai à partir par un autre train pour Rotterdam, où j'arrivai en pleine nuit, ce qui m'obligea à passer une journée en Hollande. Je pus ainsi réaliser un projet caressé depuis longtemps : voir les magnifiques tableaux de Rembrandt à La Haye et au musée d'Amsterdam. C'est seulement l'après-midi du jour suivant, alors que je me trouvais dans le train anglais, que, repassant mes impressions, je me souvins d'une façon certaine d'avoir vu à la gare de Cologne, à quelque pas du train que je venais de quitter et sur le même quai, une grande pancarte avec l'inscription : « Rotterdam-Hook, Hollande ». Le train que j'aurais dû prendre pour continuer mon voyage attendait là. C'est par un « aveuglement » vraiment inconcevable que je m'étais éloigné de cette bonne indication pour aller chercher le train ailleurs; à moins qu'on veuille admettre que je tenais, malgré les recommandations de mon frère, à voir les tableaux de Rembrandt lors mon voyage d'aller. Tout le reste : mon agitation bien jouée, la pieuse intention, surgie inopinément, de passer la nuit à Cologne — tout cela n'était qu'un artifice destiné à me dissimuler à moi-même mon projet, jusqu'au moment où il réussit à m'imposer sa réalisation.

l) M. J. Stärcke (*l. c.*) raconte un cas personnel où il s'agissait d'un sacrifice du même genre : un « oubli » venant à propos pour permettre la satisfaction d'un désir auquel on croyait avoir renoncé.

« Je devais un jour faire dans un village une conférence avec projections. La date de cette conférence se trouva subitement reculée d'une huitaine. Après avoir répondu à la lettre m'annonçant ce changement de date, j'inscrivis la nouvelle date sur mon agenda. Je me serais très volontiers rendu dans ce village dès l'après-midi, pour avoir le temps de faire une visite à un écrivain de mes connaissances qui y habitait. Malheureusement, je ne pouvais pas disposer de mon après-midi et je renonçai à ce dernier projet.

Lorsqu'arriva le soir de la conférence, je m'empressai de me rendre à la gare, ayant à la main un sac plein de clichés à projections. Je fus obligé de prendre un taxi pour arriver à temps (il m'arrive souvent, lorsque je dois prendre un train, de sortir de chez moi au dernier moment et d'être obligé de prendre un taxi). Arrivé à destination, je fus tout étonné de ne trouver à la gare personne pour me recevoir (comme cela se fait habituellement dans les petites localités qui invitent des conférenciers). Tout à coup, je me rappelai que ma conférence avait été reculée d'une semaine et que j'avais fait un voyage pour rien, car je pensais toujours à la date primitivement fixée. Après avoir maudit, dans mon for intérieur, mon oubli, je me demandai si je ne ferais pas bien de reprendre le premier train pour rentrer chez moi. Mais aussitôt après je me dis que j'avais là une excellente occasion de voir l'écrivain dont j'ai parlé plus haut. C'est ce que je fis. C'est seulement en cours de route que je constatai que mon désir de faire cette visite (qui autrement aurait été impossible) avait fort bien arrangé le complot. Le fait que je m'étais chargé d'un lourd sac plein de clichés à projections et que je m'étais hâté pour arriver à l'heure à la gare, avaient servi à me dissimuler d'autant mieux à moi-même mon intention inconsciente. »

On dira peut-être que les erreurs dont je me suis occupé dans ce chapitre ne sont ni très nombreuses, ni très significatives. Mais je me permets de demander si nos points de vue ne s'appliquent pas également à l'explication des erreurs de jugement, beaucoup plus importantes, que les hommes commettent dans la vie et dans l'activité scientifique. Seuls les esprits d'élite et idéalement équilibrés semblent capables de préserver l'image de la réalité extérieure perçue, contre la déformation qu'elle subit dans la majorité des cas, en passant par l'individualité psychique du sujet qui perçoit.

11 ASSOCIATION DE PLUSIEURS ACTES MANQUÉS

Deux des exemples cités dans le chapitre précédent, à savoir ma propre erreur, consistant à situer les Médicis à Venise, et celle du jeune homme qui a su, malgré la défense qui lui en était faite, entrer en communication téléphonique avec sa maîtresse, n'ont pas été décrits d'une façon précise et apparaissent, à un examen plus attentif, comme résultant d'une combinaison d'un oubli et d'une erreur. Avec plus de netteté encore, cette même combinaison apparaît dans quelques autres exemples que je vais citer.

a) Un ami me fait part du fait suivant : « Il y a quelques années, je me suis fait élire membre du comité d'une association littéraire, dans l'espoir que cette société m'aiderait à faire jouer une de mes pièces. Je prenais part, sans grand enthousiasme d'ailleurs, aux réunions du Comité qui avaient lieu tous les vendredis. Il y a quelques mois, je reçus l'assurance que ma pièce serait jouée au théâtre de F., et depuis ce moment j'*oublie* régulièrement de me rendre aux séances. Ayant lu vos travaux, j'ai eu honte de mon oubli, en me disant que c'était indélicat de ma part de manquer les réunions parce que je n'avais plus besoin de ces gens. Aussi étais-je fermement décidé à ne pas oublier d'assister à la réunion du vendredi suivant. Je pensais tout le temps à cette décision et, lorsque je l'ai enfin mise à exécution, je me suis trouvé, à mon grand étonnement, devant une porte close : je m'étais en effet trompé de jour;

j'étais venu le samedi, alors que les séances, ainsi que je l'ai dit, avaient lieu le vendredi. »

b) L'exemple suivant représente une association d'un acte manqué et de l'impossibilité de retrouver un objet. Cet exemple m'est parvenu par un plus long détour, mais il vient d'une source sûre.

Une dame fait un voyage à Rome avec son beau-frère, peintre célèbre. Le visiteur est très fêté par les Allemands habitant Rome et reçoit, entre autres cadeaux, une médaille antique en or. La dame constate avec peine que son beau-frère ne sait pas apprécier cette pièce à sa valeur. Sa sœur étant venue la remplacer à Rome, elle rentre chez elle et s'aperçoit, en défaisant la malle, qu'elle a emporté la médaille, sans savoir comment. Elle en informe aussitôt son beau-frère et lui annonce qu'elle renverra la médaille à Rome le lendemain même. Mais le lendemain la médaille était si bien rangée qu'elle était devenue introuvable; donc impossible de l'expédier. C'est alors que la dame eut l'intuition de ce que signifiait sa « distraction » : son désir de garder la belle pièce pour elle.

c) Voici quelques cas d'actes manqués se reproduisant avec obstination, mais en changeant chaque fois de moyens :

Jones (*l. c.*, p. 483) raconte que, pour des raisons qu'il ignore, il avait une fois laissé sur son bureau, pendant quelques jours, une lettre qu'il avait écrite. Un jour il se décide à l'expédier, mais elle lui est renvoyée par le « dead letter office » (service des lettres tombées au rebut), parce qu'il avait oublié d'écrire l'adresse. Ayant réparé cet oubli, il remet la lettre à la poste, mais cette fois sans avoir mis un timbre. Et c'est alors qu'il est obligé de s'avouer qu'au fond il ne tenait pas du tout à expédier la lettre en question.

Voici une petite observation du docteur Karl Weiss (de Vienne) sur un cas d'oubli (*Zentralbl. f. Psychoanal.*, II, 9), qui décrit d'une façon impressionnante les vains efforts tentés pour réaliser une action en dépit d'une résistance intérieure : « Le cas suivant montre avec quelle fermeté l'inconscient est capable de s'affirmer, lorsqu'il a une raison de s'opposer à la réalisation d'un dessein et combien il est difficile de se défendre contre cette tendance.

Un ami choisit dans ma bibliothèque un livre qui l'intéresse et me prie de le lui apporter le lendemain. Je le promets, mais éprouve aussitôt un sentiment de malaise que je ne réussis tout d'abord pas à m'expliquer. L'explication me vient plus tard : cet ami me doit depuis des années une certaine somme d'argent, au remboursement de laquelle il ne semble pas penser. Quelques instants après, je ne pense plus moi-même à la chose, mais le lendemain matin j'éprouve le même sentiment de malaise que la veille et me dis aussitôt : « Ton inconscient fera tout ce qu'il pourra pour te faire oublier ta promesse de prêter le livre. Mais tu ne veux pas être désobligeant et tu feras, de ton côté, tout ce que tu pourras pour ne pas l'oublier. » Je rentre chez moi, enveloppe le livre dans un papier, dépose le paquet sur mon bureau et me mets à écrire des lettres. — Quelque temps après je sors. A peine ai-je fait quelques pas, que je me rappelle avoir laissé sur le bureau les lettres que j'avais l'intention de mettre à la poste (soit dit en passant, parmi ces lettres, il y en avait une qui contenait des choses désagréables pour une personne qui, à une certaine occasion, aurait dû me rendre un service). Je retourne donc à la maison, prends les lettres et ressors de nouveau. Une fois dans le tramway, je me rappelle avoir promis à ma femme de lui faire un achat, et je pense avec satisfaction que ce sera un tout petit paquet. Le mot paquet éveille en moi par association l'idée du livre, et alors seulement je m'aperçois que je n'ai pas emporté celui-ci. Je ne l'ai donc pas seulement oublié la première fois, en même temps que les lettres, mais il m'a encore échappé la seconde fois, lorsque je suis rentré pour prendre les lettres à côté desquelles il était déposé. »

Il s'agit d'une situation analogue dans cette observation de M. Otto Rank (*Zentralbl. f. Psychoanal.*, II, 5) qui a fait l'objet d'une analyse détaillée :

« Un homme méticuleusement ordonné et d'une exactitude pédante raconte, comme tout à fait extraordinaire, le fait suivant. Se trouvant un jour dans la rue et voulant savoir l'heure, il s'aperçoit qu'il a oublié sa montre à la maison, chose qui, autant qu'il se le rappelle, ne lui est encore jamais arrivée. Comme il était attendu le soir à un rendez-vous ferme et n'avait par le temps de rentrer chez lui pour prendre sa montre, il profita de sa visite chez une dame amie pour se faire prêter la montre de celle-ci; ayant d'ailleurs à revoir cette dame le lendemain, il lui promit de lui rapporter la montre par la même occasion. Le lendemain, une fois arrivé chez la dame, il s'aperçoit qu'il a oublié de rapporter la montre qu'elle lui avait prêtée. En revanche, il n'avait pas oublié d'emporter la sienne. Étonné et contrarié, il se promet de rapporter l'objet le jour même et tient sa promesse. Mais, nouveau sujet d'étonnement et de contrariété : voulant regarder l'heure, avant de prendre congé de la dame, il constate que cette fois c'est sa propre montre qu'il a oubliée à la maison. Cette répétition de l'acte manqué a paru à notre homme (généralement si ponctuel et exact) tellement pathologique qu'il tenait à tout prix à en conaître les motifs psychologiques. Ceux-ci n'ont pas tardé à se révéler dès la première question de l'analyste : à savoir, s'il ne lui était rien arrivé de désagréable le jour du premier oubli et, dans l'affirmative, dans quelles conditions cet événement désagréable s'était produit. Il raconta alors qu'après le déjeuner, peu de temps avant qu'il sortît de chez lui, en oubliant la montre, sa mère lui avait appris qu'un de leurs parents, un homme dont la conduite laissait beaucoup à désirer et qui lui avait déjà causé pas mal d'ennuis et coûté beaucoup d'argent, venait d'engager sa montre et demandait l'argent nécessaire pour la dégager et la rapporter à la maison. Cette manière malhonnête de se faire prêter de l'argent avait péniblement impressionné notre homme et lui avait rappelé tous les méfaits antérieurs du même parent, méfaits dont il eut tant à souffrir depuis des années. Son acte symptomatique apparaît dès lors comme ayant été déterminé par plusieurs motifs : d'un côté, il exprime à peu près son intention de ne pas se laisser extorquer de l'argent de cette manière et semble vouloir dire : « puisqu'on a besoin d'une montre à la maison, je laisse la mienne »; seulement, comme il a lui-même besoin de sa montre pour le rendez-vous du soir, son intention ne peut se réaliser que par la voie inconsciente, sous la forme d'un acte symptomatique. D'autre part, son oubli signifie encore ceci : les éternels sacrifices d'argent que je fais pour ce vaurien finiront par me ruiner et je serai obligé de me dépouiller de tout ce que je possède. Bien que l'impression produite par le récit de sa mère n'ait été, d'après lui, que momentanée, la répétition du même acte symptomatique montre que son inconscient continuait à subir l'influence de ce récit, qu'il en subissait l'obsession, tout comme on subit l'obsession d'idées conscientes (1). Étant donné cette manière de se comporter qui caractérise l'inconscient, nous ne trouvons pas étonnant que la montre empruntée ait une fois subi le même sort que celui qui a frappé la montre de notre sujet. Mais il y a peut-être des raisons spéciales qui ont favorisé ce transfert de l'oubli à l' « innocente » montre de dame. Il se peut que notre homme ait eu la velléité inconsciente de garder cette montre pour remplacer la sienne, qu'il considérait comme sacrifiée; il se peut aussi qu'il ait voulut la garder en souvenir de la dame qui la lui avait prêtée. En outre, le fait d'avoir oublié l'objet emprunté lui fournit l'occasion de revoir la dame une fois de plus. Il est vrai qu'il devait aller la trouver le matin pour une autre affaire; mais oubliant de rapporter ce matin-là la montre, il semblait vouloir dire qu'il tenait trop à cette visite, convenue depuis longtemps, pour en profiter pour restituer la montre. En outre, le fait que notre homme ait oublié sa propre montre; lorsqu'il s'est décidé à rapporter celle de la dame, indique que, sans s'en rendre compte, il évitait d'avoir sur lui les deux montres à la fois. Il se peut qu'il ait voulu s'interdire ainsi toute apparence de superflu, tout ce qui aurait pu être en opposition trop flagrante avec l'état de gêne dans lequel se trouvait son parent; d'autre part, il aura voulu accentuer, exagérer ses obligations envers sa famille (envers sa mère en particulier), pour étouffer les velléités de mariage qu'il semblait nourrir à l'égard de la dame. Voici, enfin, une dernière raison qui

(1) Cette persistance d'une impression dans l'inconscient peut se manifester tantôt sous la forme d'un rêve qui suit l'acte manqué, tantôt par la répétition de cet acte ou par l'omission d'une correction, l'erreur commise échappant obstinément à la vue.

aura pu lui faire oublier de rapporter la montre qui lui avait été prêtée : Se trouvant la veille au soir dans une société de jeunes gens (c'était le rendez-vous dont il a été question plus haut), il était gêné de regarder l'heure sur une montre de dame; il le faisait furtivement, mais il se peut que, pour éviter la reproduction de cette situation désagréable, il ait décidé de ne plus remettre cette montre dans sa poche. Comme il devait cependant la restituer, il est résulté de la lutte de ces deux tendances un acte symptomatique inconscient, qui se présente comme une sorte de compromis et comme une victoire chèrement payée de l'instance inconsciente. »

Voici quelques observations de M. J. Stärcke (*l. c.*).

1° *Impossibilité de retrouver un objet, destruction, oubli : triple expression d'une seule et même contre-volonté refoulée.*

« J'ai promis à mon frère de lui prêter une partie de ma collection d'illustrations que j'avais réunie en vue d'un travail scientifique. Il voulait les utiliser à titre de projections au cours d'une conférence. A vrai dire, je ne tenais pas beaucoup à ce que ces reproductions, que j'avais réunies avec beaucoup de difficultés, fussent présentées ou publiées avant que j'aie pu les utiliser moi-même. Mais cette idée n'a fait que traverser mon esprit, et j'ai promis à mon frère de rechercher les négatifs des images dont il avait besoin et d'en tirer des clichés à projections. Mais impossible de retrouver ces négatifs. J'ai cherché dans toutes les boîtes renfermant les négatifs se rapportant à mon sujet, j'ai eu en mains plus de deux cents négatifs que j'ai examinés un à un, sans pouvoir mettre la main sur ceux dont mon frère avait besoin. Je soupçonnais bien qu'au fond je ne tenais pas à lui rendre le service demandé. Aussi, ayant pris conscience de cette idée désagréable que j'avais repoussée, je m'aperçus que j'avais mis de côté, sans l'examiner, une des boîtes à négatifs, celle-là précisément qui renfermait ce que je cherchais. Sur le couvercle de cette boîte figurait une brève indication de son contenu, et il est probable que j'avais jeté un rapide coup d'œil sur cette indication, avant de mettre la boîte de côté.

« L'idée désagréable ne semblait cependant pas tout à fait vaincue, car divers incidents ont encore retardé l'envoi des images. En nettoyant une des plaques de la lanterne, je l'ai laissée tomber à terre où elle s'est brisée en mille morceaux (chose qui ne m'arrive jamais). Ayant préparé un autre exemplaire de cette même plaque, je l'ai encore laissé tomber, mais j'ai pu empêcher sa destruction, en l'arrêtant à temps dans sa chute vers le parquet. Pendant que je montais les plaques de la lanterne, tout le tas tomba de nouveau à terre, sans qu'il y ait cette fois la moindre casse. Enfin, plusieurs jours se passèrent, avant que je me soie décidé à les emballer et à les expédier, chose que je me promettais toujours de faire le lendemain et que j'oubliais régulièrement. »

2° *Oubli répété. Méprise lors de l'exécution finale de l'acte plusieurs fois oublié.*

« Je devais envoyer à un ami une carte postale, mais remettais cet envoi d'un jour à l'autre, et je soupçonne fort que la cause en était la suivante : mon ami m'avait annoncé la visite imminente d'une personne que je n'étais pas enchanté de voir. Lorsque la semaine au cours de laquelle je devais recevoir la visite annoncée se fut écoulée et que je pus espérer que la personne si peu désirée ne viendrait plus, je me décidai enfin à écrire la carte postale dans laquelle je disais quand on pouvait me voir. En écrivant cette carte, je voulais d'abord ajouter que j'avais été empêché de l'envoyer plus tôt par *druk werk* (en hollandais : surcroît de travail, travail pressé), mais je ne le fis pas, m'étant dit qu'aucune personne raisonnable ne croit plus à cette excuse banale. J'ignore si ce petit mensonge cherchait à s'exprimer quand même : toujours est-il qu'en expédiant ma lettre, je la mis par mégarde dans la boîte aux *Drukwerk* (également en hollandais : imprimés). »

3° *Oubli et erreur.*

« Une jeune fille se rend un matin, par un temps superbe, au « Ryksmuseum », pour y copier des bustes en plâtre. Bien qu'elle ait préféré profiter du beau temps pour se promener, elle décide d'être raisonnable et de travailler sérieusement. Elle doit d'abord acheter du papier à dessin.

Elle se rend au magasin (à dix minutes environ du musée), achète des crayons et autres accessoires, sauf le papier, entre au musée et une fois installée sur son petit pliant et prête à commencer, elle s'aperçoit qu'elle n'a pas de papier, ce qui l'oblige à retourner au magasin. Munie enfin de papier, elle commence à dessiner, poursuit son travail sérieusement et entend au bout de quelque temps l'horloge de la tour du musée sonner un certain nombre de coups. Elle se dit : « Il doit être midi », continue son travail et entend l'horloge sonner le quart : « Il est midi un quart », pense-t-elle. Elle ramasse toutes ses affaires et se décide à se rendre chez sa sœur, à travers le « Vondelpark ». pour le café (deuxième repas en Hollande). Arrivée devant le Suasso-Museum, elle constate, toute étonnée, qu'il n'est que midi, alors qu'elle croyait qu'il était déjà midi et demie. Le beau temps a été plus fort que son zèle; aussi n'a-t-elle pas pensé, lorsque l'horloge sonnait onze heures et demie, qu'une horloge de tour annonce l'heure entière dès la demi-heure qui la précède. »

Ainsi que le montrent quelques-unes des observations qui précèdent, une tendance perturbatrice inconsciente peut atteindre son but par la répétition obstinée du même acte manqué. J'emprunte un exemple amusant d'une répétition de ce genre à un petit livre intitulé *Frank Wedekind et le théâtre*, paru à la maison d'édition « Drei-Masken Verlag », de Munich. Je laisse toutefois à l'auteur du livre la responsabilité de l'histoire qu'il raconte à la manière de Marc Twain.

« Dans la partie la plus intéressante de la pièce de Wedekind, *La Censure*, figure la phrase suivante : « La crainte de la mort est une erreur de la pensée (*Denkfehler*) ». L'auteur, qui tenait beaucoup à ce passage, pria l'acteur, lors de la répétition, de faire une petite pause, avant de prononcer le mot *Denkfehler*. Le soir, l'acteur, tout à fait familiarisé avec son rôle, observe la pause indiquée, mais dit à son insu et sur le ton le plus solennel : « La crainte de la mort est... une faute d'impression (*Druckfehler*). » La représentation terminée, l'auteur assure l'acteur qu'il n'a rien à lui reprocher, mais lui rappelle que « la crainte de la mort est une erreur de la pensée (*Denkfehler*) », et non une « faute d'impression (*Druckfehler*) ».

Le lendemain soir, *La Censure* est de nouveau jouée. Arrivé au fameux passage, l'acteur dit, toujours du ton le plus solennel : « La crainte de la mort est une... fiche aide-mémoire (*Denkzettel*). » Wedekind combla, cette fois encore, l'acteur d'éloges, mais lui rappela une fois de plus que « la crainte de la mort est une erreur de la pensée (*Denkfehler*) ».

Lors de la troisième représentation de *La Censure*, l'acteur qui, entre temps, s'était lié d'amitié avec l'auteur, avec lequel il avait eu de longues discussions sur l'art, prononce encore la fameuse phrase, avec l'expression la plus solennelle du monde : « La crainte de la mort est... une étiquette imprimée (*Druckzettel*). »

L'artiste reçut de nouveau les plus chaleureuses félicitations de l'auteur, la pièce fut encore jouée nombre de fois; mais quant à l' « erreur de la pensée » (*Denkfehler*), Wedekind n'en parla plus, considérant la question comme liquidée une fois pour toutes.

M. Rank s'est occupé des rapports très intéressants existant entre « l'acte manqué et le rêve » (*Zentralbl. für Psychoanal.*, ibid.; *Internat. Zeitschr. f. Psychoanal.* III, 1915), rapports qu'il n'est cependant pas posssible de dégager sans une analyse approfondie du rêve qui s'attache à l'acte manqué. J'ai rêvé une fois, parmi beaucoup d'autres choses, que j'avais perdu mon porte-monnaie. Le lendemain matin, en m'habillant, je n'arrivais pas, en effet, à le retrouver. J'avais oublié, en me déshabillant la veille, de le retirer de la poche de mon pantalon, pour le déposer à sa place habituelle. Cet oubli ne m'était donc pas inconnu; il a probablement servi d'expression à une idée inconsciente qui était toute prête à apparaître dans le contenu du rêve.

Je ne prétends pas que ces cas d'association d'actes manqués soient de nature à nous apprendre quelque chose de nouveau qui ne nous ait pas été révélé par les actes manqués simples. Mais les changements de forme qu'affecte l'acte manqué pour aboutir au même résultat sont l'expression plastique d'une volonté qui tend vers un but déterminé et fournissent un argument de plus et beaucoup plus sérieux contre la conception qui ne voit dans l'acte manqué qu'un fait accidentel, n'ayant pas besoin d'explication. Ce qui frappe encore dans ces cas, c'est l'impuissance dans laquelle on se trouve pour neutraliser le résultat d'un acte manqué, en lui opposant un projet conscient. Malgré tous ses efforts, mon ami ne réussit pas à assister à une séance de son comité, et malgré toute sa bonne volonté la belle-sœur du peintre est incapable de se séparer de la médaille. L'inconscient qui s'oppose à ces projets et desseins conscients finit par se trouver une issue, alors qu'on croit lui avoir barré tous les chemins. Pour se rendre maître du motif inconscient, il faut, en effet, quelques chose de plus qu'un contre-projet conscient : il faut une opération psychique qui fasse entrer cet inconscient dans la sphère de la conscience.

12 DÉTERMINISME CROYANCE AU HASARD ET SUPERSTITION POINTS DE VUE

La conclusion générale qui se dégage des considérations particulières développées dans les chapitres précédents peut être formulée ainsi : *certaines insuffisances de notre fonctionnement psychique* (insuffisances dont le caractère général sera défini avec plus de précision tout à l'heure) *et certains actes en apparence non-intentionnels se révèlent, lorsqu'on les livre à l'examen psychnalytique, comme parfaitement motivés et déterminés par des raisons qui échappent à la conscience.*

Pour pouvoir être rangé dans la catégorie des phénomènes susceptibles d'une pareille explication, un acte manqué doit satisfaire aux conditions suivantes :

a) Il ne doit pas dépasser une certaine limite fixée par notre jugement; autrement dit, il ne doit pas dépasser ce que nous appelons « les limites de l'état normal ».

b) Il doit présenter le caractère d'un trouble momentané, provisoire. Nous devons avoir accompli précédemment le même acte d'une manière correcte ou être sûrs de pouvoir l'accomplir à tout instant d'une manière correcte. Lorsque quelqu'un nous reprend au moment où nous accomplissons un acte de ce genre, nous devons être à même de reconnaître aussitôt la justesse de l'observation et l'incorrection de notre processus psychique.

c) Alors même que nous nous rendons compte que nous accomplissons ou avons accompli un acte manqué, celui-ci ne sera bien caractérisé que si les motifs qui nous l'ont dicté nous échappent et si nous cherchons à l'expliquer par le « hasard » ou l' « inattention ».

Font donc partie de cette catégorie les cas d'oubli et les erreurs (qui ne sont pas l'effet de l'ignorance), les *lapsus linguae* et *calami*, les erreurs de lecture, les méprises et les actes accidentels.

En allemand, tous les mots désignant les actes manqués cités plus haut commencent par la syllabe *ver* (*Ver-sprechen*, *Ver-lesen*, *Ver-schreiben*, *Ver-greifen*), ce qui a pour but de faire ressortir leur identité intime. A l'explication de ces processus psychiques si définis se rattache une série de remarques, pour la plupart d'un grand intérêt.

I. En laissant de côté une partie de nos fonctions psychiques, parce que non justiciables d'une explication par la représentation du but en vue duquel elles s'accompliraient, nous méconnaissons l'étendue du déterminisme auquel est soumise la vie psychique. Ici et dans d'autres domaines, ce déterminisme s'étend beaucoup plus loin que nous ne le soupçonnons. Dans un article publié en 1900 dans la revue *Zeit*, l'historien de la littérature R. M. Mayer a montré d'une manière détaillée et d'après de nombreux exemples, qu'il est impossible de commettre un non-sens intentionnellement et arbitrairement. Je sais depuis longtemps qu'il est impossible de penser à un nombre ou à un nom dont le choix soit tout à fait arbitraire. Si l'on examine un nombre à plusieurs chiffres, composé d'une manière en apparence arbitaire, à titre de plaisanterie ou par vanité, on constate invariablement qu'il est rigoureusement déterminé, qu'il s'explique par des raisons qu'en réalité on n'aurait jamais considérées comme possibles. Je vais d'abord analyser brièvement un exemple de prénom arbitrairement choisi et soumettre ensuite à une analyse plus détaillée un exemple de nombre lancé au hasard, « sans penser à rien ».

a) En reconstituant, en vue de sa publication, l'observation d'une de mes malades, je me demande quel prénom je vais lui donner. Le choix paraît très grand; sans doute, certains noms sont exclus d'avance : en premier lieu le vrai nom de la malade, ensuite les noms des membres de ma propre famille dont l'emploi me choquerait, enfin quelques autres noms de femmes, trop bizarres et prétentieux. D'ailleurs, je n'ai pas à me tourmenter outre mesure; je n'ai qu'à attendre, et les noms féminins viendront s'offrir en foule. Mais, au lieu d'une foule, un seul nom vient s'offrir, et aucun autre avec lui : le nom de *Dora*. Je cherche son déterminisme. Qui s'appelle donc Dora? La première idée qui me vient à l'esprit et que je pourrais être tenté de repousser comme invraisemblable est que c'est le nom de la bonne d'enfants de ma sœur. Mais je suis trop exercé à l'analyse pour céder à ce premier mouvement : je maintiens donc cette idée et je continue. Je me rappelle alors un petit événement survenu la veille au soir et qui m'apporte le déterminisme recherché. J'ai vu sur la table de la salle à manger de ma sœur une lettre portant l'adresse : « A Mlle Rosa W... » Étonné, je demande qui s'appelle ainsi et j'apprends que celle que tout le monde appelait Dora s'appelait en réalité Rosa, nom auquel elle avait renoncé en entrant au service de ma sœur, parce que celle-ci s'appeait également Rosa. Je dis, attristé : « Ces pauvres gens, il ne leur est même pas permis de conserver leurs noms! » Je me rappelle que je suis resté alors pendant quelques instants silencieux, pensant à toutes sortes de choses sérieuses qui se sont perdues dans le lointain, mais que je pourrais maintenant évoquer facilement et rendre conscientes. Cherchant, le lendemain, le nom que je pourrais donner à une personne que je ne pouvais pas désigner par son nom réel, je ne trouvai que celui de *Dora*. Cette exclusivité repose d'ailleurs sur une solide association interne, car dans l'histoire de ma malade il s'agissait d'une influence, décisive au point de vue de la marche du traitement, émanant d'une personne (une gouvernante) en service dans une maison étrangère.

Ce petit événement eut, plusieurs années après, une suite inattendue. Faisant un jour une conférence dans laquelle j'avais à parler du cas Dora, depuis lontemps publié, je me suis rappelé qu'une de mes deux auditrices portait ce nom qui revenait si souvent dans mon exposé; je m'adresse donc à elle, m'excusant de n'avoir pas pensé à ce détail et me déclarant prêt à remplacer ce nom par un autre. Il me fallait donc choisir rapidement, en prenant garde de ne pas tomber sur le nom de l'autre auditrice, ce qui eût été d'un mauvais exemple pour les deux auditrices déjà assez versées en psychanalyse. Aussi fus-je très content, lorsque le nom d'*Erna* vint se substituer à *Dora*. Je me servis donc de ce nouveau nom dans la suite de ma conférence. Celle-ci terminée, je me suis demandé d'où avait bien pu me venir le nom d'*Erna* et n'ai pu m'empêcher de rire en constatant que l'éventualité redoutée avait réussi à se réaliser, en partie tout au moins. Mon autre auditrice s'appelait, en effet, de son nom de famille, *Lucerna*, dont j'avais ainsi pris les deux dernières syllabes.

b) J'écris à un ami que j'ai terminé la correction des épreuves de mon livre *Die Traumdeutung* et que je suis décidé à ne plus rien changer à cet ouvrage, « dût-il contenir 2467 fautes ». Je cherche aussitôt à éclaircir la provenance de ce chiffre et ajoute mon analyse à la lettre destinée à mon ami. Je la cite telle que je l'ai notée alors, sous le coup du flagrant délit.

« Voici encore, à la hâte, une contribution à la psychopathologie de la vie quotidienne. Tu trouves dans ma lettre le nombre 2467, exprimant l'estimation arbitrairement exagérée des fautes que j'ai pu laisser dans mon livre sur les rêves. Or, dans la vie psychique il n'y a rien d'arbitraire, d'indéterminé. Aussi es-tu en droit de supposer que l'inconscient a pris soin de déterminer le nombre lancé par le conscient. Or, je viens de lire récemment dans le journal que le général E. M. a pris sa retraite avec le grade de maréchal. Je dois te dire que cet homme m'intéresse. Pendant que je faisais mon service, en qualité de médecin auxiliaire, il vint un jour (il était alors colonel) à l'infirmerie et dit au médecin : « Vous devez me remettre sur pieds dans 8 jours, car j'ai à faire un travail que l'Empereur attend. » En suivant mentalement les phases de la carrière parcourue par cet homme, je constate donc qu'aujourd'hui (en 1899) cette carrière est terminée, que le colonel d'alors est maréchal et à la retraite. Je me suis rappelé que c'est en 1882 que je l'ai vu à l'infirmerie. Il a donc mis dix-sept ans à parcourir ce chemin. J'en parle à ma femme qui me dit : « Alors tu devrais, toi aussi, déjà être à la retraite? » Mais je proteste : « Que Dieu m'en garde. » Après cette conversation, je me mets devant la table pour t'écrire. Mais mes idées suivent leur cours, et avec raison. J'ai mal calculé; et je le sais d'après un point de repère fixe que je garde parmi mes souvenirs. J'ai fêté ma majorité, c'est-à-dire mon 24° anniversaire, pendant que je faisais mon service militaire (je me suis absenté ce jour-là sans permission). C'était donc en 1880; il y a, par conséquent, 19 ans de cela. Tu retrouves ainsi dans le nombre 2 467 celui de 24. Prends mon âge et ajoutes-y 24 : 43 + 24 = 67! Cela veut dire qu'à la question de ma femme me demandant si je ne voulais pas, moi aussi, prendre ma retraite, j'ai répondu en m'accordant encore 24 années. Il est évident que je suis contrarié, au fond, de n'avoir pas fourni, dans l'intervalle des 17 années qu'il a fallu au colonel M. pour devenir maréchal et prendre sa retraite, la même carrière que lui. Mais cette contrariété est plus que neutralisée par la joie que j'éprouve en pensant que j'ai encore du temps devant moi, alors que sa carrière est bel et bien finie. J'ai donc le droit de dire que même ce nombre 2 467, lancé sans intention aucune, a été déterminé par des raisons issues de l'inconscient. »

Depuis ce premier exemple de motivation d'un nombre, choisi avec toutes les apparences de l'arbitraire, j'ai reproduit l'expérience à plusieurs reprises, avec des nombres différents et toujours avec le même succès; mais la plupart des cas sont d'un caractère trop intime pour que je puisse les publier.

C'est pourquoi d'ailleurs je m'empresse d'ajouter ici une analyse très intéressante d'un cas de « nombre choisi au hasard », cas que le Dr Alfred Adler (Vienne) tient d'une personne « parfaitement saine » (1). A., dit le docteur Adler, m'écrit : « J'ai consacré la soirée d'hier à lire la *Psychopathologie de la vie quotidienne*, et j'aurais certainement lu le livre jusqu'au bout, s'il ne m'était arrivé un

(1) Alf. Adler. *Drei Pschoanalysen von Zahleneinfallen und obsedierenden Zahlen. Psych.-Neur. Wochenschr.*, N. 28, 1905.

incident assez singulier. Ayant lu notamment que chaque nombre que nous évoquons dans la concience d'une manière apparemment arbitraire a un sens défini, je résolus de faire une expérience. Il me vient à l'esprit le nombre 1 734. Les idées suivantes arrivent aussitôt : 1 734 : 17 = 102; 102 : 17 = 6. Je coupe alors le nombre 1 734 en deux parties : 17 et 34. J'ai 34 ans. Ainsi que je crois vous l'avoir dit, je considère l'année 34 comme la dernière année de la jeunesse; aussi n'ai-je pas été démesurément gai le jour de mon dernier anniversaire. Vers la fin de ma 17e année avait commencé pour moi une très belle et intéressante période de mon développement. Je divise ma vie en tranches de 17 années chacune. Que signifient donc ces divisions? A propos du nombre 102, je me rappelle que c'est le numéro du fascicule de la *Reclam's Universalbibliothek* contenant la pièce de Kotzebue : *Misanthropie et repentir*.

« Mon état psychique actuel peut être caractérisé par ces deux mots : « misanthropie et repentir ». Le numéro 6 de la *Bibliothèque Reclam* (je connais par cœur beacoup de numéros de cette collection) correspond à la *Faute* de Müllner. Je suis constamment tourmenté par l'idée que c'est par ma faute que je ne suis pas devenu ce que mes aptitudes pouvaient me faire espérer. Je me souviens ensuite que le Nº 34 de la *Bibliothèque Reclam* correspond à une nouvelle du même Müllner, intitulée *Kaliber* (*Le calibre*). Je coupe en deux parties ce titre et j'obtiens « Ka-liber »; je constate que ce mot contient les mots « Ali » et « Kali » (potasse). Ceci me rappelle que je faisais un jour des bouts rimés avec mon fils Ali (âgé de 6 ans). Je le priai de trouver une rime à Ali. Il n'en trouva aucune et me demanda de la faire à sa place. Je dis : « ALI *reinigt sich den Mund mit hypermangansaurem* KALI » (« Ali se rince la bouche avec du permanganate de potasse »). Nous avons beaucoup ri et Ali fut très gentil. Ces jours derniers, je fus contrarié de trouver que Ali « KA (Kein) LI*eber* ALI *sei* » (« qu'Ali n'était pas gentil »; *Ka* — abréviation de *Kein*).

« Je me demande ensuite : « Quel ouvrage de la *Bibliothèque Reclam* porte le Nº 17? » Je suis certain de l'avoir su; je suppose donc que j'ai voulu l'oublier. Toutes les recherches que je fais pour retrouver ce souvenir restent sans résultat. Je veux me remettre à la lecture, mais ne réussis qu'à lire machinalement, sans comprendre un seul mot, sans cesse tourmenté par ce numéro 17. J'éteins la lumière et continue de chercher. Je me rappelle finalement que le N° 17 doit correspondre à une pièce de Shakespeare. Mais laquelle? Je trouve : *Héro et Léandre*. C'est là évidemment une absurde tentative de ma volonté de détourner mon attention. Je me lève et consulte le catalogue de la *Bibliothèque Reclam* : le N° 17 correspond à *Macbeth*, de Shakespeare. A ma grande stupéfaction, je suis obligé de reconnaître que je ne sais à peu près rien de cette pièce, bien qu'elle ne m'intéresse pas moins que les autres drames de Shakespeare. Je me souviens seulement : meurtrier, lady Macbeth, sorcières, « la beauté est laide » et que j'ai autrefois trouvé très belle l'adaptation de *Macbeth* par Schiller. Il n'y a pas de doute : je voulais oublier cette pièce. Je pense encore que les nombres 17 et 34, divisés par 17, donnent 1 et 2. Or, les N°s 1 et 2 de la *Bibliothèque Reclam* correspondent au *Faust* de Gœthe. Je me trouvais autrefois beaucoup de ressemblance avec *Faust*. »

Nous ne pouvons que regretter que la discrétion de l'auteur ne nous permette pas de saisir la signification de toute cette série d'idées et souvenirs. M. Adler nous dit que son correspondant n'a pas réussi à opérer la synthèse de tous ces détails. Nous serions même portés à les trouver dépourvus d'intérêt si la suite ne contenait pas quelque chose qui nous donne la clef du mystère et nous rend intelligibles et le nombre 1734 et la suite d'idées qui s'y rattache.

« Il m'est arrivé ce matin un événement qui plaide fortement en faveur de la conception freudienne. Ma femme que j'avais réveillée la nuit en me levant, m'a demandé ce que j'avais cherché dans le catalogue de la *Bibliothèque Reclam*. Je lui ai raconté l'histoire. Elle trouva que tout cela, sauf le cas de Macbeth (et ce détail est trèsi ntéressant), qui m'a donné tant de tourment, était de la pure chicane, Elle m'assura qu'elle ne pensait absolument à rien, lorsqu'elle énonçait un nombre. Je répondis : « Faisons un essai ».

Elle donna le nombre 117. A quoi je répondis aussitôt : « 17 se rapporte à ce que je viens de te raconter; en outre, je t'ai dit hier : lorsqu'une femme est âgée de 82 ans, alors que le mari n'en a que 35, la situation est mauvaise. Je taquine depuis quelques jours ma femme en lui disant qu'elle est une vieille bonne mère de 82 ans. 82 + 35 = 117. »

Cet homme, qui n'a pu trouver les raisons déterminantes du nombre énoncé par lui-même, a découvert aussitôt les motifs du nombre que sa femme avait choisi d'une manière en apparence arbitraire. En réalité, la femme a très bien saisi le complexe dont faisait partie le nombre énoncé par son mari, et elle a choisi son propre nombre dans le même complexe, qui était certainement commun aux deux sujets, puisqu'il s'agissait de leurs âges respectifs. Il nous est donc facile de saisir la signification du nombre qui était venu à l'esprit du mari. Ainsi que le dit M. Adler lui-même, ce nombre exprime un désir refoulé du *moi*, et qui peut être traduit ainsi : « A un homme de 34 ans, comme moi, il faut une femme de 17 ans. »

Pour qu'on ne juge pas trop légèrement ces « jeux », j'ajouterai un détail dont le Dr Adler m'a fait part récemment : une année après la publication de cette analyse, le couple avait divorcé (1).

M. Adler explique d'une façon analogue la production de nombres obsédants. Le choix de nombres dits « favoris » n'est pas sans rapport avec la vie de la personne intéressée et n'est pas dépourvu d'intérêt psychologique. Un monsieur, qui a une préférence particulière pour les nombres 17 et 19, se rappelle, après quelques instants de réflexion, qu'à 17 ans il a conquis la liberté académique, en devenant étudiant, et qu'à 19 ans il a fait son premier grand voyage et, bientôt après, sa première découverte scientifique. Mais la fixation de cette préférence ne s'est effectuée que deux lustres plus tard, lorsque les mêmes nombres eurent

(1) A propos de *Macbeth*, figurant sous le No 17 dans la *Bibliothèque Universelle* de *Reclam*, M. Adler me communique que son sujet avait adhéré, à l'âge de 17 ans, à une association anarchiste ayant pour but le régicide. C'est pourquoi il avait oublié le contenu de *Macbeth*. Vers la même époque, il inventa un alphabet chiffré, dans lequel les lettres étaient remplacées par des nombres.

acquis une certaine importance pour sa vie amoureuse. L'analyse découvre un sens inattendu même aux nombres qu'on a l'habitude d'employer, dans certaines occasions, d'une manière qui paraît tout à fait arbitraire. C'est ainsi qu'un de mes malades s'est aperçu, un jour, que lorsqu'il était mécontent, il avait l'habitude de dire volontiers : « Je te l'ai déjà dit 17, sinon 36 fois. » Aussi s'est-il demandé s'il n'y avait pas de motifs à cela. Il s'est rappelé aussitôt qu'il était né le 27 d'un mois, tandis que son frère plus jeune était né un 26, et qu'il avait des raisons d'accuser le sort d'avoir été beaucoup plus favorable à son frère qu'à lui. Il représentait cette injustice du sort, en amputant la date de sa naissance de dix jours qu'il ajoutait à la date de la naissance du frère : « Bien qu'étant l'aîné, j'ai été *raccourci* par le sort. »

Je veux insister sur les analyses de « cas de nombres », car je ne connais pas d'autres observations qui fassent apparaître avec autant d'évidence l'existence de processus intellectuels très compliqués, complètement extérieurs à la conscience; et, d'autre part, ces cas fournissent les meilleurs exemples d'analyses dans lesquelles la collaboration si souvent incriminée du médecin (suggestion) peut être exclue avec une certitude à peu près absolue. Je communiquerai donc l'analyse d'un « cas de nombre » se rapportant à l'un de mes malades, dont je dirai seulement qu'il est le plus jeune d'une famille assez nombreuse et qu'il a perdu de très bonne heure son père qu'il adorait. Amusé par l'expérience, il énonce le nombre 426 718 et se demande : « Qu'est-ce qui me vient à l'esprit à ce propos? D'abord une plaisanterie : lorsqu'on fait soigner un rhume de cerveau par le médecin, il dure 42 jours; mais lorsqu'on l'abandonne à lui-même, il dure 6 semaines. Ceci correspond aux premiers chiffres du nombre 42 = 6 × 7. » Pendant la pause qui suit cette première réponse, j'attire son attention sur le fait que le nombre choisi par lui renferme tous les premiers chiffres, sauf 3 et 5. A la suite de cette observation, il reprend son explication. « Nous sommes 7 frères et sœurs, je suis le plus jeune des enfants; le 3 correspond au numéro d'ordre de ma sœur A., le 5 à celui de mon frère L.; l'un et l'autre étaient mes ennemis. Enfant, je priais Dieu tous les soirs de me débarrasser de ces deux tortionnaires. On dirait que je m'accorde moi-même la satisfaction désirée, en omettant dans mon nombre les chiffres 3 et 5, c'est-à-dire en ne mentionnant pas le méchant frère et la sœur détestée. — Puisque ce nombre désigne vos frères et sœurs, que signifie le 18 qui se trouve à la fin? Vous n'étiez bien que 7. — Je me suis souvent dit que si mon père avait vécu plus longtemps, je ne serais pas resté le dernier. S'il avait eu 1 enfant de plus, nous aurions été 8, et j'aurais eu après moi un enfant plus jeune à l'égard duquel j'aurais joué le rôle d'aîné. »

La signification de ce nombre se trouvait ainsi élucidée, mais il nous restait encore à établir un lien entre la première partie de l'interprétation et les suivantes. Or, ce lien découlait de la condition même formulée à propos des derniers chiffres : « si le père avait vécu plus longtemps, 42 = 6 × 7 » exprime le mépris pour les médecins qui ont été incapables de sauver le père et, en même temps, le regret que le père n'ait pas vécu plus longtemps. Le nombre, dans son ensemble, correspondait à la réalisation de ses désirs infantiles en rapport avec sa famille : le souhait de mort à l'égard de la méchante sœur et du méchant frère et le regret de n'avoir pas un frère ou une sœur plus jeune que lui. Ces deux désirs peuvent être brièvement exprimés ainsi : « Si les deux autres étaient morts à la place du père aimé! (1) »

Voici un petit exemple fourni par un de mes nombreux correspondants. Un directeur des télégraphes m'écrit de L. que son fils, âgé de 18 ans et demi et se destinant à la médecine, s'occupe dès à présent de la psychopathologie de la vie quotidienne et cherche à persuader ses parents de l'exactitude de mes propositions et théories. Je transcris ici une des expériences faites par ce jeune homme, sans me mêler à la discussion qui s'y rattache.

« Mon fils s'entretient avec sa mère au sujet du soi-disant hasard et lui explique qu'aucune des chansons, aucun

(1) Pour plus de simplicité, j'ai laissé de côté quelques autres idées, moins intéressantes, du malade.

des nombres qui lui viennent à l'esprit ne sont réellement « accidentels ». Et la conversation suivante s'engage :

Le fils : Dis-moi un nombre quelconque.

La mère : 79.

Le fils : A quoi penses-tu à propos de ce nombre?

La mère : Je pense au beau chapeau que j'ai vu hier.

Le fils : Quel était son prix?

La mère : 158 marks.

Le fils : Nous y sommes : 158 : 2 = 79. Tu auras trouvé le chapeau trop cher et auras certainement pensé : « S'il coûtait moitié moins cher, je l'achèterais ».

« A cette déduction de mon fils, j'avais d'abord objecté que les dames ne calculent généralement pas très bien et que la mère ne se rendait certainement pas compte que 79 est la moité de 158. La théorie freudienne suppose donc ce fait invraisemblable que le subconscient calcule mieux que la conscience normale. « Nullement, me répondit mon fils; à supposer que mère n'ait pas fait le calcul 158 : 2 = 79, il se peut fort bien qu'elle ait eu l'occasion de voir quelque part cette équation; il se peut encore qu'ayant fait un rêve se rapportant à ce chapeau, elle ait calculé ce qu'il coûterait, s'il était moitié moins cher. »

J'emprunte à M. Jones (*l. c.*, p. 478) une autre analyse portant sur un nombre. Un monsieur de ses connaissances énonce le nombre 983 et le prie de rattacher ce nombre à l'une quelconque de ses idées. « La première association du sujet était un souvenir se rapportant à une plaisanterie depuis longtemps oubliée. Il y a six ans, un journal avait annoncé qu'un jour, qui fut le plus chaud de l'été, la température était montée à 986° Fahrenheit, exagération manifestement grotesque de la température réelle, qui était de 98°6. Pendant cette conversation, nous étions assis devant la cheminée où brûlait un bon feu; mon interlocuteur ayant trop chaud, s'est reculé et a dit, probablement avec raison, que c'est la forte chaleur de la cheminée qui lui avait rappelé ce souvenir. Mais cette explication ne me satisfit pas et je voulus savoir pourquoi ce souvenir s'était si longtemps conservé dans sa mémoire. Il me raconta que cette plaisanterie l'avait fait rire follement et qu'elle l'amuse beaucoup toutes les fois qu'il y pense. Comme je ne trouvais rien d'extraordinaire cependant à cette plaisanterie, je voulais d'autant plus savoir si elle ne dissimulait pas un sens dont mon sujet n'avait pas conscience. Son idée suivante fut que la représentation de la chaleur éveillait en lui une foule d'autres représentations, très importantes: la chaleur est la chose la plus importante du monde, la source de toute vie, etc. Un romantisme pareil chez un jeune homme très positif ne manqua pas de m'étonner quelque peu. Je le priai donc de poursuivre ses associations. Il pensa à la cheminée d'usine qu'il voyait de sa chambre. Il regardait souvent le soir la fumée et la flamme qui s'en dégageaient et pensait à ce propos au gaspillage d'énergie regrettable. Chaleur, flamme, gaspillage d'énergie à travers un long tuyau creux : il n'était pas difficile de conclure de ces associations que les représentations de chaleur et de flamme se rattachaient chez lui à celle de l'amour, ainsi que cela arrive souvent dans la pensée symbolique, et que c'était un fort complexe de masturbation qui avait motivé le nombre qu'il avait énoncé. Il ne lui resta alors qu'à confirmer les déductions. »

Ceux qui veulent avoir une idée de la manière dont les matériaux fournis par les nombres sont élaborés dans la pensée inconsciente, liront avec profit l'article de C. G. Jung : « Ein Beitrag zur Kenntniss des Zahlentraumes » (*Zentralbl. f. Psychoanal.*, I, 1912) et celui de E. Jones : « Unconscious manipulations of numbers » (*Ibid.*, II, 5, 1912).

Dans mes propres analyses de ce genre, j'ai été frappé par les deux faits suivants : en premier lieu, par la certitude quasi-somnambulique avec laquelle je marche vers un but inconnu et me plonge dans des calculs qui aboutissent subitement au nombre recherché, et aussi par la rapidité avec laquelle s'accomplit tout le travail ultérieur; en deuxième lieu, j'ai été frappé par la facilité avec laquelle les nombres se présentent à ma pensée inconsciente, alors que je suis généralement un mauvais calculateur et éprouve les plus grandes difficultés à retenir, dans ma mémoire consciente, les dates, les numéros de maisons, etc. Je trouve d'ailleurs, dans ces opérations inconscientes sur les nombres, une tendance à la superstition dont l'origine m'est restée longtemps inconnue (1).

Nous ne serons pas étonnés de constater que l'examen analytique révèle comme étant parfaitement déterminés, non seulement les nombres, mais n'importe quel mot énoncé dans les mêmes conditions.

Jung a publié un intéressant exemple concernant l'origine d'un mot obsédant (*Diagnostische Assoziationsstudien*, V, p. 215). « Une dame me raconte qu'elle est obsédée depuis quelques jours par le mot « Taganrog », sans qu'elle sache d'où ce mot lui vient. J'interroge la dame sur les événements affectifs et les désirs de son passé le plus récent. Après une certaine hésitation, elle m'avoue qu'elle aurait grande envie d'avoir une robe de chambre (*Morgenrock*), mais que son mari ne manifeste pas un grand enthousiasme pour ce désir. *Morgenrock* (littéralement : « robe de matinée »), *Tag-an-rock* (peut être traduit, à

(1) M. Rudolph Schneider, de Munich, a soulevé une objection intéressante contre ces déductions tirées de l'analyse des nombres (R. Schneider. — « Zu Freud's analytischer Untersuchung des Zahleneinfalls », *Internat. Zeitsch. f. Psychoanal.*, I, 1920). Il prenait un nombre quelconque, par exemple le premier nombre qui lui tombait sous les yeux dans un ouvrage d'histoire ouvert au hasard, ou il proposait à une autre personne un nombre choisi par lui et cherchait à se rendre compte si des idées déterminantes se présentaient, même à propos de ce nombre imposé. Le résultat obtenu fut positif. Dans un des exemples qu'il publie et qui le concerne lui-même, les idées qui se sont présentées ont fourni une détermination aussi complète et significative que dans nos analyses de nombres surgis spontanément, alors que dans le cas de Schneider le nombre, de provenance extérieure, n'avait pas besoin de raisons déterminantes. Dans une autre expérience qui, elle, portait sur une personne étrangère, il a singulièrement facilité sa tâche, en lui proposant le nombre 2 dont le déterminisme peut être facilement établi par chacun, à l'aide de matériaux quelconques.

R. Schneider tire de ses expériences deux conclusions : 1° Pour les nombres nous possédons les mêmes possibilités psychiques d'association que pour les concepts. 2° Le fait que des idées déterminantes se présentent à propos de nombres conçus spontanément ne prouve nullement que ces nombres aient été provoqués par les idées découvertes par l'analyse. La première de ces deux conclusions est parfaitement exacte. On peut, pour un nombre donné, trouver une association aussi facilement que pour un mot énoncé, et peut-être même plus facilement, car les signes, peu nombreux, dont se composent les nombres possèdent une force d'association particulièrement grande. On se trouve alors tout simplement dans le cas de ce qu'on

la rigueur, par : « robe de jour »; déformation de *Taganrog*, nom d'une ville russe) : on voit qu'il existe, entre ces deux mots, une affinité partielle, portant aussi bien sur le sens que sur les caractères phonétiques. L'adoption de la forme russe (*Taganrog*) s'explique par le fait que la dame vient de faire la connaissance d'une personne originaire de cette ville.

Je dois au Dr E. Hitschmann la solution d'un autre cas où un vers a été évoqué à plusieurs reprises dans le même endroit, alors que la personne intéressée ignorait la provenance de ce vers et ne voyait pas les rapports qui pouvaient exister entre lui et l'endroit en question.

« Le Dr E. raconte : Il y a six ans, je faisais le voyage de Biarritz à Saint-Sébastien. Le chemin de fer passe au-dessus de la Bidassoa qui sépare la France de l'Espagne. Du pont, on a une vue superbe : d'un côté, une large vallée

appelle l'expérience « d'association », qui a été étudiée sous tous ses aspects par l'école de Bleuler-Jung. Dans les cas de ce genre, l'idée (la réaction) est déterminée par le mot (excitation). Cette réaction pourrait cependant se manifester sous des aspects très variés, et les expériences de Jung ont montré que, quelle que soit la réaction, elle n'est jamais due au « hasard », mais que des « complexes » inconscients prennent part à la détermination, lorsqu'ils sont touchés par le mot jouant le rôle de facteur d'excitation.

Mais la deuxième conclusion de Schneider va trop loin. Du fait que des nombres (ou des mots) donnés font surgir des idées appropriées, on ne peut tirer, concernant les nombres (ou les mots) surgissant spontanément, aucune conclusion dont on ne soit pas obligé de tenir compte avant même la connaissance de ce fait. Les nombres (ou les mots) pourraient être indéterminés ou déterminés par des idées révélées par l'analyse ou par d'autres idées que l'analyse n'a pas révélées, auquel cas l'analyse nous aurait induits en erreur. On doit seulement se débarrasser du préjugé, d'après lequel le problème se poserait autrement pour les nombres que pour les mots. Nous ne nous proposons pas de donner dans ce livre un examen critique du problème et une justification de la technique psychanalytique concernant l'évocation d'idées liées aux nombres. Dans la pratique psychanalytique on admet que la deuxième possibilité est suffisante et peut être utilisée dans la plupart des cas. Les recherches de Poppelreuter, exécutées dans le domaine et à l'aide des méthodes de la psychologie expérimentale, ont d'ailleurs montré que cette deuxième possibilité est de beaucoup la plus probable. (Voir d'ailleurs à ce sujet les intéressantes considérations de Bleuler dans son ouvrage : *Das autistisch undisziplinierte Denken*, etc., 1919. Section 9 : « Von den Wahrscheinlichkeiten der psychologischen Erkenntniss ».)

et les Pyrénées; de l'autre côté, une vaste étendue de mer. C'était par une belle et claire journée d'été, tout était inondé de soleil et de lumière, j'étais en vacances, enchanté de me rendre en Espagne, et tout à coup ces vers ont surgi dans ma mémoire : « Aber frei ist schon die Seele, schwebet in dem Meer von Licht (1). »

Je me rappelle avoir alors cherché, mais en vain, le poème dont ces vers faisaient partie. Étant donné le rythme, il s'agissait certainement de vers, mais impossible de me rappeler où je les avais lus. Comme ils me sont depuis revenus, à plusieurs reprises, à la mémoire, je me rappelle avoir interrogé à ce sujet plusieurs personnes qui n'ont pu me renseigner.

L'année dernière, revenant d'Espagne, je suivais le même trajet. Il faisait nuit noire et il pleuvait. Le visage collé contre la vitre de la portière, je cherchais à discerner l'endroit exact où nous étions par rapport à la station-frontière et je constatai que nous traversions le pont de la Bidassoa. Et voilà que les mêmes vers me revinrent à la mémoire, sans que je pusse encore me rappeler à quel poème je les avais empruntés.

Quelques mois plus tard, je tombe par hasard sur les poèmes d'Uhland. J'ouvre le volume, et les premiers vers qui se présentent à ma vue sont : « Aber frei ist schon die Seele, schwebet in dem Meer von Licht », par lesquels se termine un poème intitulé : *Der Waller*. Je relis le poème et me souviens vaguement l'avoir autrefois appris par cœur. L'action se passe en Espagne : c'est là, me semble-t-il, le seul rapport qui existe entre les vers cités et l'endroit où ils me sont revenus à la mémoire. Peu satisfait de ma découverte, je continue à feuilleter machinalement le livre. Les vers en question occupaient le bas d'une page. En retournant cette page, je tombe sur un poème intitulé : *Le pont de la Bidassoa*.

J'ajouterai que ce dernier poème m'était encore moins connu que le premier et qu'il commençait par ces vers : « Auf der Bidassoabrücke steht ein Heiliger altersgrau,

(1) « Mais l'âme, déjà libre, nage dans l'océan de lumière. »

segnet rechts die span'schen Berge, segnet links die frank'-schen Gau (1). »

II. Cette manière de concevoir le déterminisme de noms et de nombres, choisis avec toutes les apparences de l'arbitraire, est peut-être de nature à contribuer à l'élucidation d'un autre problème. On sait que beaucoup de personnes invoquent à l'encontre d'un déterminisme psychique absolu, leur conviction intime de l'existence d'un libre-arbitre. Cette conviction refuse de s'incliner devant la croyance au déterminisme. Comme tous les sentiments normaux, elle doit être justifiée par certaines raisons. Je crois cependant avoir remarqué qu'elle ne se manifeste pas dans les grandes et importantes décisions; dans ces occasions, on éprouve plutôt le sentiment d'une contrainte psychique, et on en convient : « J'en suis là; je ne puis faire autrement ». Lorsqu'il s'agit, au contraire, de résolutions insignifiantes, indifférentes, on affirme volontiers qu'on aurait pu tout aussi bien se décider autrement, qu'on a agi librement, qu'on a accompli un acte de volonté non motivé. Nos analyses ont montré qu'il n'est pas nécessaire de contester la légitimité de la conviction concernant l'existence du libre-arbitre. La distinction entre la motivation consciente et la motivation inconsciente une fois établie, notre conviction nous apprend seulement que la motivation consciente ne s'étend pas à toutes nos décisions motrices. *Minima non curat praetor*. Mais ce qui reste ainsi non motivé d'un côté, reçoit ses motifs d'une autre source, de l'inconscient, et il en résulte que le déterminisme psychique apparaît sans solution de continuité (2).

(1) « Sur le pont de la Bidassoa se tient un saint, vieux comme le monde : de la main droite il bénit les montagnes d'Espagne, de la gauche le pays des Francs. »

(2) Ces idées sur la rigoureuse détermination d'actes psychiques en apparence arbitraires ont déjà donné de très beaux résultats en psychologie et, peut-être, aussi en droit. Bleuler et Jung se sont placés à ce point de vue pour rendre compréhensibles les réactions qui se produisent au cours de l'expérience dite d'association, expérience pendant laquelle la personne examinée répond à un mot prononcé devant elle par un autre mot qui lui vient à l'esprit à cette occasion (excitation et réaction verbales), le temps s'écoulant entre l'excitation et la réaction étant mesuré. Jung a montré dans ses *Diagnostische Assoziationsstudien* (1906) quel réactif sensible pour les états

III. Bien que la connaissance de la motivation des actes manqués dont nous nous sommes occupés échappe ainsi à la pensée consciente, il serait souhaitable de découvrir une preuve psychologique de l'existence de cette motivation. Et même, une connaissance plus approfondie de l'inconscient nous autorise à admettre la possibilité de découvrir cette preuve. Nous connaissons deux domaines présentant des phénomènes qui semblent correspondre à une connaissance inconsciente et, par conséquent, refoulée de cette motivation.

a) Les paranoïaques présentent dans leur attitude ce trait frappant et généralement connu, qu'ils attachent la plus grande importance aux détails les plus insignifiants, échappant généralement aux hommes normaux, qu'ils observent dans la conduite des autres; ils interprètent ces détails et en tirent des conclusions d'une vaste portée. Le dernier paranoïaque que j'ai vu, par exemple, a conclu à l'existence d'un complot dans son entourage, car lors de son départ de la gare des gens ont fait un certain mouvement de la main. Un autre a noté la manière dont les gens marchent dans la rue, font des moulinets avec leur canne, etc. (1).

Alors que l'homme normal admet une catégorie d'actes accidentels n'ayant pas besoin de motivation, catégorie dans laquelle il range une partie de ses propres manifestations psychiques et actes manqués, le paranoïaque refuse aux manifestations psychiques d'autrui tout élément accidentel. Tout ce qu'il observe sur les autres est significatif, donc susceptible d'interprétation. D'où lui vient cette manière de voir? Ici, comme dans beaucoup d'autres cas analogues, il projette probablement dans la vie psychique d'autrui ce qui existe dans sa propre vie à l'état inconscient. Tant de choses se pressent dans la conscience du paranoïaque

psychiques présente l'expérience d'association ainsi interprétée. Deux élèves du criminaliste H. Gross (de Prague), Wertheimer et Klein, ont fondé sur ces expériences une technique du « diagnostic de la question de fait » dans les cas d'actes criminels, technique dont l'examen préoccupe actuellement psychologues et juristes.

(1) Se plaçant à d'autres points de vue, on a donné le nom de « manie des rapports » à cette interprétation de manifestations insignifiantes et accidentelles.

qui, chez l'homme normal et chez le névrosé, n'existent que dans l'inconscient, où leur présence est révélée par la psychanalyse (1)! Sur ce point, le paranoïaque a donc, dans une certaine mesure, raison : il voit quelque chose qui échappe à l'homme normal, sa vision est plus pénétrante que celle de la pensée normale; mais ce qui enlève à sa connaissance toute valeur, c'est l'extension à d'autres de l'état de choses qui n'est réel qu'en ce qui le concerne lui-même. J'espère qu'on n'attend pas de moi une justification de telle ou telle interprétation paranoïaque. Mais en admettant, dans certaines limites, la légitimité d'une telle conception des actes manqués, nous rendons plus facilement compréhensible la conviction qui, chez le paranoïaque, se rattache à toutes ces interprétations. *Il y a du vrai dans tout cela*, et ce n'est pas autrement que nos erreurs de jugement, même lorsqu'elles ne sont pas morbides, acquièrent à nos yeux une certitude qui entraîne notre conviction. Cette conviction, justifiée en ce qui concerne une certaine partie de notre raisonnement erroné, ou la source d'où il provient, est étendue par nous à l'ensemble dont ce raisonnement fait partie.

b) Nous voyons une autre preuve de l'existence d'une connaissance inconsciente et refoulée de la motivation des actes manqués et accidentels dans cet ensemble de phénomènes que forment les superstitions. Je vais illustrer mon opinion par la discussion d'un petit événement qui servira de point de départ à nos déductions.

Rentré de vacances, je commence à penser aux malades dont j'aurai à m'occuper au cours de l'année qui commence. Je pense en premier lieu à une très vieille dame que je vois depuis des années (voir plus haut) deux fois par jour, pour lui faire subir les mêmes interventions médicales. Cette uniformité m'a souvent fourni une condition favorable à l'expression de certaines idées inconscientes, soit pendant

(1) Les inventions (que l'analyse rend conscientes) des hystériques concernant des méfaits sexuels et horribles coïncident, par exemple, dans leurs moindres détails, avec les plaintes des paranoïaques. Ce fait est remarquable, mais facile à comprendre, lorsque le contenu identique se manifeste également dans la réalité, quant aux moyens employés par les pervers pour la satisfaction de leurs tendances.

le trajet, soit pendant les interventions. Elle est âgée de 90 ans, et il est naturel que je me demande au commencement de chaque année combien de temps il lui reste encore à vivre. Le jour auquel se rapporte mon récit, je suis pressé et prends une voiture pour me faire conduire chez elle. Tous les cochers de la station de voitures qui se trouve devant ma maison connaissent l'adresse de la vieille dame, car il n'en est pas un qui ne m'ait déjà conduit chez elle plusieurs fois. Or, ce jour-là il arrive que le cocher s'arrête, non devant sa maison, mais devant une maison portant le même numéro, et située dans une rue parallèle et ressemblant en effet beaucoup à celle où demeurait ma malade. Je constate l'erreur et la reproche au cocher qui s'excuse. Le fait d'avoir été conduit devant une maison qui n'était pas celle de ma malade signifie-t-il quelque chose? Pour moi non, c'est certain. Mais si j'étais superstitieux, j'aurais aperçu dans ce fait un avertissement, une indication du sort, un signe m'annonçant que la vieille dame ne dépasserait pas cette année. Plus d'un avertissement ou signe enregistré par l'histoire est fondé sur un symbolisme de ce genre. Je me dis qu'il s'agit d'un incident sans aucune signification.

Il en aurait été tout autrement si, faisant le trajet à pied et absorbé par mes « réflexions » et « distrait », je m'étais arrêté devant la maison de la rue parallèle, au lieu d'arriver devant la maison de ma malade. Je n'aurais pas alors parlé d'accident et de hasard, mais j'aurais vu dans mon erreur un acte dicté par une intention inconsciente et ayant besoin d'une explication. Si je m'étais ainsi « trompé de chemin », j'aurais probablement dû interpréter mon erreur en me disant que je m'attends bientôt à ne plus trouver ma malade en vie.

Ce qui me distingue d'un homme superstitieux, c'est donc ceci : Je ne crois pas qu'un événement, à la production duquel ma vie psychique n'a pas pris part, soit capable de m'apprendre des choses cachées concernant l'état à venir de la réalité; mais je crois qu'une manifestation non-intentionnelle de ma propre activité psychique me révèle quelque chose de caché qui, à son tour, n'appartient qu'à ma vie psychique; je crois au hasard extérieur (réel), mais je ne crois pas au hasard intérieur (psychique). C'est le contraire du superstitieux : il ne sait rien de la motivation de ses actes accidentels et actes manqués, il croit par conséquent au hasard psychique; en revanche, il est porté à attribuer au hasard extérieur une importance qui se manifestera dans la réalité à venir, et à voir dans le hasard un moyen par lequel s'expriment certaines choses extérieures qui lui sont cachées. Il y a donc deux différences entre l'homme superstitieux et moi : en premier lieu, il projette à l'extérieur une motivation que je cherche à l'intérieur; en deuxième lieu, il interprète par un événement le hasard que je ramène à une idée. Ce qu'il considére comme caché correspond chez moi à ce qui est inconscient, et nous avons en commun la tendance à ne pas laisser subsister le hasard comme tel, mais à l'interpréter.

J'admets donc que ce sont cette ignorance consciente et cette connaissance inconsciente de la motivation des hasards psychiques qui forment une des racines psychiques de la superstition. C'est *parce que* le superstitieux ne sait rien de la motivation de ses propres actes accidentels et *parce que* cette motivation cherche à s'imposer à sa conn issance, qu'il est obligé de la déplacer en la situant dans le monde extérieur. Si ce rapport existe, il est peu probable qu'il soit limité à ce seul cas. Je pense en effet que, pour une bonne part, la conception mythologique du monde, qui anime jusqu'aux religions les plus modernes, *n est autre chose qu'une psychologie projetée dans le monde extérieur*. L'obscure connaissance (1) des facteurs et des faits psychiques de l'inconscient (autrement dit : la perception endopsychique de ces facteurs et de ces faits) se reflète (il est difficile de le dire autrement, l'analogie avec la paranoïa devant ici être appelée au secours) dans la construction d'une *réalité supra-sensible*, que la science retransforme en une *psychologie de l'inconscient*. On pourrait se donner pour tâche de décomposer, en se plaçant à ce point de vue, les mythes relatifs au paradis et au péché

(1) Qu'il ne faut pas confondre avec la connaissance vraie.

originel, à Dieu, au mal et au bien, à l'immortalité, etc. et de traduire la *métaphysique* en *métapsychologie*. La distance qui sépare le déplacement opéré par le paranoïaque de celui opéré par le superstitieux est moins grande qu'elle n'apparaît au premier abord. Lorsque les hommes ont commencé à penser, ils ont été obligés de résoudre anthropomorphiquement le monde en une multitude de personnalités faites à leur image; les accidents et les hasards qu'ils interprétaient superstitieusement étaient donc à leurs yeux des actions, des manifestations de personnes; autrement dit, ils se comportaient exactement comme les paranoïaques, qui tirent des conclusions du moindre signe fourni par d'autres, et comme se comportent tous les hommes normaux qui, avec raison, formulent des jugements sur le caractère de leurs semblables en se basant sur leurs actes accidentels et non-intentionnels. Dans notre conception du monde moderne — conception scientifique, et qui est encore loin d'être achevée dans toutes ses parties — la superstition apparaît donc quelque peu déplacée; mais elle était justifiée dans la conception des époques préscientifiques, puisqu'elle en était un complément logique.

Le Romain, qui renonçait à un important projet parce qu'il venait de constater un vol d'oiseaux défavorable, avait donc relativement raison; il agissait conformément à ses prémisses. Mais lorsqu'il renonçait à son projet, parce qu'il avait fait un faux-pas sur le seuil de sa porte, il se montrait supérieur à nous autres incrédules, il se révélait meilleur psychologue que nous ne le sommes. C'est que ce faux-pas était pour lui une preuve de l'existence d'un doute, d'une opposition intérieure à ce projet, doute et opposition dont la force pouvait annihiler celle de son intention au moment de l'exécution du projet. On n'est en effet sûr du succès complet que lorsque toutes les forces de l'âme sont tendues vers le but désiré. Quelle réponse le Guillaume Tell de Schiller, qui a si longtemps hésité à abattre la pomme placée sur la tête de son fils, donne-t-il à Gessler lui demandant pourquoi il avait préparé une autre flèche? « Cette flèche, dit-il, m'aurait servi à vous transpercer vous-même, si j'avais tué mon enfant.

Et *soyez certain* qu'en ce qui vous concerne, *je ne vous aurais pas manqué.* »

IV. Celui qui a eu l'occasion d'étudier à l'aide de la psychanalyse les tendances cachées de l'homme, se trouve également en état de connaître pas mal de choses sur la qualité des motifs inconscients qui se manifestent dans la superstition. C'est chez les névrosés, souvent très intelligents et souffrant d'idées obsédantes et d'états obsessionnels, qu'on constate avec le plus de netteté que la superstition a sa racine dans des tendances refoulées, d'un caractère hostile et cruel. La superstition signifie avant tout attente d'un malheur, et celui qui a souvent souhaité du mal à d'autres, mais qui, dirigé par l'éducation, a réussi à refouler ces souhaits dans l'inconscient, sera particulièrement enclin à vivre dans la crainte perpétuelle qu'un malheur ne vienne le frapper à titre de châtiment pour sa méchanceté inconsciente.

Nous reconnaissons volontiers que nous sommes loin d'avoir épuisé par ces remarques la psychologie de la superstition. Avant de quitter ce sujet, nous devons toutefois nous arrêter un instant à la question suivante : faut-il refuser à la supersittion toute base réelle? est-il bien certain que les phénomènes connus sous les noms d'avertissement, de rêve prophétique, d'expérience télépathique, de manifestation de forces suprasensibles, etc., ne soient que de simples produits de l'imagination, sans aucun rapport avec la réalité? Loin de moi l'idée de formuler un jugement aussi rigoureux et absolu sur des phénomènes dont l'existence a été attestée même par des hommes très éminents au point de vue intellectuel. Tout ce que nous pouvons en dire, c'est que leur étude n'est pas achevée et qu'ils ont besoin d'être soumis à de nouvelles recherches, plus approfondies. Et il est même permis d'espérer que les données que nous commençons à posséder sur les processus psychiques inconscients contribueront dans une grande mesure à élucider ces phénomènes, sans que nous soyons obligés d'imposer à nos conceptions actuelles de modifications trop radicales. Et lorsqu'on aura réussi à prouver la réalité d'autres phénomènes encore, ceux, par exemple, qui sont à la base du spiritisme, nous ferons subir à nos « lois » les modifications imposées par ces nouvelles expériences, sans bouleverser de fond en comble l'ordre des choses et les liens qui les rattachent les unes aux autres.

En restant dans les limites de ces considérations, je ne puis donner aux questions formulées plus haut qu'une réponse subjective, c'est-à-dire fondée sur mon expérience personnelle. Je suis obligé d'avouer que je fais partie de cette catégorie d'hommes indignes devant lesquels les esprits suspendent leur activité et auxquels le suprasensible échappe, de sorte que je ne me suis jamais trouvé capable d'éprouver quoi que ce soit qui pût faire naître en moi la croyance aux miracles. Comme tous les hommes, j'ai eu des pressentiments et éprouvé des malheurs, mais il n'y a jamais eu coïncidence entre les uns et les autres, c'est-à-dire que les pressentiments n'ont jamais été suivis de malheurs et que les malheurs n'ont jamais été précédés de pressentiments. Lorsque, jeune homme, j'habitais une grande ville étrangère, seul et loin des miens, il m'a souvent semblé entendre subitement prononcer mon nom par une voix connue et chère et je notais le moment précis où s'était produite l'hallucination, pour me renseigner auprès des miens sur ce qui s'était passé chez eux à ce moment-là. On me répondait chaque fois qu'il ne s'était rien passé. En revanche, il m'est arrivé plus tard de causer tranquillement et sans le moindre pressentiment avec un malade, alors que mon enfant était sur le point de mourir d'une hémorragie. Aucun des pressentiments, d'ailleurs, dont m'ont fait part mes malades n'a jamais pu acquérir à mes yeux la valeur d'un phénomène réel.

La croyance aux rêves prophétiques compte beaucoup de partisans, parce qu'elle peut s'appuyer sur le fait que beaucoup de choses revêtent plus tard dans la réalité l'aspect que le désir leur avait donné pendant le rêve. A cela il n'y a rien d'étonnant, et d'ailleurs la crédulité des rêveurs néglige très volontiers les écarts souvent considérables qui existent entre la chose rêvée et la chose réalisée. Une malade intelligente et ayant horreur du mensonge a livré un jour à mon analyse un bel exemple d'un rêve qu'on peut avec raison qualifier de prophétique. Elle avait rêvé avoir rencontré, devant tel magasin, situé dans telle rue, son ancien ami et médecin; or, ayant le lendemain matin une course à faire dans le centre de la ville, elle rencontra effectivement ce monsieur à l'endroit précis où elle l'avait vu dans le rêve. Je lui fis remarquer que cette singulière coïncidence était restée sans aucun rapport avec les événements de sa vie ultérieure, qu'il était donc impossible de lui trouver une justification dans les faits qui l'avaient suivie.

Un examen a permis de l'établir : rien ne prouvait que la dame se soit souvenue de son rêve dès le matin, c'est-à-dire avant la rencontre. Elle consentit volontiers à considérer avec moi la situation comme dépourvue de tout caractère miraculeux et à n'y voir qu'un problème psychologique intéressant. Elle traverse un matin une certaine rue, rencontre devant un certain magasin son ancien médecin et, en le voyant, elle se croit convaincue d'avoir rêvé la nuit précédente qu'elle a rencontré ce médecin au même endroit. L'analyse a pu montrer avec beaucoup de vraisemblance comment s'était formée chez elle cette conviction, à laquelle on ne peut, d'une façon générale, refuser un certain degré de sincérité. Une rencontre dans un endroit déterminé, après une attente préalable, n'est autre chose qu'un rendez-vous. La vue du vieux médecin a évoqué chez elle le souvenir du temps jadis où les rendez-vous avec une troisième personne, dont ce médecin était également l'ami, ont joué dans sa vie un rôle très important. Elle a conservé des relations avec cette troisième personne et l'avait attendue en vain le jour qui avait précédé le rêve. Si je pouvais donner ici tous les détails de cette situation, il me serait facile de montrer que l'illusion du rêve prophétique, qui s'est formée à la vue de l'ancien ami, équivaut à peu près au discours suivant : « Ah, cher docteur, vous me rappelez maintenant le bon vieux temps, alors que je n'attendais jamais N. en vain et qu'il était fidèle aux rendez-vous. »

Voici un exemple personnel de cette « coïncidence singulière », qui consiste à rencontrer une personne à laquelle on vient justement de penser. Par sa simplicité et sa facilité d'interprétation, cet exemple peut être considéré comme un cas-modèle. Quelques jours après avoir reçu le titre de professeur qui, dans les États monarchiques, confère une grande autorité, je me laisse, au cours d'une promenade en ville, absorber par une rêverie enfantine dans laquelle je formais des projets de vengeance contre les parents d'une de mes anciennes malades. Ces parents m'avaient appelé, quelques mois auparavant, auprès de leur petite fille chez laquelle s'était produit, à la suite d'un rêve, un phénomène obsessionnel intéressant. Ce cas, dont je cherchais à établir la genèse, m'intéressait beacoup; mais le traitement que j'avais proposé ne fut pas accepté par les parents qui me firent comprendre qu'ils avaient l'intention de s'adresser à une célébrité étrangère, traitant par l'hypnose. Je rêvais donc qu'après l'échec complet de cette tentative, les parents me priaient d'appliquer mon traitement à moi, disant qu'ils avaient maintenant pleine confiance, etc. Mais moi, je répondais : « Ah oui, maintenant que je suis professeur vous avez confiance. Le titre n'a rien ajouté à mes connaissances. Puisque vous ne vouliez pas de moi, lorsque j'étais « docent », vous vous passerez de moi aujourd'hui que je suis professeur. » Tout à coup ma rêverie est interrompue par un salut lancé à haute voix : « Bonjour, Monsieur le Professeur! » Je lève la tête et qui vois-je? Les parents de mon ancienne malade dont je venais de me venger en repoussant les offres. Il m'a suffi d'un instant de réflexion pour constater qu'il n'y avait dans cette coïncidence rien de miraculeux, J'étais dans une rue droite, large, peu fréquentée, le couple venait dans ma direction ; en jetant devant moi un rapide regard, alors qu'ils étaient à une vingtaine de pas, j'ai certainement aperçu et reconnu leurs visages, mais, comme il arrive dans une hallucination négative, j'ai écarté cette perception, pour les motifs affectifs qui se sont manifestés dans la rêverie, laquelle a surgi avec toutes les apparences de la spontanéité.

Je rapporte, d'après M. Otto Rank, un autre cas d' « explication d'un prétendu pressentiment » (*Zentralbl. f. Psychoanal.*, II, 5) :

« Il y a quelque temps, j'ai fait moi-même l'expérience

d'une variante bizarre de cette « miraculeuse coïncidence » qui consiste à rencontrer une personne à laquelle on vient justement de penser. Je me rends la veille de Noël à la Banque d'Autriche-Hongrie pour échanger, en vue des étrennes, un billet de dix couronnes contre dix pièces de 1 couronne en argent. Plongé dans des rêves ambitieux liés au contraste entre la maigre somme que j'allais toucher et les énormes masses d'argent accumulées dans la banque, je débouche dans la petite rue où est située cette dernière. Je vois devant le portail une automobile; beaucoup de gens entrent dans la banque et en sortent. Je me demande si les employés auront le temps de s'occuper de mes couronnes; je ferai d'ailleurs vite; je déposerai le billet et je dirai : « Donnez-moi de l'*or*, s'il vous plaît. » J'aperçois aussitôt mon erreur : c'est de l'*argent* que je dois demander; et je sors de ma rêverie. Je suis à quelques pas de l'entrée et je vois venir au-devant de moi un jeune homme que je crois connaître, mais je que ne puis encore reconnaître avec certitude, à cause de ma myopie, Lorsqu'il s'approche davantage, je reconnais en lui un camarade d'école de mon *frère*, nommé *Gold* (or), frère lui-même d'un écrivain connu, sur l'appui duquel j'avais beaucoup compté au début de ma carrière littéraire. Cet appui m'a manqué et, avec lui, le succès matériel espéré qui m'avait préoccupé dans ma rêverie, pendant que je me rendais à la banque. Plongé dans mes rêveries, j'ai donc dû percevoir, sans m'en rendre compte, l'approche de M. Gold, ce qui, dans ma conscience rêvant de succès matériels, s'est manifesté sous la forme de la décision que j'avais prise de demander au caissier de l'or (*Gold*), à la place de l'argent qui est de valeur moindre. D'autre part, le fait paradoxal que mon inconscient a été capable de percevoir un objet que l'œil n'a reconnu que plus tard s'explique par un « complexe » (Bleuler) particulier qui, orienté vers des choses matérielles, dirigeait mes pas, à l'exclusion de toute autre précocupation, vers le bâtiment où s'effectuait l'échange entre or et billets de banque. »

On rattache encore au domaine du miraculeux et du mystérieux la bizarre sensation qu'on éprouve à certains moments et dans certaines situations et qui fait qu'on croit avoir déjà vu ce qu'on voit, s'être déjà trouvé une fois dans la même situation, sans toutefois pouvoir se rappeler quand et dans quelles conditions. Je sais que je m'exprime très improprement, en qualifiant de sensation ce qu'on éprouve dans ces moments-là. Il s'agit plutôt d'un jugement, et d'un jugement cognitif; mais ces cas n'en présentent pas moins un caractère particulier, et l'on ne doit pas négliger le fait de l'impossibilité de se souvenir de ce que l'on cherche. J'ignore si l'on s'est sérieusement servi de ce phénomène du « déjà vu », pour en faire un argument prouvant une existence psychique antérieure de l'individu; mais les psychologues se sont intéressés à ce phénomène et se sont livrés aux spéculations les plus variées à propos de cette énigme. Aucune des explications proposées ne me paraît correcte, car toutes ne tiennent compte que des détails qui accompagnent le phénomène et des conditions qui le favorisent. La plupart des psychologues actuels négligent complètement les processus psychiques qui, à mon avis, sont seuls susceptibles de fournir l'explication du « déjà vu » : je veux parler des rêveries inconscientes.

Je crois qu'on a tort de qualifier d'illusion la sensation du « déjà vu et déjà éprouvé ». Il s'agit réellement, dans ces moments-là, de quelque chose qui a déjà été éprouvé; seulement, ce quelque chose ne peut faire l'objet d'un souvenir conscient, parce que l'individu n'en a jamais eu conscience. Bref, la sensation du « déjà vu » correspond au souvenir d'une rêverie inconsciente. Il y a des rêveries (rêves éveillés) inconscientes, comme il y a des rêveries conscientes, que chacun connaît par sa propre expérience.

Je sais que le sujet mériterait une discussion approfondie; mais je ne donnerai ici que l'analyse d'un seul cas de « déjà vu », et encore parce que la sensation a été remarquable par son intensité et sa durée. Une dame, aujourd'hui âgée de 37 ans, prétend se rappeler de la façon la plus nette qu'étant venue, à l'âge de 12 ans et demi, en visite chez des amies habitant la campagne, elle eut la sensation, en entrant pour la première fois dans le jardin, d'y avoir déjà été. La même sensation se renouvela, lorsqu'elle entra dans les appartements, de sorte qu'elle savait d'avance quelle pièce serait la suivante, quel coup d'œil on aurait de cette pièce, etc. Il résulte de tous les renseignements recueillis que c'était bien pour la première fois qu'elle voyait et la maison et le jardin. La dame qui racontait cela, n'en cherchait pas l'explication psychologique, mais voyait dans la sensation qu'elle avait éprouvée alors un pressentiment prophétique du rôle que ces amies devaient jouer plus tard dans sa vie affective. Mais en réfléchissant aux circonstances dans lesquelles s'est produit ce phénomène, nous trouvons facilement les éléments de son explication. Lorsque cette visite fut décidée, elle savait que ces jeunes filles avaient un frère unique, gravement malade. Elle put le voir pendant son séjour là-bas, lui trouva très mauvaise mine et se dit qu'il ne tarderait pas à mourir. Or, son unique frère à elle avait eu, quelques mois auparavant, une diphtérie grave; pendant sa maladie, elle fut éloignée de la maison et séjourna pendant plusieurs semaines chez une parente. Elle croit se rappeler que son frère l'avait accompagnée dans cette visite à la campagne; elle pense même que ce fut sa première grande sortie après sa maladie. Ses souvenirs sur ces points sont d'ailleurs singulièrement vagues, alors qu'elle se rappelle parfaitement tous les autres détails, et notamment la robe qu'elle portait ce jour-là. Il suffit d'un peu d'expérience pour deviner que l'attente de la mort de son frère a alors joué un grand rôle dans la vie de cette jeune fille et que cette attente n'a jamais été consciente, ou bien a subi un refoulement énergique à la suite de l'heureuse issue de la maladie. Dans le cas contraire (si son frère était mort), elle aurait été obligée de mettre une autre robe, et notamment une robe de deuil. Elle retrouve chez ses amies une situation analogue : un frère unique, en danger de mort (il est d'ailleurs mort peu après). Elle aurait dû se souvenir consciemment qu'elle s'était trouvée elle-même dans cette situation quelque mois auparavant; mais empêchée d'évoquer ce souvenir, parce qu'il était refoulé, elle a transféré sa sensation de souvenir à la maison et au jardin, ce qui lui fit éprouver un sentiment de « fausse reconnaissance », l'illusion d'avoir déjà vu tout cela. Nous pouvons conclure du fait du refoulement que l'attente où elle se trouvait à l'époque de voir son frère mourir avait presque le caractère d'un désir capricieux : elle serait alors restée l'enfant unique. Au cours de la névrose dont elle fut atteinte ultérieurement elle était obsédée de la façon la plus intense par la crainte de voir ses parents mourir, crainte derrière laquelle l'analyse a pu, comme toujours, découvrir un désir inconscient ayant le même contenu.

En ce qui concerne les quelques rares et rapides sensations de « déjà vu » que j'ai éprouvées moi-même, j'ai toujours réussi à leur assigner pour origine les constellations affectives du moment. « Il s'agissait chaque fois du réveil de conceptions et de projets imaginaires (inconnus et inconscients) qui correspondait, chez moi, au désir d'obtenir une amélioration de ma situation (1). »

V. Un de mes collègues, possédant une vaste culture philosophique, auquel j'ai eu récemment l'occasion d'exposer quelques exemples d'oubli de noms accompagnés de leur analyse, s'est empressé de me répondre : « C'est très beau; mais chez moi l'oubli de noms se produit autrement. » La réponse est trop facile; je ne crois pas que mon collègue ait jamais songé à faire l'analyse d'un oubli de nom; il ne put d'ailleurs pas me dire comment se produisaient chez lui ces oublis. Mais sa remarque touche à un problème

(1) Cette explication du « déjà vu » n'a encore reçu l'adhésion que d'un seul observateur. Le Dr Ferenczi, auquel la troisième édition de ce livre doit tant de précieuses contributions, m'écrit : « J'ai pu me convaincre, aussi bien sur moi-même que sur d'autres, que le sentiment inexplicable de « déjà vu » peut être ramené à des rêveries inconscientes dont on garde le souvenir inconscient dans une situation donnée. Chez un de mes malades, les choses semblaient se passer autrement, mais en réalité d'une façon tout à fait analogue. Ce sentiment se reproduisait chez lui fréquemment, mais il a été possible de trouver chaque fois qu'il provenait d'un rêve refoulé ou d'une fraction de rêve refoulé de la nuit précédente. Il semble donc que le « déjà vu » peut avoir sa source non seulement dans les rêves éveillés, mais aussi dans les rêves nocturnes. » (J'ai appris plus tard que Grasset a donné en 1904 une explication du phénomène se rapprochant sensiblement de la mienne).

que beaucoup de personnes sont tentées de considérer comme ayant une importance capitale. L'explication des actes manqués et accidentels que nous proposons a-t-elle une portée générale ou ne vaut-elle que pour des cas isolés? Et, dans ce dernier cas, dans quelles conditions peut-elle être étendue aux phénomènes ayant un mode de production différent? Mon expérience et mes observations personnelles ne me permettent pas de répondre à cette question. Je puis seulement affirmer que les rapports que j'ai établis dans cet ouvrage sont loin d'être rares, car toutes les fois que je les ai recherchés, soit dans des cas me concernant personnellement, soit dans des exemples se rapportant à mes malades, j'ai pu en constater la réalité ou, dans les cas les moins favorables, trouver de bonnes raisons d'admettre cette réalité. Il n'est pas étonnant que l'on ne trouve pas toujours et dans tous les cas le sens caché d'un acte symptomatique, car il faut se rappeler le rôle décisif que jouent souvent les résistances intérieures qui, selon la force et l'intensité qu'elles possèdent, s'opposent plus ou moins à la solution du problème recherchée par l'analyse. Il n'est pas davantage possible d'interpréter chaque rêve, sans exception, qu'on fait soi-même ou que fait un malade; il suffit, pour que la portée générale de la théorie se trouve confirmée, de pouvoir pénétrer un peu plus loin, aussi loin que possible, dans l'ensemble caché. Tel rêve qui se montre réfractaire à l'analyse, lorsqu'on veut la tenter dès le lendemain, laisse souvent révéler son mystère une semaine ou un mois après, lorsqu'un changement réel survenu dans l'intervalle, a diminué les forces des facteurs psychiques en lutte entre eux. On peut en dire autant de l'explication des actes accidentels et symptomatiques; l'exemple de l'erreur citée plus haut : « en tonneau à travers l'Europe », m'a fourni l'occasion de montrer comment un symptôme d'abord inexplicable devient accessible à l'analyse, lorsque l'*intérêt réel* pour les idées refoulées subit une réduction. Tant qu'il était possible que mon frère reçoive avant moi le titre tant convoité, cette erreur de lecture a résisté à toutes les tentatives d'analyse; mais le jour où j'eus la certtitude que ce fait ne se produirait pas, j'ai trouvé le chemin qui devait me conduire à la solution de l'énigme. Il serait donc inexact d'affirmer que tous les cas qui résistent à l'analyse sont produits à la faveur de mécanismes autres que ceux que nous indiquons; pour que cette affirmation soit vraie, elle devrait pouvoir s'appuyer sur d'autres arguments que les arguments purement négatifs. Il est probable que, même chez les hommes normaux, la tendance à croire à la possibilité d'une autre explication des actes symptomatiques et accidentels ne repose sur aucune base réelle; cette tendance n'est, à son tour, qu'une manifestation de ces mêmes forces psychiques qui ont produit le mystère et qui, pour cette raison, s'efforcent de le maintenir et s'opposent à son éclaircissement.

Nous ne devons pas oublier, d'autre part, que les idées et tendances refoulées ne trouvent pas dans les actes symptomatiques et accidentels une expression complète. Les conditions techniques qui rendent possible ce glissement, cette dérivation des innervations doivent exister indépendamment de ces actes; mais ces conditions sont utilisées volontiers par l'intention de l'idée refoulée d'acquérir une expression consciente. Quelles sont les relations structurelles et fonctionnelles qui se prêtent à cette intention des idées refoulées? Philosophes et philologues se sont efforcés de les rechercher et de les établir pour les cas de *lapsus linguae*. Si nous distinguons ici, parmi les conditions des actes symptomatiques et accidentels, entre le motif inconscient et les relations physiologiques et psychologiques qui viennent lui prêter leur appui, il reste encore à résoudre la question de savoir si, dans les limites de la santé, il existe encore d'autres facteurs qui, à l'instar du motif inconscient et à sa place, sont capables d'utiliser les mêmes relations pour produire des actes symptomatiques et accidentels. La discussion de cette question dépasse le cadre que nous nous sommes assigné.

Il n'entre d'ailleurs pas dans mes intentions d'aggraver les différences, déjà assez grandes, qui existent entre la conception psychanalytique et la conception courante des actes manqués. Je préfère attirer l'attention sur des cas où ces différences se trouvent plutôt atténuées. Dans les cas les plus simples et les moins accentués de lapsus de la parole et de l'écriture, où il s'agit d'une simple fusion de mots où d'une omission de mot ou de lettres, les interprétations compliquées ne sont pas de mise. Du point de vue de la psychanalyse, il faut affirmer qu'il s'agit dans ces cas d'un trouble quelconque de l'intention, mais on se trouve dans l'impossibilité de dire quelle est l'origine du trouble et quel est le but auquel il vise. Il n'a d'ailleurs réussi qu'à manifester son existence. Dans ces mêmes cas, on constate l'intervention de facteurs dont nous n'avons jamais nié l'existence et qui, comme la ressemblance phonétique et certaines associations psychologiques, ne peuvent que favoriser la production du lapsus. Mais, du point de vue scientifique, il est raisonnable d'exiger que ces cas rudimentaires de lapsus de la parole et de l'écriture soient jugés d'après des cas plus prononcés et mieux accentués, dont l'examen a fourni des indications d'une justesse incontestable sur le déterminisme des actes manqués.

VI. Depuis nos considérations sur les lapus de la parole, nous nous sommes contenté de montrer que les actes manqués ont une motivation cachée, et nous nous sommes servi de la psychanalyse pour nous frayer une voie vers la connaissance de cette motivation. Quant à la nature générale et aux particularités des facteurs psychiques qui s'expriment dans les actes manqués, nous ne nous en sommes guère occupé jusqu'à présent ou, du moins, nous n'avons pas essayé de les définir de plus près de et rechercher les lois auxquelles elles obéissent. Nous ne nous proposons pas d'épuiser ici le sujet, car les premiers pas que nous ferions dans cette voie nous montreraient qu'il doit être abordé par un autre côté. On peut, à ce propos, formuler plusieurs questions que je me bornerai à citer en en montrant la portée :

1° Quel est le contenu et quelle est l'origine des idées et tendances qui s'expriment dans les actes accidentels et symptomatiques?

2° Quelles sont les conditions nécessaires pour qu'une

idée ou une tendance soit obligée de recourir, pour s'exprimer, à cet expédient?

3° Peut-on établir des rapports constants et univoques entre le genre de l'acte manqué et les qualités de l'idée ou de la tendance qui s'exprime dans cet acte?

Je commencerai par citer quelques matériaux susceptibles de fournir les éléments d'une réponse à la troisième de ces questions. En discutant les exemples de lapsus de la parole, nous avons jugé nécessaire de dépasser le contenu du discours intentionnel et de chercher la cause du trouble de la parole en dehors de l'intention. Dans un certain nombre de cas la personne ayant commis le lapsus était parfaitement consciente de sa cause. Dans les cas en apparence les plus simples et les plus manifestes, c'était un autre concept, mais à peu près semblable au point de vue phonétique, qui était venu troubler l'expression, sans qu'on puisse savoir pourquoi le concept avait réussi à supplanter le premier (les « contaminations » de Meringer et Mayer). Dans un autre groupe de cas, l'élimination d'un concept était motivée par une considération qui n'avait cependant pas été assez forte pour rendre l'élimination complète (voir le lapsus : *zum Vorschwein gekommen*) : ici encore la personne ayant commis le lapsus a conscience du concept refoulé. C'est seulement à propos des cas faisant partie du troisième groupe qu'on peut dire sans restriction que l'idée perturbatrice ne se confond pas avec l'idée intentionnelle et qu'on peut établir, entre l'un et l'autre, une distinction essentielle. Ou l'idée perturbatrice se rattache à l'idée troublée en vertu d'une association (trouble par contradiction interne), ou bien il n'existe, entre les deux idées, aucune affinité interne, le mot « troublée » étant rattaché à l'idée perturbatrice, *souvent* inconsciente, en vertu d'une association *extérieure*, le plus souvent bizarre. Dans les exemples que j'ai cités et qui sont empruntés à ma pratique psychanalytique, tout le discours se trouvait sous l'influence d'une idée, devenue active au moment où le discours était prononcé, mais complètement inconsciente, et qui trahissait son existence soit par le trouble même qu'elle provoquait (KLAPPER*schlange* (serpent à sonnettes) — KLEOPATRA), soit par une influence indirecte, en permettant aux différentes parties du discours conscient et intentionnel de se troubler réciproquement (*durch die* ASE NATMEN au lieu de *durch die* NASE ATMEN (respirer par le nez); lapsus né à propos du nom d'une rue, HASENAUER*strasse*, et en association avec le souvenir relatif à une Française). Les idées réprimées ou inconscientes pouvant donner naissance à un lapsus ont les origines les plus diverses. Cette rapide revue ne nous permet de formuler aucune conclusion générale sur cette question.

L'examen comparé des exemples d'erreurs de lecture et de *lapsus calami* aboutit aux mêmes résultats. Dans certains cas l'erreur semble résulter, comme les lapsus de la parole, d'un travail de condensation dont les motifs nous échappent. Mais il serait très intéressant de savoir si certaines conditions ne doivent pas être remplies pour qu'une pareille condensation, qui est de règle dans le travail du rêve, mais qui n'est jamais complète dans l'état de veille, se produise. Les exemples que nous connaissons ne nous fournissent là-dessus aucune indication. Mais je m'inscris d'avance en faux contre la conclusion d'après laquelle il n'y aurait pas de conditions de ce genre, sauf un certain relâchement de l'attention consciente; je sais en effet d'une autre source que ce sont précisément les actes automatiques qui se distinguent par leur correction et leur sûreté. Je suis plutôt enclin à croire qu'ici, comme cela arrive souvent en biologie, les phénomènes normaux et se rapprochant de la normale représentent des objets d'étude moins favorables que les phénomènes anormaux. Ce qui reste obscur, lorsqu'on essaie d'expliquer ces troubles, qui sont les plus légers, doit, à mon avis, s'éclairer grâce à l'étude de troubles plus graves.

Même en ce qui concerne les erreurs de lecture et d'écriture, les exemples ne manquent pas où une motivation éloignée et compliquée paraît probable. « En tonneau à travers l'Europe » est une erreur de lecture qui s'explique par l'influence d'une idée éloignée, n'ayant rien de commun avec la lecture comme telle, une idée ayant son origine dans un sentiment d'ambition et de jalousie et utilisant le double sens du mot *Beförderung* (moyen de transport, avancement) pour se rattacher aux chosez indifférentes et anodines qui faisaient l'objet de la lecture. Dans le cas *Burckhard*, c'est le nom lui-même qui résulte d'une pareille substitution de sens.

Il est incontestable que les troubles de la parole se produisent plus facilement et exigent l'intervention de forces perturbatrices dans une mesure moindre que les troubles des autres fonctions psychiques.

On se trouve placé sur un terrain différent, lorsqu'on analyse les oublis au sens propre du mot, c'est-à-dire les oublis portant sur des événements passés (on pourrait, à la rigueur, ranger à part l'oubli de noms propres et de mots étrangers, sous la rubrique d' « insuffisances momentanées de la mémoire »; et l'oubli de projets, sous la rubrique d' « omissions »). Les conditions fondamentales du processus normal qui aboutit à l'oubli sont inconnues (1). Il est bon qu'on sache aussi que tout ce qu'on considère

(1) En ce qui concerne le mécanisme de l'oubli proprement dit, je puis donner les indications suivantes : les matériaux de nos souvenirs sont sujets, d'une façon générale, à deux influences : la condensation et la déformation. La déformation est l'œuvre des tendances qui règnent dans la vie psychique et elle frappe surtout les traces de souvenirs ayant conservé une force effective et qui, pour cette raison, résistent davantage à la condensation, sans manifester aucune résistance; mais dans certains cas la déformation frappe également les matériaux indifférents qui n'ont pas reçu satisfaction au moment où ils se sont manifestés. Comme ces processus de condensation et de déformation s'étendent sur une longue durée, pendant laquelle tous les nouveaux événements contribuent à la transformation du contenu de la mémoire, nous croyons généralement que c'est le temps qui rend les souvenirs incertains et vagues. Il est plus que probable que le temps comme tel ne joue aucun rôle dans l'oubli. En analysant les traces de souvenirs refoulés, on peut constater que la durée ne leur imprime aucun changement. L'inconscient se trouve, d'une façon générale, en dehors du temps. Le caractère le plus important et le plus étrange de la fixation psychique consiste dans le fait que les impressions subsistent non seulement telles qu'elles ont été reçues, quant à leur nature, mais aussi en maintenant toutes les formes qu'elles ont revêtues au cours de leur développement ultérieur : particularité qui ne se laisse expliquer par aucune comparaison avec ce qui se passe dans les autres sphères de la vie. C'est ainsi que, d'après la théorie, tout état antérieur du contenu de la mémoire peut être évoqué en qualité de souvenir, alors même que tous les éléments qui conditionnaient ses relations primitives ont été remplacés par de nouveaux éléments.

comme oublié ne l'est pas. Notre explication ne se rapporte qu'aux cas où l'oubli suscite notre étonnement, puisqu'il enfreint la règle d'après laquelle seul ce qui est dépourvu d'importance peut être oublié, tandis que ce qui est important subsiste dans la mémoire. L'analyse des cas d'oubli qui nous semblent requérir une explication spéciale révèle toujours et dans tous les cas que le motif de l'oubli consiste dans une répugnance à se souvenir de quelque chose qui est susceptible d'éveiller une sensation pénible. Nous en arrivons ainsi à soupçonner que ce motif cherche à s'affirmer d'une façon générale dans la vie psychique, mais qu'il lui est souvent empêché de s'exprimer, à cause des forces opposées auxquelles il se heurte. L'étendue et l'importance de ce manque d'empressement à se souvenir d'impressions pénibles méritent un examen psychologique approfondi; et il est impossible d'envisager indépendamment de cet ensemble plus vaste la question de savoir quelles sont les conditions particulières qui, dans chaque cas donné, favorisent la réalisation de la tendance générale à l'oubli.

Dans l'oubli de projets, c'est un autre facteur qui vient occuper le premier plan. Le conflit, que nous soupçonnons seulement, tant qu'il s'agit du refoulement de souvenirs pénibles, devient ici manifeste, et l'analyse révèle toujours l'existence d'une contre-volonté qui s'oppose au sujet, sans le supprimer. Comme dans les actes manqués dont il a été question plus haut, on reconnaît ici deux genres de processus psychiques : la contre-volonté peut se dresser directement contre le projet (lorsqu'il s'agit de desseins de quelque importance), ou bien (comme c'est le cas des projets indifférents) elle ne présente aucune affinité avec le projet comme tel, auquel elle ne se rattache qu'en vertu d'une association purement *extérieure*.

Le même conflit caractérise le phénomène de la méprise. L'impulsion qui se manifeste par le trouble de l'action est souvent une contre-impulsion; mais plus souvent encore il s'agit d'une impulsion tout à fait étrangère, qui profite seulement de l'occasion pour se manifester, lors de l'accomplissement de l'acte, en troublant ce dernier. Les cas où les troubles résultent d'une contradiction interne sont les plus importants et se rapportent également à des actes plus importants.

Enfin, dans les actes symptomatiques et accidentels, le conflit intérieur joue un rôle de plus en plus effacé. Ces manifestations, auxquelles la conscience attache une importance insignifiante, lorsqu'elles ne lui échappent pas tout à fait, servent ainsi à exprimer les tendances inconscientes ou refoulées les plus variées; elles constituent le plus souvent une représentation symbolique de rêves et de désirs.

En réponse à la première question concernant l'origine des idées et des tendances qui s'expriment dans les actes manqués, on peut dire que dans une certaine catégorie de cas les idées perturbatrices viennent des tendances. Égoïsme, jalousie, hostilité, tous les sentiments et toutes les impulsions comprimés par l'éducation morale, utilisent souvent chez l'homme le chemin qui aboutit à l'acte manqué, pour manifester d'une façon ou d'une autre leur puissance incontestable, mais non reconnue par les instances psychiques supérieures. Cette liberté tacitement accordée aux actes manqués et accidentels correspond pour une bonne part à une tolérance commode à l'égard de ce qui est immoral. Parmi ces tendances refoulées, les courants sexuels jouent un rôle qui est loin d'être négligeable. Si, dans les exemples que j'ai cités au cours de cet ouvrage, l'analyse n'a réussi à dégager le facteur sexuel que dans quelques cas très rares, cela tient uniquement au choix des matériaux. Comme ces exemples se rapportent pour la plupart à ma propre vie psychique, ce choix ne pouvait être que partial et viser à exclure tout ce qui pouvait être en rapport avec le domaine sexuel. Dans d'autres cas, les idées perturbatrices semblent provenir d'objections et de considérations tout à fait anodines.

Nous voilà en mesure de répondre à la deuxième des questions formulées plus haut : quelles sont les conditions psychologiques requises pour qu'une idée, au lieu de s'exprimer pleinement et franchement, revête une forme pour ainsi dire parasitaire, se présente comme une modification et un trouble d'une autre idée? Les exemples les plus typiques d'actes manqués indiquent que nous devons chercher ces conditions dans un rapport avec la conscience, dans le caractère plus ou moins accentué de l'élément ou des éléments refoulés. Mais, en suivant la série des exemples, nous voyons ce caractère se résoudre en nuances de plus en plus vagues. Le désir de se débarrasser de quelque chose qui nous prend un temps inutile, la considération qu'une idée donnée ne présente, à proprement parler, aucun rapport avec le but que nous poursuivons — ces motifs, et d'autres du même genre, semblent jouer dans le refoulement de l'idée (qui ne peut alors s'exprimer que sous la forme du trouble d'une autre idée) le même rôle que la condamnation morale d'une tendance anti-sociale ou qu'une idée provenant d'un ensemble inconscient. Ce n'est pas ainsi que nous pouvons saisir la nature générale du déterminisme des actes manqués et accidentels. Un seul fait important se dégage de ces recherches : plus la motivation d'un acte manqué est anodine, moins l'idée qui s'exprime par cet acte est choquante et, par conséquent, moins elle est inaccessible à la conscience, plus il est facile de résoudre le phénomène lorsqu'on lui prête une attention suffisante; les lapsus les plus légers sont aussitôt remarqués et spontanément corrigés. Mais dans les cas où les actes manqués sont motivés par des tendances réellement refoulées, une analyse approfondie devient nécessaire, et se heurte parfois à de grandes difficultés et peut dans certains cas échouer.

La conclusion qui se dégage de ce que nous venons de dire est que si l'on veut obtenir des notions satisfaisantes sur les conditions psychologiques des actes manqués et accidentels, il faut orienter les recherches dans une autre direction et suivre une autre voie. Le lecteur indulgent est donc prié de ne voir dans ces considérations que des fragments artificiellement détachés d'un ensemble plus vaste, d'une démonstration plus complète.

VII. Quelques mots seulement encore, à titre d'indication relative à la direction qu'il faut suivre pour arriver à cet ensemble plus vaste. Le mécanisme des actes manqués et accidentels, tel qu'il s'est révélé à nous grâce à l'application de l'analyse, montre, dans ses points essentiels, une grande analogie avec le mécanisme qui préside à la formation de rêves, tel que je l'ai décrit dans le chapitre « Travail du rêve » de mon livre sur *La Science des rêves*. De part et d'autre on trouve des condensations et des formations de compromis (contaminations); la situation est la même, c'est-à-dire qu'elle est caractérisée par le fait que des idées inconscientes arrivent à s'exprimer à titre de modifications d'autres idées, en suivant des voies inaccoutumées, indépendamment des associations extérieures. Les inconséquences, les absurdités et les erreurs inhérentes au contenu du rêve, et à cause desquelles on hésite souvent à voir dans le rêve le produit d'une fonction psychique, se produisent de la même façon, bien qu'avec une utilisation plus libre des moyens existants, que les erreurs courantes de notre vie de tous les jours; *ici comme là l'apparence de fonction incorrecte s'explique par l'interférence particulière de deux ou plusieurs actes corrects*. De cette analogie se dégage une conclusion importante : le mode de travail particulier dont nous voyons la manifestation la plus frappante dans le contenu du rêve, ne s'explique pas uniquement par l'état de sommeil de la vie psychique, puisque nous observons des manifestations de ce même mode de travail jusque dans la vie éveillée. Cette considération nous interdit également d'assigner pour conditions à ces processus psychiques, anormaux et bizarres en apparence, une profonde dissociation de l'activité psychique ou des états morbides de la fonction (1).

Mais nous pouvons formuler un jugement correct sur le travail particulier qui aboutit aussi bien aux actes manqués qu'aux images dont se compose un rêve, si nous tenons compte de ce fait, scientifiquement établi, qu : les symptômes psychonévrotiques, et plus spécialement les formations psychiques de l'hystérie et de la névrose obsessionnelle, reproduisent dans leur mécanisme tous les traits essentiels de ce mode de travail. Mais nous avons encore un intérêt tout particulier à considérer les actes manqués,

(1) Voir *Traumdeutung*, p. 362 (p. 449 de la 5e édition).

accidentels et symptomatiques, à la lumière de cette dernière analogie. En les mettant sur le même rang que les manifestations des psychonévroses, que les symptômes névrotiques, nous donnons un sens et une base à deux affirmations qu'on entend souvent répéter, à savoir qu'entre l'état nerveux normal et le fonctionnement nerveux anormal, il n'existe pas de limite nette et tranchée et que nous sommes tous plus ou moins névrosés. Il n'est pas besoin d'avoir une grande expérience médicale pour imaginer plusieurs types de cette nervosité plus ou moins ébauchée, plusieurs « formes frustes » des névroses : des cas aux symptômes peu nombreux ou se manifestant à des intervalles éloignés ou avec une intensité atténuée, donc des cas aux manifestations pathologiques atténuées quant au nombre, à l'intensité et à la durée; il se peut qu'on ne réussisse pas à découvrir précisément le type qui forme la phase de transition la plus fréquente de l'état normal à l'état pathologique. Le type dont nous nous occupons et dont les manifestations pathologiques consistent en actes manqués et symptomatiques, se distingue précisément par le fait que les symptômes se rapportent aux fonctions psychiques les moins importantes, alors que tout ce qui peut prétendre à une valeur psychique supérieure s'accomplit sans le moindre trouble. La localisation contraire des symptômes, c'est-à-dire leur manifestation par les fonctions psychiques les plus importantes, au point de vue individuel et social, est propre aux cas de névrose grave et caractérise ces cas mieux que la variété et l'intensité des symptômes pathologiques.

Mais le caractère commun aux cas les plus légers comme les plus graves, donc aussi aux actes manqués et accidentels, consiste en ceci : tous les phénomènes en question, sans exception aucune, se ramènent à des matériaux psychiques incomplètement refoulés et qui, bien que refoulés par le conscient, n'ont pas perdu toute possibilité de se manifester et de s'exprimer.

TABLE DES MATIÈRES

Né en 1856 et autrichien de nationalité, Sigmund FREUD est mort à Londres en 1939.

Créateur de la psychanalyse, il est l'auteur d'une œuvre monumentale, aux innombrables prolongements et qui influence de plus en plus profondément l'ensemble des sciences humaines : médecine, psychologie, sociologie, philosophie, anthropologie, linguistique, esthétique, etc.

Psychopathologie de la vie quotidienne, c'est peut-être le livre le plus original de Freud, le plus personnel aussi, où il se livre davantage qu'ailleurs. Cet ouvrage révèle quelle était sa méthode de recherche, le « laboratoire » en quelque sorte dont les découvertes lui ont permis de trouver une explication aux actes les plus courants de la vie quotidienne (lapsus, actes manqués, erreurs de lecture ou d'écriture, etc.).

LES ÉDITIONS PAYOT, PARIS
ont publié, de SIGMUND FREUD :

INTRODUCTION A LA PSYCHANALYSE

Les actes manqués. Le rêve. Théorie générale des névroses (Prismes n° 10).

ESSAIS DE PSYCHANALYSE

Au-delà du principe du plaisir. Psychologie collective et analyse du Moi. Le Moi et le Ça. Considérations actuelles sur la guerre et sur la mort (Prismes n° 7).

TOTEM ET TABOU

Interprétation par la psychanalyse de la vie sociale des peuples primitifs (PBP n° 77).

CINQ LEÇONS SUR LA PSYCHANALYSE

Suivi de : Contribution à l'histoire du mouvement psychanalytique (Prismes n° 9).

PSYCHOPATHOLOGIE DE LA VIE QUOTIDIENNE

Oublis. Lapsus. Erreurs. Méprises. Maladresses. Actes manqués et symptomatiques (Prismes n° 11).

PETITE BIBLIOTHÈQUE PAYOT

1. — SCHWEITZER : **Les grands penseurs de l'Inde.**
2. — WOOD : **La pratique du yoga.**
15. — ADLER : **L'enfant difficile.**
19. — EPSTEIN : **Le Judaïsme.**
23. — LE FLOC'HMOAN : **La genèse des sports.**
27. — NETTL : **Mozart.**
28. — FERENCZI : **Thalassa. Psychanalyse des origines de la vie sexuelle.**
45. — STANISLAVSKI : **La formation de l'acteur.**
47. — EINSTEIN et INFELD : **L'évolution des idées en physique.**
53. — JUNG : **L'homme à la découverte de son âme.**
54. — FINK et LUTTYENS : **La physique de la télévision.**
58. — MARTHE ROBERT : **La révolution psychanalytique (Tome I).**
59. — MARTHE ROBERT : **(Tome II).**
61. — BOUTHOUL : **La surpopulation.**
62. — EINSTEIN : **La relativité.**
66. — LEMAIRE : **La relaxation.**
69. — VOYENNE : **Histoire de l'idée européenne.**
71. — NACHT : **Le masochisme.**
73. — PAGE : **Le radar.**
76. — CHERTOK : **L'hypnose.**
86. — BALINT : **Le médecin, son malade et la maladie.**
87. — DIEL : **Le symbolisme dans la mythologie grecque.**
89. — SOMBART : **Le bourgeois.**
90. — ADLER : **Connaissance de l'homme.**
95. — MALINOWSKI : **La sexualité et sa répression dans les sociétés primitives.**
101. — SEBAG : **Marxisme et structuralisme.**
103. — TINBERGEN : **La vie sociale des animaux** (introduction à la sociologie animale).
105. — MARTHE ROBERT : **L'ancien et le nouveau (de Don Quichotte à Kafka).**
107. — MANN : **Goethe et Tolstoï.**
109. — MALINOWSKI : **Trois essais sur la vie sociale des primitifs.**
110. — HELD : **Psychothérapie et psychanalyse.**
111. — WEIGALL : **Histoire de l'Égypte ancienne.**
112. — KLEIN/RIVIERE : **L'amour et la haine.**
117. — BOUTHOUL : **Variations et mutations sociales.**
119. — BERGE : **Les défauts de l'enfant.**
121. — RANK : **Le traumatisme de la naissance.**
122. — MAGNY : **Essai sur les limites de la littérature.**
124. — JUNG et KERÉNYI : **Introduction à l'essence de la mythologie.**
127. — ADLER : **Le sens de la vie.**
129. — DOURLEN-ROLLIER : **Le planning familial dans le monde.**
141. — STENDHAL : **Vie de Napoléon.**
142. — FRAZER : **Mythes sur l'origine du feu.**
143. — RUEFF : **Des sciences physiques aux sciences morales.**
144. — P.-H. SIMON : **L'esprit et l'histoire.**
146. — WATTS : **Le bouddhisme zen.**
147. — CHASSEGUET-SMIRGEL : **La sexualité féminine.**
148. — CHOMSKY : **Le langage et la pensée.**
149. — VALABRÈGUE : **La condition étudiante.**
151. — ADLER : **Le tempérament nerveux.**
153. — DEUTSCH : **Problèmes de l'adolescence.**
159. — MUELLER : **L'irrationalisme contemporain.**
160. — LEFRANC : **Essais sur les problèmes socialistes et syndicaux.**

162. — BALINT : **Techniques psychothérapeutiques en médecine.**
165. — DIEL : **Psychologie de la motivation.**
166. — RUBEL : **Pages de Karl Marx 1 : Sociologie critique.**
167. — RUBEL : **Pages de Karl Marx 2 : Révolution et socialisme.**
168. — GALBRAITH : **La crise économique de 1929.**
169. — NEILL : **La liberté — pas l'anarchie.**
170. — BRAUNSCHWEIG-FAIN : **Éros et Antéros.**
171. — RUSSELL : **La méthode scientifique en philosophie.**
172. — MARKALE : **L'épopée celtique d'Irlande.**
173. — SCHELER : **Nature et formes de la sympathie.**
175. — DAVID : **L'état amoureux.**
177. — PIROUÉ : **Comment lire Proust ?**
179. — LOWIE : **Histoire de l'ethnologie classique.**
180. — MENDEL : **La crise de générations.**
183. — BASTIDE : **Anthropologie appliquée.**
184. — DIEL : **La divinité.**
185. — ANDRIEU : **Notes pour servir à l'histoire de la Commune de Paris en 1871.**
186. — EVANS-PRITCHARD : **La religion des primitifs.**
187. — CONZE : **Le bouddhisme.**
189. — MILLAR : **La psychologie du jeu.**
192. — NACHT : **Guérir avec Freud.**
194. — Collectif : **Pour ou contre Summerhill.**
195. — PANOFF : **B. Malinowski.**
196. — DADOUN : **Géza Roheim.**
198. — BURCKHARDT : **Considérations sur l'histoire universelle.**
199. — GIRARD : **Ernest Jones.**
201. — SAADA : **S. Nacht.**
204. — BARANDE : **S. Ferenczi.**
206. — ELIADE : **Religions australiennes.**
207. — MEMMI : **La libération du Juif.**
208. — MENDEL : **Anthropologie différentielle.**
213. — TAJAN et VOLARD : **Le troisième père.**
215. — PARAF : **Les grandes contestations de l'histoire.**
217. — ROBINSON : **Liberté et nécessité.**
218. — HELD : **L'œil du psychanalyste.**
219. — LOBROT : **Priorité à l'éducation.**
220. — HOCART : **Le mythe sorcier.**
221. — MASNATA : **Autopsie d'une Amérique.**
222. — Collectif : **Sociopsychanalyse 3 (psychanalyse et sociopsychanalyse).**
224. — PANOFF et PERRIN : **Dictionnaire de l'ethnologie.**
225. — CALVET : **Roland Barthes, un regard politique sur le signe.**
226. — MENDEL et VOGT : **Le manifeste éducatif.**
227. — BASTIDE : **Les Amériques noires.**
228. — PRÉVOST : **Janet, Freud et la psychologie clinique.**
230. — REICH : **Écoute, petit homme !**
231. — Collectif : **Sociopsychanalyse 4 (sociopsychanalyse dans une institution psychanalytique).**
232. — BELMONT : **Arnold van Gennep.**
233. — LORENZ : **Évolution et modification du comportement.**
234. — Collectif : **Formation 1 (quelle formation ?).**
235. — MAIR : **Le mariage.**
236. — REICH : **L'irruption de la morale sexuelle.**
237. — MUMFORD : **Les transformations de l'homme.**
238. — BERGER : **Marx, l'association, l'anti-Lénine.**
239. — ROUX et BRACONNOT : **L'homme et la pollution des mers.**
240. — Collectif : **Formation 2 (administration, langage et formation).**
241. — BLOCH : **La philosophie de la Renaissance.**

242. — MENDEL : **Pour décoloniser l'enfant.**
244. — REICH. : **La psychologie de masse du fascisme.**
246. — DIEL : **Le symbolisme dans la Bible.**
247. — VÉDRINE : **Les philosophies de l'histoire.**
248. — ROHEIM : **La panique des dieux.**
249. — LOBROT : **La libération sexuelle.**
250. — KOFMAN : **L'enfance de l'art (une interprétation de l'esthétique freudienne).**
251. — Collectif : **Sociopsychanalyse 5 (la sociopsychanalyse institutionnelle : pour qui ? pour quoi ?)**
252. — WALTER : **Les origines du communisme (judaïques, chrétiennes, grecques et latines).**
255. — SCHOLEM : **La Kabbale et sa symbolique.**
256. — BERNFELD : **Sisyphe ou les limites de l'éducation.**
257. — GUILLERMAZ : **Histoire du Parti communiste chinois (Tome I).**
258. — GUILLERMAZ : **(Tome II).**
259. — ADLER : **École et psychologie individuelle comparée.**
260. — Collectif : **Formation 3. Formation professionnelle et/ou personnelle.**
261. — FROMM : **Le langage oublié (introduction à la compréhension des rêves et des mythes).**
262. — FULCHIGNONI : **La civilisation de l'image.**
264. — JEANNEAU : **Le psychiatre aujourd'hui.**
267. — GRUNBERGER : **Le narcissisme.**
268. — NEILL : **Journal d'un instituteur de campagne.**
269. — Collectif : **Sociopsychanalyse 6 (la sociopsychanalyse : un nouvel alibi éducatif ?).**
271. — FINLEY : **Démocratie antique et démocratie moderne.**
273. — WOLLSTONECRAFT : **Défense des droits de la femme.**
276. — DIEL : **Les principes de l'éducation et de la rééducation.**
277. — PETERSON : **Le Mexique précolombien.**
278. — BOUANCHAUD : **Charles Darwin et le transformisme.**
279. — POUEIGH : **Le folklore des pays d'oc.**
281. — BAYET : **La religion romaine (histoire politique et psychologique).**
282. — BERGLER : **La névrose de base.**
283. — RIEDER : **Le folklore des Peaux-Rouges.**
284. — MULLER : **Histoire de la mystique juive.**
285. — HOLT : **S'évader de l'enfance.**
286. — VICTOR : **L'écriture, projection de la personnalité.**
287. — PANETH : **La symbolique des nombres dans l'inconscient.**
289. — REICH : **L'analyse caractérielle.**
290. — AGEL : **Métaphysique du cinéma.**
291. — BLEANDONU : **Dictionnaire de psychiatrie sociale.**
292. — OXENSTIERNA : **Les Vikings. Histoire et civilisation.**
293. — SZASZ : **Le péché second.**
295. — LANGLOIS : **Défense et actualité de Proudhon.**
296. — LEPSCHY : **La linguistique structurale.**
297. — RUFFAT : **La superstition à travers les âges.**
298. — DUVAL : **Les dieux de la Gaule.**
299. — WEIGALL : **Alexandre le Grand.**
300. — LE PORRIER : **Le médecin aujourd'hui.**
301. — DADOUN/METTRA : **Au-delà des portes du rêve.**
302. — PANOFF : **Ethnologie : le deuxième souffle.**
305. — GUSDORF : **Pourquoi des professeurs ?**
306. — FREINET : **L'itinéraire de Célestin Freinet (la libre expression dans la pédagogie Freinet).**
307. — LEFRANC : **Le mouvement socialiste sous la IIIe République (Tome I).**

308. — LEFRANC. : **(Tome II).**
309. — CHASSEGUET-SMIRGEL : **Pour une psychanalyse de l'art et de la créativité.**
310. — ADLER : **L'éducation des enfants.**
311. — LUKACS : **Le roman historique.**
313. — ABRAHAM : **Développement de la libido (Œuvres complètes, tome 2).**
314. — HASSOUN : **Entre la mort et la famille : la crèche.**
315. — Collectif : **Libre 1** (revue animée par M. Abensour, C. Castoriadis, P. Clastres, M. Gauchet, C. Lefort, M. Luciani).
319. — BAKAN : **Freud et la tradition mystique juive.**
320. — CARLONI et NOBILI : **La mauvaise mère** (phénoménologie et anthropologie de l'infanticide).
323. — BOULANGER/CHAIX : **Travail, famille, psychiatrie.**
324. — DADOUN : **Cent fleurs pour Wilhelm Reich.**
326. — Collectif : **Libre 2** (revue animée par M. Abensour, C. Castoriadis, P. Clastres, M. Gauchet, C. Lefort, M. Luciani).
327. — MAHLER : **Psychose infantile.**
328. — MENDEL : **La chasse structurale (une interprétation du devenir humain).**
329. — CORNEVIN : **Histoire de l'Afrique contemporaine** (de la deuxième guerre à nos jours).
330. — BERNE : **Analyse transactionnelle et psychothérapie.**
331. — HÉLIAS/MARKALE : **La sagesse de la terre (petite anthologie des croyances populaires).**
332. — HORNEY : **La psychologie de la femme.**
333. — ASSOUN/RAULET : **Marxisme et théorie critique.**
334. — Collectif : **La misère politique actuelle (Sociopsychanalyse 7).**
335. — Mc KELLAR : **Le viol** (L'appât et le piège).
336. — LEMAIRE : **Les thérapies du couple.**
337. — BERGLER : **Les parents ne sont pas responsables des névroses de leurs enfants.**
339. — GARDINER : **Ces enfants voulaient-ils tuer ?**
340. — Collectif : **Libre 3** (revue animée par M. Abensour, C. Castoriadis, P. Clastres, M. Gauchet, C. Lefort, M. Luciani).
341. — BORDIGA : **Espèce humaine et croûte terrestre.**
342. — ERNY : **L'enfant et son milieu en Afrique Noire.**
343. — THOMAS : **Mort et pouvoir.**
344. — KOTT : **Shakespeare, notre contemporain.**
345. — VERDIGLIONE (et autres) : **La sexualité dans les institutions.**
346. — SZASZ : **Hérésies.**
347. — Collectif : **Libre 4** (revue animée par M. Abensour, C. Castoriadis, P. Clastres, M. Gauchet, C. Lefort, M. Luciani).
348. — DEBOUT : **L'utopie de Charles Fourier.**
349. — FROMM : **Le cœur de l'homme** (sa propension au bien et au mal).
350. — BALINT : **Le défaut fondamental** (aspects thérapeutiques de la régression).
351. — ZAPELLA : **L'enfant poisson** (comment la société adulte doit réapprendre l'écoute des enfants).
352. — CALVET : **Linguistique et colonialisme.**
353. — LOBROT : **L'animation non directive des groupes.**
354. — THOMAS : **Civilisation et divagations** (mort, fantasmes, science-fiction).
355. — WINNICOTT : **Fragment d'une analyse.**
357. — Collectif : **Libre 5** (revue animée par M. Abensour, C. Castoriadis, P. Clastres, M. Gauchet, C. Lefort, M. Luciani).
358. — GUILLERMAZ : **Le Parti communiste chinois au pouvoir (Tome I).**
359. — GUILLERMAZ : **(Tome II).**

361. — MARTY : **Les mouvements individuels de vie et de mort** (essai d'économie psychosomatique).
362. — MARCONE : **Analyse en famille.**
363. — BOYER : **La saga de Harald l'impitoyable.**
364. — Collectif : **La sexualité perverse.**
365. — Collectif : **Libre 6** (revue animée par M. Abensour, C. Castoriadis, P. Clastres, M. Gauchet, C. Lefort, M. Luciani).
366. — LADMIRAL : **Traduire : théorèmes pour la traduction.**
367. — LEWIS : **Développement économique et planification.**
368. — SZASZ : **La théologie de la médecine.**
369. — SHAH : **La magie orientale.**
370. — TINBERGEN : **Étude de l'instinct.**
371. — Collectif : **Libre 7** (revue animée par M. Abensour, C. Castoriadis, P. Clastres, M. Gauchet, C. Lefort, M. Luciani).
372. — FORDHAM : **Introduction à la psychologie de Jung** (IMAGO).
373. — HUIZINGA : **L'automne du Moyen Age.**
374. — ZAHAN : **Religion, spiritualité et pensée africaines.**
375. — Collectif : **Pratiques d'un pouvoir plus collectif aujourd'hui (Sociopsychanalyse 8).**
376. — HORKHEIMER : **Les débuts de la philosophie bourgeoise de l'histoire.**
377. — Collectif : **Libre 8** (revue animée par M. Abensour, C. Castoriadis, P. Clastres, M. Gauchet, C. Lefort, M. Luciani).
378. — PEUCKERT : **L'astrologie.**
379. — SERVIER : **L'homme et l'invisible** (IMAGO).
380. — RACAMIER : **Les schizophrènes.**
381. — BOYER : **La saga des chefs du Val au Lac.**
382. — Collectif : **L'intervention institutionnelle** (Ardoino, Dubost et Lévy, Guattari, Lapassade, Lourau, Mendel).
383. — MALE : **Psychothérapie de l'adolescent.**
384. — GRANET : **La religion des Chinois** (IMAGO).
385. — CHARLOT : **La mystification pédagogique.**
386. — WOU TCH'ENG-EN : **Le singe-pèlerin.**
387. — REICH : **L'Éther, Dieu et le Diable.**
388. — BALINT : **Les voies de la régression.**
389. — KRACAUER : **Le roman policier.**
390. — KLEIST : **Anecdotes et petits écrits.**
391. — PARAF : **Le racisme dans le monde.**
392. — MIJOLLA/SHENTOUB : **Pour une psychanalyse de l'alcoolisme.**
393. — TAJAN/DELAGE : **Écriture et structure** (pour une graphistique).
394. — CHERVEL : **Histoire de la grammaire scolaire.**
395. — EDELMAN : **L'homme des foules.**
396. — SZASZ : **Le mythe de la psychothérapie.**
397. — YAGUELLO : **Les mots et les femmes** (Essai d'approche socio-linguistique de la condition féminine).
398. — VEDRINE : **Les ruses de la raison** (Pouvoir et pouvoirs).
399. — BENJAMIN : **Charles Baudelaire.**
400. — DIEL/SOLOTAREFF : **Le symbolisme dans l'Évangile de Jean.**
401. — PASSET : **L'Économique et le vivant.**

COLLECTION SCIENCE DE L'HOMME
dirigée par Gérard Mendel

ABRAHAM Dr K. Œuvres complètes :
Tome I : Rêve et mythe (PBP 303).
Tome II : Développement de la libido. Formation du caractère (PBP 313).
BAKAN D. Freud et la tradition mystique juive (PBP 319).
BALINT Dr M. Le médecin, son malade et la maladie (PBP 86).
— Techniques psychothérapeutiques en médecine (PBP 162).
— Le défaut fondamental (PBP 350).
— Les voies de la régression.
— Amour primaire et technique psychanalytique.
— Psychothérapie focale.
— Le médecin en formation.
BALINT E. et NORELL J. S. Six minutes par patient.
BARANDE I. Sandor Ferenzi (PBP 204).
BARDEAU J. M. Infirmités et inadaptation sociale.
BEILLEROT J. et le groupe DESGENETTES. Un stage d'enseignants.
BELMONT N. Arnold van Gennep (PBP 232).
BERGER G. Marx, l'association, l'anti-Lénine (PBP 238).
BERGERET J. La dépression et les états limites.
BERGLER D^r^ Ed. La névrose de base (PBP 282).
— Psychopathologie sexuelle.
BERNHARDT J. Platon et le matérialisme ancien.
BION W. R. L'attention et l'interprétation.
BLEANDONU G. Dictionnaire de psychiatrie sociale (PBP 291).
BLEANDONU G. et DESPINOY M. Hôpitaux de jour et psychiatrie dans la communauté.
BOUANCHAUD D. H. Charles Darwin et le transformisme (PBP 278).
BOUVET Dr M. La relation d'objet (Œuvres, tome I).
— Résistance — transfert (Œuvres, tome II).
BRAUNSCHWEIG D. et FAIN M. Eros et Antéros (réflexions sur la sexualité) (PBP 170).
BRISSET D^r^ Ch. L'avenir de la psychiatrie en France.

Cain J. Le double jeu. Essai sur l'identité.
Chasseguet-Smirgel J. Pour une psychanalyse de l'art et de la créativité (PBP 309).
Chasseguet-Smirgel J. *et al.* La sexualité féminine (PBP 147).
Chertok Dr L. L'hypnose (PBP 76).
— Le non-savoir des psy.
Chertok Dr L. et Saussure Dr R. de. Naissance du psychanalyste.
Claridge G. Les drogues et le comportement humain.
Collectif. La sexualité perverse (études psychanalytiques).
Collectif. Sociopsychanalyse 2 (PBP 210).
— Sociopsychanalyse 3 (PBP 222).
— Sociopsychanalyse 4 (PBP 231).
— Sociopsychanalyse 5 (PBP 251).
— Sociopsychanalyse 6 (PBP 269).
— Sociopsychanalyse 7 (PBP 334).
— Sociopsychanalyse 8 (PBP 375).
Costes A. Albert Camus et la parole manquante.
Dadoun R. Géza Roheim (PBP 196).
David Dr Ch. L'état amoureux (essais psychanalytiques) (PBP 175).
Desoille R. Marie-Clotilde, une psychothérapie par le rêve éveillé dirigé.
— Entretiens sur le rêve éveillé dirigé.
Deutsch H. La psychanalyse des névroses.
Dubos R. L'homme et l'adaptation au milieu.
Dufresne R. Bibliographie des écrits de Freud.
Evans-Pritchard E. E. Anthropologie sociale (PBP 132).
Fabre N. Le triangle brisé.
Falque E. Voyage et tradition (les Manouches).
Faure F. La doctrine de Michaël Balint.
Ferenczi Dr S. Psychanalyse 1.
— Psychanalyse 2.
— Psychanalyse 3.
— Thalassa. Psychanalyse des origines de la vie sexuelle (PBP 28).
Foulkes Dr S. Psychothérapie et analyse de groupe.
Freinet E. L'itinéraire de Célestin Freinet (PBP 306).
Gillibert J. L'Œdipe maniaque.
— Une quête phallique.
— Le moi soulagé.
— L'image réconciliée.
Girard C. Ernest Jones (PBP 199).
Goedert J. et Rosowsky O. Une guérison « impossible ».
Gouliane C. I. Le marxisme devant l'homme.
— Hegel ou la philosophie de la crise.
Grunberger Dr B. Le narcissisme (PBP 267).
Guedeney C. et Mendel Dr G. L'angoisse atomique et les centrales nucléaires.
Gusdorf G. Pourquoi des professeurs? (PBP 305).
Haim Dr A. Les suicides d'adolescents.
Held Dr R. Psychothérapie et psychanalyse (PBP 110).

— L'œil du psychanalyste (PBP 218).
— Problèmes de la cure psychanalytique aujourd'hui.
JEANNEAU Dr A. Le psychiatre aujourd'hui.
— La cyclothymie.
JONES Dr E. Théorie et pratique de la psychanalyse.
— Essais de psychanalyse appliquée.
— Psychanalyse, folklore, religion.
KLEIN M. Essais de psychanalyse.
KLEIN M. et RIVIÈRE J. L'amour et la haine (PBP 112).
KOFMAN S. L'enfance de l'art. Une interprétation de l'esthétique freudienne (PBP 250).
LANGLOIS J. Défense et actualité de Proudhon (PBP 295).
LE GUEN Dr C. L'Œdipe originaire.
LEMAIRE Dr J. G. La relaxation (PBP 66).
— Les thérapies du couple (PBP 336).
— Le couple, sa vie, sa mort.
LE PORRIER H. Le médecin aujourd'hui (PBP 300).
LEVI MAKARIUS L. Le sacré et la violation des interdits.
LEVY G. et RUEFF C. Enseignants, à vous de choisir!
LEWIN Dr L. Phantastica (drogues psychédéliques, narcotiques, hallucinogènes) (PBP 164).
LORENZ K. Evolution et modification du comportement (PBP 233).
LOUÉ L. L'anesthésie sociale dans l'entreprise.
MAHLER M. Psychose infantile (PBP 327).
— La naissance psychologique de l'être humain.
MALAN D. H. La psychothérapie brève.
MARTY P. Les mouvements individuels de vie et de mort (PBP 361).
— L'ordre psychosomatique.
MELTZER Dr D. Le processus psychanalytique.
— Les structures sexuelles de la vie psychique.
— Explorations dans le monde de l'autisme.
MENDEL Dr G. La crise de générations (PBP 180).
— Pour décoloniser l'enfant (PBP 242).
— La révolte contre le père (PBP 197).
— Anthropologie différentielle (PBP 208).
— Pour une autre société.
— La chasse structurale (PBP 328).
MENDEL G. et VOGT C. Le manifeste éducatif (PBP 226).
MESMER F. A. Le magnétisme animal.
MIJOLLA A. de et SHENTOUR S.-H. Pour une psychanalyse de l'alcoolisme.
MITSCHERLICH A. et M. Le deuil impossible.
MITSCHERLICH M. L'amour, la haine et l'agression.
MUENSTERBERGER W. L'anthropologie psychanalytique depuis « Totem et tabou ».
MURDOCK G. P. De la structure sociale.
NACHT Dr S. Le masochisme (PBP 71).
— Guérir avec Freud (PBP 192).
OSBORN R. Marxisme et psychanalyse (PBP 99).

PANOFF M. La terre et l'organisation sociale en Polynésie.
— Bronislaw Malinowski (PBP 195).
PANOFF M. et F. L'ethnologue et son ombre.
PASCHE Dr F. A partir de Freud.
RACAMIER Dr P. C. De psychanalyse en psychiatrie.
— Les schizophrènes (PBP 380).
RACAMIER Dr P. C. *et al.* Le psychanalyste sans divan.
RANK O. Le traumatisme de la naissance (PBP 121).
— Don Juan et le double (PBP 211).
— Volonté et psychothérapie.
RAUSKY F. Mesmer ou la révolution thérapeutique.
REICH W. L'analyse caractérielle (PBP 289).
— La psychologie de masse du fascisme (PBP 244).
— L'irruption de la morale sexuelle (PBP 236).
— Reich parle de Freud.
— Ecoute petit homme ! (PBP 230).
— L'Ether, Dieu et le Diable.
— La superposition cosmique.
— La biopathie du cancer.
— Premiers écrits I.
— Les hommes dans l'Etat.
RESNIK Dr S. Personne et psychose (PBP 338).
ROAZEN P. Animal mon frère, toi (l'histoire de Freud et Tausk).
ROBERT M. La révolution psychanalytique (la vie et l'œuvre de Freud) (2 vol. PBP 58 et 59).
ROHEIM G. Les portes du rêve.
— La panique des dieux (PBP 248).
— L'énigme du Sphinx.
SAADA D. S. Nacht (PBP 201).
SAMI-ALI. De la projection (une étude psychanalytique) (PBP 322).
— Le haschisch en Egypte.
SAPIR Dr M. La formation psychologique du médecin.
— Soignant-soigné : le corps à corps.
SEBAG L. Marxisme et structuralisme (PBP 101).
STOLLER R. La perversion.
TAUSK V. Œuvres psychanalytiques.
TINBERGEN N. La vie sociale des animaux (PBP 103).
VALABREGA J.-P. Phantasme, mythe, corps et sens.
WHYTE L. L'inconscient avant Freud.
WINNICOTT Dr D. W. De la pédiatrie à la psychanalyse.
— Processus de maturation chez l'enfant.
— L'enfant et sa famille.
— L'enfant et le monde extérieur.
— Fragment d'une analyse (PBP 355).
— La petite « Piggle » (psychanalyse d'une petite fille).

COLLECTION PRISMES

1. – Peter COLLIER/David HOROWITZ : **Les Kennedy** (une dynastie américaine).
2. – George CLARE : **Dernière valse à Vienne** (la destruction d'une famille/1842-1942).
3. – Marc FERRO : **Comment on raconte l'histoire aux enfants** (à travers le monde entier).
4. – Rabindranath TAGORE : **La maison et le monde.**
5. – Egon César CORTI : **Elisabeth d'Autriche. « Sissi ».**
6. – Jean CAVALIER : **Mémoires sur la guerre des Camisards.**
7. – Sigmund FREUD : **Essais de psychanalyse.**
8. – Marina YAGUELLO : **Les mots et les femmes.**
9. – Sigmund FREUD : **Cinq leçons sur la psychanalyse,** suivi de **Contribution à l'histoire du mouvement psychanalytique.**
10. – Sigmund FREUD : **Introduction à la psychanalyse.**

Achevé d'imprimer le 10 décembre 1987
sur les presses de l'Imprimerie Bussière
à Saint-Amand (Cher)

Dépôt légal : décembre 1987.
N° d'impression : 2955.

Imprimé en France